应用技能型院校"十四五"规划教材 · 会计精品系列

校企合作项目化教材 · 课程思政系列教材

经济法基础与实务（第三版）

DI SAN BAN

JINGJIFA JICHU YU SHIWU

主 编 王靖 马淑芳

立信会计出版社

LIXIN ACCOUNTING PUBLISHING HOUSE

图书在版编目(CIP)数据

经济法基础与实务 / 王靖，马淑芳主编. -- 3 版.
上海：立信会计出版社，2025. 1. -- ISBN 978 - 7 - 5429 -
7813 - 4

Ⅰ. D922.29

中国国家版本馆 CIP 数据核字第 2025564NP0 号

策划编辑	赵新民
责任编辑	赵新民
助理编辑	吴佳璘
美术编辑	北京任燕飞工作室

经济法基础与实务（第三版）

JINGJIFA JICHU YU SHIWU

出版发行	立信会计出版社		
地　　址	上海市中山西路 2230 号	邮政编码	200235
电　　话	(021)64411389	传　　真	(021)64411325
网　　址	www.lixinaph.com	电子邮箱	lixinaph2019@126.com
网上书店	http://lixin.jd.com		http://lxkjcbs.tmall.com
经　　销	各地新华书店		
印　　刷	上海万卷印刷股份有限公司		
开　　本	787 毫米×1092 毫米	1/16	
印　　张	17		
字　　数	413 千字		
版　　次	2025 年 1 月第 3 版		
印　　次	2025 年 1 月第 1 次		
书　　号	ISBN 978 - 7 - 5429 - 7813 - 4/D		
定　　价	49.00 元		

第三版前言

成熟的市场经济就是法治经济,其运行基础不仅是竞争性经济,而且是规范有序的经济竞争。在全球经济一体化、法治化的大背景下,无论是国际经济贸易,还是一国对经济活动的管理;无论是主体之间的经济交往,还是商事主体的设立、变更和终止;无论是市场准入,还是市场交易的维护与监管等,都必须有法可依,依法进行。因此,作为一门财经商贸类专业的基础课程,"经济法基础与实务"不仅要求学生掌握扎实的专业理论及技能知识,而且要培养学生掌握有关经济法的基础理论知识,并学会运用经济法律、法规处理和解决经济活动中的相关经济法律问题,从而达到知法、守法、用法的目的。

本教材是根据教育部颁布的有关经济法课程教学的基本要求,结合高等职业院校财经商贸类专业人才培养的特点和岗位需求编写而成的。本教材有以下几个突出的特点:第一,体系合理,结构创新。本教材从内容上打破了各学派对经济法法学学术体系、内容上的理论划分,以岗位能力需求为导向,以精练、实用、够用为目的,体现职业教育的特点。第二,针对性强,注重应用。本教材针对财经商贸类专业人才培养的需要,结合未来职业岗位所涉及的实用问题,精选典型案例供师生互动讨论与分析,使学生的实践能力得到快速提升。第三,理念领先,内容新颖。本教材借鉴国内外职业教育教材先进的编写理念,融入当前国家最新法律、法规及产业发展方向,体现经济法教学研究的新成果。截至2024年10月,参照《中华人民共和国公司法》《中华人民共和国民法典》、税收法律制度、《中华人民共和国会计法》《中华人民共和国民事诉讼法》等法律法规的新变动,编者对本教材进行了新的修改,对各章节的相关案例、配套的教师手册进行了重新修订。

本教材由王靖、马淑芳担任主编。为确保本教材的质量,我们组织了长期担任高职高专经济法教学与司法实践工作的教师参与编写工作。本教材由王靖负责修改、总篡、定稿。各章参编人员及其分工如下：王靖负责第一章、第二章、第三章、第四章的编写工作，马淑芳负责第五章、第六章、第八章、第十章的编写工作，王硕负责第七章、第九章的编写工作。

在本教材的编写过程中，编者参考了大量的报刊书籍资料，值此之际，谨向原作者深表谢意。由于编者水平有限，时间仓促，本教材可能存在不足之处，敬请同行及读者不吝赐教，以便再版时修订。

王　靖　马淑芳

2025 年 2 月

授课教师可扫码申请本教材的《教师指导手册》。

前　言

成熟的市场经济就是法治经济。其运行机制不仅是竞争性经济,而且是规范有序的经济竞争。在全球经济一体化、法治化的大背景下,无论是国际经济贸易,还是本国经济活动的管理;无论是主体之间的经济交往,还是商事主体的设立、变更和终止;无论是市场准入和市场交易的维护与监管等,都必须有法可依,依法操作。因此,经济法基础与实务作为一门商贸、财经类专业基础课程,不仅要求学生要具有扎实的专业理论及技能知识,而且要培养学生掌握有关经济法基础理论知识,并学会运用经济法律、法规处理和解决经济活动中的有关经济法律问题,从而达到知法、守法、用法的目的。

本教材根据教育部颁布的有关经济法课程教学的基本要求,结合商贸、财经类高等职业专业人才培养的特点和岗位需求编写而成。为此,本教材突出了以下几个特点:第一,体系合理,结构创新。本教材从内容上打破了各学派对其体系、内容上的理论划分,体现职业教育的特点,以精练、实用、够用为目的。第二,针对性强,注重应用。本教材针对应用型人才的培养,结合未来职业岗位所涉及的实用问题,精选典型案例、师生互动讨论、分析,使学生实践能力快速提升。第三,理念领先,内容新颖。借鉴国内外职业教育教材先进的编写理念,融入当前国家最新法律、法规及产业发展方向,体现经济法教学研究的新成果。如将最新修改的《公司法》《消费者权益保护法》及最新税收法律法规予以了重新修定。

本教材由王靖、马淑芳担任主编,张海涛担任副主编。为确保本书的质量,组织了全国部分高校及长期担任高职高专经济法教学与研究工作的教师编写。本教材由马淑芳负责修改、总纂、定稿。各章参编人员分工如下:王靖(第一章、第五章、第六章),马淑芳(第二章、第三章、第十章),马玉敏(第七章、第九章)。张海涛(第四章、第八章)。

本教材在编写过程中,参考了大量的报刊书籍资料,值此之际,谨向原作者深表谢意。由于编者水平有限,时间仓促,教材中不足之处在所难免,敬请同行及读者不吝赐教,以便再版时修订。

王　靖　马淑芳

2015 年 7 月

目　　录

第一章
经 济 法 绪 论

知识目标

1. 理解并掌握经济法的概念及特征,了解经济法的调整对象。
2. 了解经济法与民法、行政法的区别及定位。
3. 理解并掌握经济法律关系的概念、构成要素。

能力目标

1. 分清社会关系与法律关系的区别,并引导学生对实例进行讨论。
2. 让学生分析经济生活中经济法律关系的主体、客体和内容。

导读案例

吴某和张某是大学同学,2023 年"国庆"假期,吴某回家过节,而张某则留校打工。吴某便将自己的电脑交张某保管,张某爽快地答应了,条件是张某保管期间使用电脑。后因张某有一天早上外出忘记锁门,电脑在宿舍被盗,虽报案却一直未有结果。吴某提出让张某赔偿,张某称他们之间无任何法律关系,只因是同学朋友,才答应保管,况且电脑是在学校宿舍里丢失的,应该让学校承担赔偿责任。

请思考

1. 张某和吴某之间是否存在经济法律关系?假如有,其主体、客体和内容是什么?
2. 电脑丢失的责任应由谁承担?

第一节　经济法概述

一、经济法的概念与特征

（一）经济法的概念与调整对象

经济法是国家为了保证经济协调发展而制定的有关干预和调整国民经济管理关系和市场运行关系的法律规范的总称。

经济法的调整对象可以概括为以下几点：

（1）国家规范经济组织过程中发生的经济关系。规范经济组织的法律，是为了防止垄断组织的出现，从组织上保证市场经济顺利发展。这方面的法律有公司法、外商投资法、合伙企业法和个人投资法等。

（2）国家干预市场经济运行过程中发生的经济关系。国家对市场经济运行进行干预是经济法的重要调整方式，这方面的法律有证券法、票据法、破产法、金融法、保险法、房地产法、环境法和自然资源法等。

（3）国家管理、规范经济秩序过程中发生的经济关系。日本学者丹宗昭信认为，经济法是国家规制市场支配的法，现代经济法的核心是垄断禁止法。这方面的法律有反垄断法、反不正当竞争法、消费者权益保障法和产品质量法等。

（4）在国家调控经济过程中发生的经济关系。此种经济关系的特点是国家对市场经济运行实行宏观调控，使经济各部门运行协调，使整个国家经济运行平稳。这方面的法律有财政法、税法、计划法、产业政策法、价格法、会计法和审计法等。

（二）经济法的特征

经济法与其他部门法相比，具有以下法律特征。

1. 国家干预性

国家对社会经济活动的干预是经济法产生的直接原因。市场经济的发展要求公平、平等和自由的经济秩序，但是干扰、影响甚至破坏市场经济秩序的行为时有发生。对此，国家必须以经济立法的手段来调控和管理市场经济秩序，对违法经济行为进行惩治，以此实现公平和正义。

2. 经济性和社会性

国家调整经济关系往往具有一定的经济目的性。社会发展需要经济的发展和人民生活水平的提高，经济法调整经济关系，从而使社会整体实现较好的经济效益。经济法的宏观调控特性体现了效率的原则，旨在指导市场主体合理地配置各种资源。同时，经济法的根本目标是维护社会整体经济利益，促进社会经济运行协调和稳定。

3. 多样性

经济法对社会经济的干预涉及的问题非常广泛，采用的法律手段也比较多，经济法可以采用民事的、行政的甚至是刑事的法律手段，来综合地调整经济关系。经济法的多样性特点，是由经济法所调整的经济关系的错综复杂性所决定的。

4. 变动性

经济法是随着社会经济的发展和变化而发展和变化的。社会经济和市场发展变化后，必然要求经济法作出相应的调整和改变。

二、经济法的基本原则

经济法的基本原则，是经济法立法、执法、司法和守法的根本准则，具有指导作用。

(一) 国家适度干预的原则

国家适度干预的原则是体现经济法本质特征的原则。经济法就是国家对社会经济进行干预的法律表现形式。所谓适度干预，就是要求政府在法律规定的范围内对经济进行干预，这种干预应当积极、主动地进行。同时干预不能过多也不能过少，干预是否适度是以经济发展是否健康有序、是否持续为标准的。

(二) 社会本位原则

与其他法律相比，经济法是以社会责任为本位的，它从社会效益的角度来协调各种矛盾；而行政法强调国家本位，注重保护国家的利益；民法则强调个人本位，注重保护民事主体的利益。在市场经济中，个人利益只有与社会公共利益平衡发展才能得到实现。经济法以保护社会公共利益作为自己的基本出发点，即经济法强调社会整体利益。它要求个人利益与社会利益相协调，必要时为了社会的需要，个人利益要作出必要的牺牲。经济法强调市场参与的各方都必须对社会负责，对社会发展负责，因此，经济法是以社会效益或社会责任为本位的法。

(三) 经济公平原则

民法和经济法都将公平作为自己的基本原则，但是两者的侧重点有所不同。民法更强调机会的公平，而经济法更注重结果意义上的公平，因为这一原则体现了人类对终极意义上的公平的追求。市场交易的过程由民法进行规范，经济法则主要对交易的结果进行干预和调整。有时经济法也会积极干预交易过程，但其目的是维护社会整体利益，并非纯粹维护公平交易。经济法中的许多法律制度都体现了这一原则。

(四) 经济效益原则

经济效益是经济工作的重点和归宿，也是国家干预经济运行和经济立法的终极目标。经济活动组织的微观经济活动讲究效益，国家的宏观调控也要讲效益。经济效益包括企业经济效益和社会经济效益。两者是互相联系的，企业经济效益应当符合社会经济效益，社会经济效益则是企业经济效益的总和。经济法中的任何具体的法律制度，都要以是否能促进社会整体经济的发展和经济公平为标准。

三、经济法律关系

(一) 经济法律关系的概念

经济法律关系是指在国家干预社会经济活动过程中产生的社会经济关系通过经济法的调整而产生的权利和义务关系。

经济法律关系与经济关系是两个联系密切但又有所区别的概念。经济关系是在一定生产方式基础上产生的所有生产、交换、分配和消费诸种关系的总称。经济关系是人类社会最基本的社会关系，是人类社会存在和发展的基础。当经济关系成为经济法的调整范围而为经济法所调整时,经济法律关系就形成了。

 小思考 1-1

请上网查一下,法律与道德的联系与区别是什么。

(二)经济法律关系的构成要素

任何法律关系都是由主体、客体、内容三要素构成的。经济法律关系也是由经济法律关系的主体、客体和内容三要素构成的,三要素相互联系,缺少其中任何一个要素,都不能构成经济法律关系。

1. 经济法律关系的主体

经济法律关系的主体即经济法主体,是指参与经济法律关系并依法享有权利和承担义务的当事人。在我国,经济法律关系的主体主要包括两类:一类是国家经济管理主体。这类主体是相对特定的,指担负国家经济管理职能的机关。另一类是国家经济的被管理主体。经济法律关系的主体具体包括以下几项:

(1)国家管理机关。国家管理机关是行使国家职能的各种机关的通称,包括国家权力机关、国家行政机关和国家司法机关等。作为国家经济法律关系主体的国家机关主要是指国家行政机关中的经济管理机关。国家机关在经济法律关系中的作用主要是行使经济管理职能。

(2)企业和其他社会组织。企业是经济法律关系主体中最重要的一类,它是以营利为目的的社会经济组织。其他社会组织是指事业单位、社会团体等。

(3)企业内部组织。企业内部组织是指企业、公司和其他组织的内部单位。企业内部组织要成为经济法律关系的主体必须具备一定的前提条件,并非所有的企业内部组织都可以成为经济法律关系的主体,其只有获得一定的相对独立的活动职能,并能独立承担责任,才能成为经济法律关系的主体,如实行内部承包经营责任制、内部实行独立经济核算等。

(4)个体工商户、承包户、专业户和自然人。个体工商户、承包户、专业户和自然人属于民事法律关系主体的一类。他们在参加经济活动过程中,依法同国家机关、企业、事业单位、公司和社会团体发生经济权利和义务关系时,就成为经济法律关系的主体。

 小思考 1-2

小明今年 11 岁,他非常喜欢一款新型玩具,妈妈却坚决不给他买。小明一气之下,偷偷将妈妈的一只翡翠玉镯(价值 15 000 元人民币)卖给了学校附近的小卖部老板王某,得到 800 元,并用这些钱购买了玩具。

请问

小明出卖翡翠玉镯的行为是否有法律效力? 小明的父母能否要求王某返还翡翠玉镯?

2. 经济法律关系的客体

经济法律关系的客体是指经济法律关系主体的权利和义务所共同指向的具体对象。客体是确定权利和义务关系性质的依据,如果没有客体,经济权利和义务就失去了所依附的目标,就无法引起法律关系主体双方经济权利和义务关系的发生。目前,经济法律关系的客体有以下三类:

(1)物。物是指可以为人所控制和支配、具有价值和使用价值的物质。物包括自然存在物和人类劳动生产的产品以及货币和有价证券等。物是经济法律关系中存在最广泛的客体。

请同学们想一想:空气、阳光可以成为经济法律关系的客体吗? 为什么?

(2)经济行为。经济行为是指经济法律关系主体为达到一定的经济目的,实现其权利和义务所进行的经济活动。经济行为主要包括经济管理行为、提供劳务行为和完成工作行为等。作为经济法律关系的经济行为仅指为实现权利和义务而实行的行为。

(3)智力成果。智力成果是指人们从事智力劳动所创造的成果,又称知识产品。它是文学艺术和科学作品、发明、实用新型、外观设计、商标以及创造性劳动成果的统称。智力成果本身不直接表现为物质财富,但可以转化为物质财富。

3. 经济法律关系的内容

经济法律关系的内容即经济法律关系主体所享有的经济权利和应承担的经济义务。

经济权利是经济法律关系主体被经济法律所确认的许可和资格,主要包括所有权、经济职权、经营管理权、法人财产权、知识产权等。

(1)所有权。所有权是指所有人依法对自己所有的财产享有的占有、使用、收益和处分的权利。所有权具有排他性、绝对性,一物只能附一个所有权。所有权有四项权能,即占有权、使用权、收益权和处分权。其中,占有权是指对财产的实际控制权利;使用权是指按照财产的性能与用途加以利用的权利;收益权是指获取财产所产生的利益的权利;处分权是指决定财产事实上和法律上命运的权利。这四项权利可以在一定条件下与所有人分离,这种分离是所有人行使所有权的一种方式。

　　小刘在公园游览时,不慎丢失了一块价值上千元的瑞士进口手表。该手表被公园管理人员拾得后交给了有关行政管理部门进行失物招领。但由于各种原因,小刘未能在6个月招领期内进行认领。不久,该行政管理部门依法对该手表进行了拍卖,小张以拍卖价购得该表。但不幸的是,小张在一次观看球赛的过程中,因管理不善,该表被一小偷偷走。没过多久,该小偷被抓获。在审讯中,小偷供认自己曾偷过该表。于是,公安机关对该表发布了招领公告。在失物招领时,小刘、小张均到公安机关进行认领,双方争执不下。

请问

通过查询相关的法律知识分析,谁能最终取得手表的所有权呢?

（2）经济职权。经济职权是指国家机关及工作人员在行使经济管理职能时依法所享有的权利。经济职权是具有隶属性质的权利,具有一定的行政权力性质。在国家机关及工作人员依法行使经济职权时,其他经济主体均应服从。

（3）经营管理权。经营管理权是指企业对所有人授予其经营管理的财产所享有的占有、使用和依法处分的权利,以及由此而产生的对企业管理的权利。

（4）法人财产权。法人财产权是指企业法人对企业所有者投资所设企业的全部财产在经营中所享有的占有、使用、收益和处分的权利。

（5）知识产权。知识产权是指权利人对其智力劳动所创作的成果和生产经营活动中的标记、信誉所有人依法享有的权利的总称。

案例分析 1-2

> 某村后山坡有个棚屋,是放羊人歇脚的地方。它是什么时候建的、什么人建的,村里老人都说不清。一天,小林放羊时躲进棚屋歇凉。他看到高处的一块土坯是活动的,就把它抽了出来,再伸手进去一摸,竟摸出上百枚"乾坤通宝"铜钱。这事很快传遍了全村。村长对小林说,这些东西应交给派出所,而小林认为这是自己捡到的财物,铜钱应当归属自己。
>
> **请问**
>
> 小林的说法对吗？ 为什么？

经济义务是经济法律规定的经济法律关系主体所应承担的一种责任。为了保证国家、社会和经济法律关系主体的利益,我国法律、法规为经济法律关系主体设定了多方面的义务,例如:遵守法律、法规的义务,严格履行合同的义务,依法纳税的义务,保证产品质量的义务,不得侵犯消费者权益的义务等。

案例分析 1-3

> 小李看到电影院发出的宣传海报上称本周五晚上七点放映好莱坞最新影片,正好自己一直想看这部电影,便在周五晚上早早来到电影院,买票等候观看。然而,一直等到七点十分,电影还未放映,到七点二十分时,影院经理告诉大家当晚不能放映该影片了,而是改放一部香港影片。小李一怒之下将影院告上法庭。
>
> **请问**
>
> 小李和电影院之间是否存在法律关系？请说明理由。

（三）经济法律事实

经济法律事实是指能够引起经济法律关系设立、变更和消灭的客观情况。经济法律事实是经济法律关系产生、变更和消灭的客观情况。经济法律事实可以依照其发生与当事人意志有无关系,分为行为和事件。

1. 行为

行为是指根据当事人的意志而作出的能够引起法律关系产生、变更和消灭的人们的行为。行为可分为合法行为和违法行为两种。

合法行为是指符合法律规范的行为,包括经济管理行为、经济法律行为和经济司法行为。违法行为是指违反法律规定的行为或者是法律所禁止的行为,违法行为是行为人承担法律责任的依据。

2. 事件

事件是指不以当事人的主观意志为转移的客观事实。事件包括自然现象和社会现象引起的事实。所谓自然现象引起的事实是指自然灾害,如地震、洪水等。社会现象引起的事实虽然由人的行为所引起,但不以当事人的意志而转移,如因战争导致的合同违约等。

甲公司与乙公司依法签订了货物买卖合同,但由于该合同履行前发生了地震,合同无法履行。甲公司据此依法解除了双方的买卖合同。

请问

(1) 请指出甲公司与乙公司之间的买卖合同法律关系中的主体、客体、内容。

(2) 引起甲公司与乙公司双方法律关系的产生、终止的法律事实是什么?

法律事实有法律事件和法律行为两种,行政命令属于法律事件吗?

第二节　经济法与其他部门法律的关系

一、经济法与民法

经济法与民法联系最为密切。在经济法形成和发展过程中,两者相互影响,协调发展,民法的一些制度、原则为经济法所采用,经济法的一些理论观点对民法的发展也有促进作用。但两者的区别也是明显的,主要表现在以下几点:

第一,经济法与民法调整的对象不同。民法调整的是平等主体的自然人之间、法人之间、其他组织之间,以及这些主体互相之间发生的人身关系和财产关系,它强调主体之间的平等性;经济法调整的是在国家协调本国经济运行过程中发生的经济关系,不调整人身关系,它强调主体之间的层次性。

第二,民法和经济法调整的范围不同。民法调整的社会关系属于私法领域,国家一般不予干预,体现着民法强调的平等主体之间的"意思自治""私权绝对"的原则;经济法强调社会关系中的整体利益,强调市场竞争的有序性。

第三,经济法与民法两者的作用不同。民法作为体现市场调节机制之法,以维护自然人、法人和其他组织的利益为主,强调的是个人自由和个人权利的实现,体现个人本位和权利本位;经济法作为国家协调本国经济运行之法,以社会本位为核心,维护国家和社会公共利益,强调无论是国家还是企业都必须对社会负责。

第四,经济法与民法调整的方法不同。民法主要通过民事制裁的形式进行调整;经济法则强调奖励与惩罚相结合的调整方法,就惩罚而言,经济法主要采用追究经济责任和非经济责任相结合的制裁形式,非经济责任包括行为责任、信誉责任、资格减免责任等。

二、经济法与行政法

案例分析 1-5

> 江苏省某县供电局为加强电力管理,决定在县内开展"反窃电"检查。活动期间,供电部门接到群众举报,举报称村民李某有偷电行为。为此,该县供电所所长王某某,县供电局职工刘某、陈某,电工季某等一起赴现场检查。由于李某家中无人,检查组决定入户检查,并邀请该村支部书记蔡某为入户检查作见证。随后,检查组中的有关人员进入李某院内。取证检查完毕,一行人便离开了李某住宅。
>
> **请问**
>
> 县供电所的做法是否合法? 为什么?

经济法与行政法相同之处表现为:两者都体现了国家对社会生活的干预。经济法调整的国民经济管理关系中有很多具有一定的行政管理性质;经济法对经济关系的调整必要时也会采用行政手段。两者的区别也很明显,主要表现为以下几点:

第一,经济法与行政法的调整对象不同。经济法调整本国经济运行过程中发生的经济关系,其中包括市场监管关系、宏观调控关系等经济管理关系;行政法调整行政管理关系,而不调整经济管理关系。

第二,经济法与行政法调整的范围不同。经济法调整的范围比行政法调整的范围更为宽泛,它调整的经济关系本质上是一种物质利益关系;行政法调整的范围固定而且比较狭窄,它仅限于不涉及经济内容的行政关系。

第三,经济法与行政法调整的方法不同。经济法在调整过程中,除采取奖励方法外,对违反经济法义务而引起的不利法律后果,采取追究多种经济责任和非经济责任的制裁形式;而行政法除采取奖励方法外,对于违反行政法义务而引起的不利法律后果,主要采取行政制裁形式。

第四,经济法与行政法两者的作用不同。经济法对于引导、推进和保障经济体制改革起着重要作用,在推动国民经济的发展方面所起的作用比行政法更为直接和明显;而行政法对引导、推进和保障政治体制改革起着重要作用。

案例分析 1-6

春节前的一天,李老太与老伴前去超市买东西。李老太负责挑选,老伴负责推车交钱。临结账时,李老太看见了放在出口处货架上的杏干,顺手拿了一包。一看老伴已经交完钱出去了,心里一着急,李老太拿着杏干就往外走,岂料刚走出超市门,就被超市保安拦住了。保安人员说,超市有规定,对未交款而拿走 5 元以下商品者要罚 500 元。李老太身上没有带那么多钱,只得将身上的 100 元和身份证押在了超市。次日,李老太又带了 400 元交给超市。回到家里,李老太茶饭不思,夜不能寐,后向当地市场监督部门投诉。

请问

你认为市场监督部门该怎么做?谈谈你的看法。

可见,经济法、行政法、民法在调整社会关系上各有所长并各有侧重,而在某些方面又是交叉的,任何的片面理解或绝对割裂都是不可取的。经济法作为一个独立的法律部门是随着社会经济发展的需要而产生的,对社会经济的发展过程中出现的一些新问题,如垄断、不正当竞争、消费者权益保护等,传统的民法和行政法均难以有效地解决,经济法就是顺应社会经济发展的需要而产生的。

 法律驿站 1-1

有效的民事法律行为应当具备什么条件

根据《中华人民共和国民法典》(以下简称《民法典》)第一百四十三条规定,有效的民事法律行为应当具备下列条件:①行为人具有相应的民事行为能力;②意思表示真实;③不违反法律、行政法规的强制性规定,不违背公序良俗。

第三节　经济法律责任

一、经济法律责任的概念和特征

(一)经济法律责任的概念

经济法律责任是指由经济法规定,在经济法主体违反法定经济义务时必须承担的法律后果。它是国家用于保护现实的经济法律关系的重要方法,也是体现经济法的强制力,使之得以一体通行的重要保障。

(二)经济法律责任的特征

经济法律责任既有一般法律责任的共性,又有自身的特殊性。经济法律责任具体包括以下几个方面：

（1）经济法律责任是一种消极的、否定的法律义务，具有否定性。法律责任是一种法律义务，但并非所有的法律义务都是法律责任，因为法律义务既有积极的，又有消极的，既有肯定的，又有否定的。法律责任只是一种消极的、否定的法律义务，而不能同时包含积极的、肯定的法律义务。

（2）经济法律责任是一种法定的强制性义务，具有法定性、强制性。经济法律责任同其他法律责任一样，从本质上讲，它们都是一种法定的强制性义务。它是法律明文规定的义务，具有法定性；同时，它是国家强制行为人接受的义务，又具有强制性、不可替代性。行为人是不能放弃履行这种强制性义务的。

（3）经济法律责任是经济主体的违法行为所引起的因果性、后续性义务，具有因果性。经济法律责任不是凭空产生的消极义务，而是与经济法主体的先前行为存在因果关系。它既是后续义务，又是因果义务，没有经济法主体的违法行为，就不可能产生经济法律责任。因此经济法律责任的消极性和否定性是因其经济违法行为的消极性和否定性所决定的。

（4）经济法责任具有双重处罚性。例如，我国法律对法人的违法行为，实行双重处罚制，既可对法人进行经济、行政制裁，也可对法人代表或直接责任人予以行政处分、罚款，构成犯罪的，依法追究其刑事责任。

（5）经济法责任的追究机构具有多元性。民事责任和刑事责任只能由国家司法机关来追究，具有单一性的特点。有权追究经济法律责任的机构有国家经济管理和经济监督机关、国家司法机关及仲裁机构，它们都有权按照法律、法规，在其职权范围内，对违法主体予以相应的法律制裁。

二、经济法律责任的形式

承担经济法律责任的形式是指经济法主体违反经济法所承担法律责任的主要方式。它包括民事责任、行政责任和刑事责任。

（一）民事责任

1. 民事责任的概念和种类

民事责任是指经济法主体违反经济法律、法规，依法应承担的民事法律后果。

最基本的民事责任有以下两种：

（1）违约责任，即责任人违反约定的义务，依法应承担的民事责任。

（2）侵权责任是指行为人不法侵害社会公共财产或者他人的财产、人身权利而依法应承担的民事责任。

2. 承担民事责任的原则

承担民事责任的原则是指法律所确定的行为人承担责任的根据和标准。它主要有以下三种：

（1）过错责任原则。过错责任原则是指认定行为人在主观上存在故意或者过失时，追究法律责任的原则。过错责任原则以行为人主观上的过错作为承担民事责任的根据。这是我国经济法确认的，在追究违法主体的经济法律责任时普遍适用的一项原则。行为人在故意或者过失违反法律时，应当承担法律责任。

（2）无过错责任原则。无过错责任原则是承担法律责任的特殊原则。特殊是指它是比过错责任原则更加严格的一项原则，故又称严格责任原则，是指在法律直接规定的情况下，无论行为人主观上有无过错,都要对损害事实承担责任的原则。此项责任不以过错为构成要件,只要有法律规定,经济法主体就要对损害承担赔偿责任。

(3) 公平责任原则。公平责任原则是指在当事人双方对损害结果的发生均无过错,且无法适用无过错责任原则的情况下,由法院依据公平观念,确定双方合理分担损失的原则。这一原则是公平法律价值的具体体现,是在前两种原则无法适用的情况下,为避免双方权益显失公平而确立的一项补充性原则。

3. 一般侵权民事责任的构成要件

(1) 行为具有违法性。行为人实施的行为是一种违反民事法律规范的行为,既可以表现为行为人实施了法律禁止的行为,也可以表现为行为人不履行义务的违法行为。行为的违法性是构成一般侵权民事责任的必要条件。

(2) 行为人主观上有过错。过错是指行为人在实施违法行为时,主观上所持的故意或过失的心理状态。故意是指行为人能够预见到自己的行为会产生一定的危害后果,但仍实施该行为并希望或放任危害结果的发生;过失是指行为人应该预见自己的行为会发生危害结果,但由于疏忽大意而没有预见或者虽然预见却轻信可以避免,致使危害结果发生。这两种过错都应该承担民事责任。

(3) 有损害事实存在。一般情况下,只有出现了损害的后果才需要承担民事责任,如果只有违法行为但没有损害结果,就不构成民事责任。损害事实既包括公私财产的损害,也包括人身权利的损害。损害事实是构成民事责任的基本条件。

(4) 违法行为与损害事实之间存在因果关系。损害事实是由于侵权行为而引起的,两者之间存在着客观的、内在的、必然的联系,即特定的损害事实是行为人的侵权行为必然引起的结果。只有当两者之间存在因果关系时,行为人才应承担相应的民事责任。

4. 民事责任的免责事由

民事责任的免责事由是指依照法律规定,免于承担民事责任的情形,主要包括以下四种:

(1) 不可抗力。不可抗力是指不能预见、不能避免并不能克服的客观情况。它可以是自然现象,如地震、台风等,也可以是社会现象,如战争、动乱等。

(2) 正当防卫。正当防卫是指自然人为了使公共利益、本人或者他人的人身权利和其他权利免受正在进行的不法侵害而采取的必要的防卫行为。

(3) 紧急避险。紧急避险是指自然人为使公共利益、本人或他人的人身和其他合法权利免受正在发生的危险的侵袭而被迫采取牺牲他人较小利益的紧急措施。

(4) 受害人的过错。受害人的过错是指受害人对损害结果的发生存在过错,如果加害人并无过错,损害结果完全是受害人的行为引起的,免除加害人的责任。

以上四种情况,可以免除当事人承担的民事责任。

 小思考1-5

小强放学路过邻居家,用石块袭击邻居家院子里的狗,结果被狗咬伤。

请问

谁应当承担责任?

5. 承担民事责任的方式

承担民事责任的方式主要有:停止侵害;排除妨碍;消除危险;返还财产;恢复原状;修理、重作、更换;继续履行;赔偿损失;支付违约金;消除影响,恢复名誉;赔礼道歉。

(二) 行政责任

行政责任是指对违反经济法律、法规的单位和个人依法追究的行政处罚和处分。追究行政责任,由国家行政机关或国家授权的有关单位依法执行。

根据《中华人民共和国行政处罚法》第九条的规定,行政处罚的种类包括:警告、通报批评;罚款、没收违法所得、没收非法财物;暂扣许可证件、降低资质等级、吊销许可证件;限制开展生产经营活动、责令停产停业、责令关闭、限制从业;行政拘留;法律、行政法规规定的其他行政处罚。此外,国家机关、企事业单位还可根据法律、法规,按照行政隶属关系对违法者实施行政处分。行政处分的种类有警告、记过、记大过、降职、撤职、留用察看、开除等。

(三) 刑事责任

刑事责任是指国家司法机关对严重违反刑法,构成犯罪的直接责任人依法追究其责任,即给予刑事处罚。根据《中华人民共和国刑法》(以下简称《刑法》)的规定,刑罚分为主刑和附加刑。主刑的种类包括:管制;拘役;有期徒刑;无期徒刑;死刑。附加刑的种类包括:罚金;剥夺政治权利;没收财产。主刑只能独立适用,附加刑既可以独立适用,也可以作为主刑的附加刑适用。对犯罪的外国人,可以独立适用或者附加适用驱逐出境。公司、企业、事业单位、机关、团体实施危害社会的行为,法律规定为单位犯罪的,应当负刑事责任。单位实施犯罪的,对单位判处罚金,并对直接负责的主管人员和其他直接责任人员判处刑罚。经济法律责任具有不可分割性,追究经济法律责任必须统一进行。在具体追究经济法律责任时,民事责任、行政责任和刑事责任既可以单独适用,又可以合并适用。经济法主体违反经济法律、法规,需要予以处罚时,一定要视其情节轻重,区别对待。

 导读案例分析

(1) 经济法律关系是指经济主体在经济活动中根据经济法律、法规的规定所形成的权利义务关系。它由主体、客体和内容三个要素组成。王某与张某之间意思表示真实,口头协议的内容与形式合法,是一份有效的保管合同。所以吴某与张某之间形成了合同法律关系。其中:主体是吴某和张某;客体是保管行为;内容是双方口头形成的保管电脑的协议。

(2) 电脑丢失的主要责任应由张某承担。张某未尽到保管的义务,因疏忽大意未锁门,故其应承担主要责任。若学校尽到自己的安全保卫职责,可不承担法律责任。

 课后测试

一、判断题

1. 法国空想主义者德萨米在所著《公有法典》中首次使用"经济法"这一词。 ( )

2. 法律事实可以分为法律事件和法律行为两大类。 ( )

3. 经济法律关系的客体包括物、经济行为、智力成果和劳动成果。 ( )

4. 法人财产权是指企业法人对企业所有权投资所设企业的全部财产在经营中所享有的占有、使用、收益和处分的权利。 （   ）

5. 法人和公民的民事权利能力和民事行为能力是一样的。 （   ）

二、单项选择题

1. 下列选项中,不属于经济法律关系客体的是(   )。

    A. 物　　　　　　　B. 行为　　　　　　C. 禁止流通物　　　D. 智力成果

2. 经济法律关系是指由经济法律规范规定而形成的(   )关系。

    A. 物质利益　　　　B. 责权利　　　　　C. 权利和义务　　　D. 特定经济

3. 下列各项中,属于事件性质的法律事实是(   )。

    A. 设立公司　　　　B. 无因管理　　　　C. 偷税　　　　　　D. 水灾

4. 凡是能引起经济法律关系发生变更和消灭的客观行为在经济法中称为(   )。

    A. 法律规定　　　　B. 法律行为　　　　C. 法律变动　　　　D. 法律事实

5. 下列各项中,不属于我国经济法律关系客体的是(   )。

    A. 物　　　　　　　B. 行为　　　　　　C. 土地所有权　　　D. 智力成果

三、多项选择题

1. 下列各项中,属于经济法律关系主体的有(   )。

    A. 国家管理机关　　　　　　　　　B. 社会团体

    C. 公司内部组织　　　　　　　　　D. 个体工商户

    E. 自然人

2. 下列各项中,属于经济法律关系客体的有(   )。

    A. 电脑　　　　　　B. 结婚　　　　　　C. 税金　　　　　　D. 专有技术

    E. 行为

3. 经济法律责任的形式包括(   )。

    A. 民事责任　　　　B. 行政责任　　　　C. 刑事责任　　　　D. 举证责任

4. 一般侵权民事责任的构成要件包括(   )。

    A. 行为具有违法性

    B. 行为人主观上有过错

    C. 损害事实存在

    D. 违法行为与损害事实之间存在因果关系

5. 民事责任的免责事由主要有(   )。

    A. 不可抗力　　　　　　　　　　　B. 正当防卫

    C. 紧急避险　　　　　　　　　　　D. 受害人的过错

四、实训题

实训一

由任课教师组织学生亲自参加一项经济法律活动(或间接参加),并分析指出经济法律关系的主体、客体和内容是什么。

实训二

赵某和黄某是某大学三年级的同班同学。一天,两人因一件小事发生冲突,赵某挑衅黄某:"敢到学校外面'单挑'吗?"黄某毫不犹豫地答应,同时两人还签订了"生死合同",约定双方"单挑"时任何一方受伤都不能追究对方责任。随后,赵某和黄某就按约定的时间到校外偏僻的地方打斗起来,结果黄某脾脏被打裂,回到宿舍后疼痛难忍,被老师和同学及时送到医院抢救才保住了性命。

请同学讨论下列问题:

1. 如何评价赵某和黄某两人签订的"生死合同"?

2. 赵某应承担什么法律责任?

五、思考题

1. 什么是经济法?经济法的调整对象有哪些?

2. 什么是经济法律关系?它由哪些要素构成?其主体范围包括哪些?

3. 什么是经济法律责任?其法律责任的形式有哪几种?

4. 经济法律关系产生、变更和终止的条件是什么?什么是法律事实?它可做哪些分类?

第二章
公司法律制度

知识目标

1. 了解、理解公司的概念、特征及分类。

2. 掌握有限责任公司、股份有限公司的设立条件、组织机构、股东会的议事规则等方面的法律基本规定。

3. 了解有限责任公司和股份有限公司的不同点和相同之处。

4. 掌握公司的财务会计法律规定以及公司的设立、合并、分立、解散和清算的相关法律责任。

能力目标

1. 能够运用公司法的法律知识分析和解决有限责任公司和股份有限公司的基本法律实务问题。

2. 能够运用所学的法律知识和方法分析和解决实际案例问题，并引导学生列举实例予以讨论。

3. 能依法经营，并能用法律保护自身公司的合法权益。

导读案例

面对讨债难的社会现象，大学刚毕业的小胡和几个退伍待业的朋友准备成立一家"讨债公司"，专门为债权人追讨债务。于是，他们按照公司设立的要求和程序，准备向某工商行政管理机关申请注册登记。

请思考

请同学们查阅相关规定，分析讨债公司能否成立？为什么？

第一节 公司法概述

一、公司的概念和特征

公司是指依照公司法的规定设立,并以营利为目的的企业法人。公司是企业的一种组织形式,它具有企业所共有的属性。

公司的主要特征包括以下几项:

1. 公司是依照公司法设立的经济组织

公司要依照公司法设立,符合公司法规定的设立条件。公司法对公司的股东人数、公司的组织机构的地位、性质、职权等,都作了明确规定。公司的外部关系和内部关系,都必须严格依照公司法等有关法律规定进行运作。

2. 公司是以营利为目的的经济组织

以营利为目的是指公司从事的是经营活动,而经营活动的目的是获取利润,并将其分配给公司的股东。

3. 公司是具有法人资格的经济组织

按照公司法规定条件设立的公司,自成立之日起具有法人资格。公司具有民事权利能力和民事行为能力,依法独立享有民事权利和承担民事义务。

4. 公司是由法定数额的股东共同或单独出资形成的经济组织

公司股东以其出资额形成对公司的股权,在法律上体现为一种股份式的联合。公司股东以其出资额或者所持股份为限,对公司承担有限责任;公司以其全部财产对公司债务承担责任。

案例分析 2-1

刘某等 6 人拟设立一家股份有限公司,但由于公司从设立到正式成立需要一段时间,刘某为加快经营进度,遂在公司申请核准登记证期间,以公司名义向一家工厂购买了家用电器并欠下货款 30 余万元。后由于公司在设立条件上不符合法律规定且在程序上存在瑕疵,登记机关拒绝核发营业执照,公司的设立行为没有全部完成。

请问

该工厂可以向谁索要货款?

二、公司的分类

按照不同的划分标准,公司可分为不同种类。一般来讲,公司主要有以下几种分类:

(1) 依据股东对公司债务承担的责任形式为划分标准,公司可分为无限公司、有限责任公司、两合公司和股份有限公司。①无限公司是指全体股东就公司债务负连带无限责任的公司。②有限责任公司是指全体股东对于公司的债务,仅以各自的出资额为限承担责任的公司。③两合公司是指一部分股东对公司债务负无限责任,另一部分股东负有限责任的公司。④股份有限公司是指公司资本划分为若干金额相等的股份,全体股东仅以自己认购的股份为限对公司债务承担责任的公司。我国法律只规定两种公司形式,即有限责任公司和股份有限公司。

（2）依据一个公司对另一个公司的控制与依附关系为划分标准,公司可分为母公司与子公司。①母公司是指通过持有其他公司一定比例以上的股份或者通过协议的方式,能够实际上控制其他公司营业活动的公司。②子公司是指虽然在法律上具有法人资格,但其经营活动受母公司实际控制的公司。但在法律上母公司与子公司仍应互相独立,各自具有独立法人资格。

小思考 2-1

你知道法人、法人代表和法定代表人的区别吗?

（3）依据公司内部管辖系统的划分标准,公司可分为总公司和分公司。①总公司是指依法设立并管辖分公司的总机构。②分公司是指总公司管辖之下的法人分支机构。分公司不具有独立的法人资格,不具有独立的财产,其权利和义务由总公司承担。但分公司可以在总公司授权的范围内以自己的名义进行业务活动。

案例分析 2-2

　　某皮革有限公司下设两个分公司,即北京分公司和广州分公司。2024 年 6 月,广州分公司经理刘某持分公司营业执照和合同文本与某百货公司签订了一份买卖合同,约定由广州分公司提供特制皮箱 1 000 个,每个 800 元,总金额 80 万元,并同时约定了商品质量、履行期限、违约金等主要条款。合同订立后,该百货公司即按约定付给广州分公司定金 8 万元。一个星期后,广州分公司按合同约定的期限交货。但经百货公司检验,皮箱质量明显不符合合同约定,百货公司当即提出质量异议,并要求双倍返还定金和支付违约金。而广州分公司却坚持要百货公司按合同如期付款。于是,百货公司向法院提起诉讼。广州分公司参加诉讼,并要求皮革有限公司(总公司)参加诉讼。但总公司认为广州分公司常年在广州经营,平时的经济效益都留在分公司,只上缴约定的承包金额,故皮革有限公司不应承担民事责任。

　　请问

　　（1）子公司和分公司在法律上有何区别?

　　（2）皮革有限公司是否应承担责任?

（4）依据公司的国籍为划分标准,公司可分为本国公司与外国公司。在我国,本国公司是指依照我国公司法在我国境内登记设立的公司。外国公司是指依据外国法律在我国境外登记设立的公司。

小思考 2-2

母公司和子公司、总公司和分公司有什么不同？

三、公司法的概念与调整范围

（一）公司法的概念

公司法是调整公司在其设立、经营、变更、终止过程中所发生的经济关系的法律规范的总称。

《中华人民共和国公司法》（以下简称《公司法》）于 1993 年 12 月 29 日由第八届全国人民代表大会常务委员会第五次会议通过。2023 年 12 月 29 日第十四届全国人民代表大会常务委员会第七次会议第二次修订。《公司法》对确定公司这一市场主体的法律地位，规范公司的组织和行为，保护公司、股东和债权人的合法权益，维护社会经济秩序，促进社会主义市场经济的发展，有着重要的意义。

（二）公司法的调整范围

《公司法》第二条规定："本法所称公司，是指依照本法在中国境内设立的有限责任公司和股份有限公司。"因此，我国《公司法》的调整范围只包括有限责任公司和股份有限公司，对其他公司没有作出规定。

第二节　有限责任公司

一、有限责任公司的概念和特征

（一）有限责任公司的概念

依照《公司法》有关规定，有限责任公司由 1 个以上 50 个以下的股东共同出资，股东以其认缴的出资额对公司承担有限责任，公司以其全部资产对公司的债务承担责任的企业法人。

案例分析 2-3

王某是一个经营服装百货的个体户，两年前，他欠了一家服装厂 20 多万元的货款，且无力偿还，债主向法院起诉。法院判决王某败诉，并将王某商店里的财产和他的轿车以及部分生活用品变卖，用以偿还债务。两年来，王某进行了充分的市场调研，东山再起，商店

（续上）

的效益与日俱增。但某公司从王某这里批发了一批服饰，欠下30万元货款迟迟不还，王某几次讨债未果，遂向法院提起诉讼，法院判决王某胜诉。但是该公司因经营不善，严重亏损，根本无力偿还债务。王某要求法院将该公司法定代表人的私人房产变卖以抵偿，法院不予支持。王某想不通，为什么他欠下的债务要用个人财产来抵偿，别人欠债就不必用债务来抵偿？

请问

结合本案事实，思考法院对王某的主张不予支持是否正确？

（二）有限责任公司的特征

1. 公司资本的不等额性

有限责任公司的全部资本不必划分为等额股份，股东按协议确定出资比例，按出资比例享有权利、承担义务和风险，股东的股权表现形式是公司签发的出资证明书。

2. 股东人数的相对稳定性

有限责任公司股东人数的最高限额均由法律严格规定，股东人数相对稳定，而不像股份有限公司股东人数是无上限的。股东人数的相对稳定性，决定了股东间的关系较为密切，股东出资的转让也受到严格限制。

3. 股权转让时享有优先购买权

有限责任公司的股东之间可以相互转让其全部或者部分股权。股东向股东以外的人转让股权的，应当将股权转让的数量、价格、支付方式和期限等事项书面通知其他股东，其他股东在同等条件下有优先购买权。股东自接到书面通知之日起30日内未答复的，视为放弃优先购买权。

 案例分析 2-4

小张在白云有限责任公司成立时投资了80万元，成为该公司的股东。某日，因小张老家房子年久失修加之一场暴雨，房子变成危房。为修房子，小张向公司请求将自己投资的80万元提出用于造房。

请问

小张的请求合理吗？为什么？

4. 设立程序的简便性

有限责任公司不发行股票，不向社会公开募集资本，这决定了它的设立方式只有发起设立，即由股东共同制定章程，规定全体股东认缴的出资额，最后由指定的代表或委托的代理人向公司登记机关申请设立登记，公司即告成立。

二、有限责任公司的设立

有限责任公司的设立条件有如下几项：

1. 股东符合法定人数

根据我国《公司法》的规定,有限责任公司由 1 个以上 50 个以下股东出资设立。

2. 有符合公司章程规定的全体股东认缴的出资额

有限责任公司的注册资本为在公司登记机关登记的全体股东认缴的出资额。全体股东认缴的出资额由股东按照公司章程的规定自公司成立之日起 5 年内缴足。股东未按期足额缴纳出资的,除应当向公司足额缴纳外,还应当对给公司造成的损失承担赔偿责任。

法律、行政法规以及国务院决定对有限责任公司注册资本实缴、注册资本最低限额另有规定的,从其规定。

小思考 2-3

你知道实缴出资额和认缴出资额有什么不同吗?

3. 股东共同制定的公司章程

公司章程是公司设立及活动的基本规则,是公司依法确立公司的内外部法律关系及股东权利和义务的基本法律文件。设立公司必须依法制定公司章程。公司章程对公司、股东、董事、监事、高级管理人员具有约束力。

有限责任公司的公司章程应当载明下列事项:

①公司名称和住所;②公司经营范围;③公司注册资本;④股东的姓名或者名称;⑤股东的出资额、出资方式和出资日期;⑥公司的机构及其产生办法、职权、议事规则;⑦公司法定代表人的产生、变更办法;⑧股东会认为需要规定的其他事项。

股东应当在公司章程上签名或者盖章。

4. 有公司名称,建立符合有限责任公司要求的组织机构

公司的名称是公司的标志。依法设立的有限责任公司,必须在公司名称中标明有限责任公司或者有限公司字样。

法律驿站 2-1

公司名称中禁止使用的内容和文字

(1) 有损国家、社会公共利益的。

(2) 可能对公众造成欺骗或误解的。

(3) 外国国家名称、国家组织名称。

(4) 政党、党政军机关、群众组织、社会团体的名称及部队番号。

(5) 汉语拼音字母(外文名称中使用的除外)、数字。

(6) 其他法律、行政法规规定禁止的。

小思考2-4

　　小张、小王和小李准备成立一家有限责任公司,但为公司名称三人意见出现了分歧。小张为公司取名为"上海 FM 电器有限责任公司";小王为公司取名为"上海 818 电器有限责任公司";小李为公司取名为"上海飞马电器有限责任公司"。

　　请问

　　你认为他们当中谁为公司取的名字能获准注册? 为什么?

三、有限责任公司的设立程序

(一) 制订公司章程

　　有限责任公司公司章程由公司全体股东共同订立,并经全体股东同意后,所有股东应当在公司章程上签名、盖章。公司章程对公司、股东、董事、监事和高级管理人员具有约束力。

　　国有独资公司章程由国有资产监督管理机构制订,或者由董事会制订,报国有资产监督管理机构批准。

(二) 有符合公司章程规定的全体股东认缴的出资额

　　股东可以用货币出资,也可以用实物、知识产权、土地使用权、股权、债权等可以用货币估价并可以依法转让的非货币财产作价出资;但是,法律、行政法规规定不得作为出资的财产除外。

　　对作为出资的非货币财产应当评估作价,核实财产,不得高估或者低估作价。法律、行政法规对评估作价有规定的,从其规定。

　　股东应当按期足额缴纳公司章程规定的各自所认缴的出资额。股东以货币出资的,应当将货币出资足额存入有限责任公司在银行开设的账户;以非货币财产出资的,应当依法办理其财产权的转移手续。

　　股东未按期足额缴纳出资的,除应当向公司足额缴纳外,还应当对给公司造成的损失承担赔偿责任。

　　有限责任公司设立时,股东未按照公司章程规定实际缴纳出资,或者实际出资的非货币财产的实际价额显著低于所认缴的出资额的,设立时的其他股东与该股东在出资不足的范围内承担连带责任。

　　股东未按照公司章程规定的出资日期缴纳出资,公司依照规定发出书面催缴书催缴出资的,可以载明缴纳出资的宽限期;宽限期自公司发出催缴书之日起,不得少于 60 日。宽限期届满,股东仍未履行出资义务的,公司经董事会决议可以向该股东发出失权通知,通知应当以书面形式发出。自通知发出之日起,该股东丧失其未缴纳出资的股权。

 案例分析2-5

　　A、B、C 3 人经协商,准备成立一家有限责任公司甲,该公司主要从事家具生产,其中: A 为公司甲提供厂房和设备,经评估作价 25 万元,B 从银行借款 20 万元现金作为出

经济法基础与实务　JINGJIFA JICHU YU SHIWU

资,C原为一家私营企业的家具厂老板,具有吃苦耐劳的精神,提出以劳务出资,作价(年薪)6万元。A、B、C 3人签订协议后,向工商局申请注册。

请问
(1) 本案包括哪几种出资形式?
(2) A、B、C 3人的出资是否符合法律规定?

(三) 设立登记

公司,应当依法向公司登记机关申请设立登记。法律、行政法规规定设立公司必须报经批准的,应当在公司登记前依法办理批准手续。申请设立公司,应当提交登记申请书、公司章程等文件,提交的相关材料应当真实、合法和有效。

登记机关对符合《公司法》规定条件的,予以登记,发给公司营业执照。公司营业执照签发日期,为有限责任公司成立日期。公司登记机关可以发给电子营业执照。电子营业执照与纸质营业执照具有同等法律效力。公司成立后,股东不得抽逃出资。违反前款规定的,股东应当返还抽逃的出资;给公司造成损失的,负有责任的董事、监事、高级管理人员应当与该股东承担连带赔偿责任。

(四) 签发出资证明书

责任公司成立后,应当向股东签发出资证明书。出资证明书是证明股东出资份额的书面凭证。出资证明书记载下列事项:①公司名称;②公司成立日期;③公司注册资本;④股东的姓名或者名称、认缴和实缴的出资额、出资方式和出资日期;⑤出资证明书的编号和核发日期。出资证明书由法定代表人签名,并由公司盖章。

应当按照规定通过国家企业信用信息公示系统公示相关信息。公司应当确保前款公示信息真实、准确、完整。股东有权查阅、复制公司章程、股东会会议记录、董事会会议决议、监事会会议决议和财务会计报告。股东可以要求查阅公司会计账簿、会计凭证。股东要求查阅公司会计账簿、会计凭证的,应当向公司提出书面请求,说明目的。

法定代表人依照公司章程的规定,由代表公司执行公司事务的董事或者经理担任。

代表人以公司名义从事的民事活动,其法律后果由公司承受。公司章程或者股东会对法定代表人职权的限制,不得对抗善意相对人。法定代表人因执行职务造成他人损害的,由公司承担民事责任。公司承担民事责任后,依照法律或者公司章程的规定,可以向有过错的法定代表人追偿。

四、有限责任公司的组织机构

(一) 有限责任公司的股东会

股东会的性质和职权

责任公司的股东会由全体股东组成。根据《公司法》的规定,有限责任公司股东会是公司的权力机构,是公司的最高决策机关,对公司的重大问题进行决策。有限责任公司的股东会行使下列职权:

(1) 选举和更换董事、监事,决定有关董事、监事的报酬事项。

22

（2）审议批准董事会的报告。

（3）审议批准监事会的报告。

（4）审议批准公司的利润分配方案和弥补亏损方案。

（5）对公司增加或者减少注册资本作出决议。

（6）对发行公司债券作出决议。

（7）对公司合并、分立、解散、清算或者变更公司形式作出决议。

（8）修改公司章程。

（9）公司章程规定的其他职权。

对上款所列事项股东以书面形式一致表示同意的，可以不召开股东会会议，直接作出决定，并由全体股东在决定文件上签名或者盖章。

另股东会要求董事、监事、高级管理人员列席会议的，董事、监事、高级管理人员应当列席并接受股东的质询。董事、监事、高级管理人员执行职务违反法律、行政法规或者公司章程的规定，给公司造成损失的，股东可以书面请求董事会向人民法院提起诉讼。

2. 股东会的议事规则

首次股东会会议由出资最多的股东召集和主持。有限责任公司设立董事会或执行董事后，股东会会议分为定期会议和临时会议。

定期会议应当依照公司章程的规定按时召开。代表 1/10 以上表决权的股东，1/3 以上的董事，或者监事会提议召开临时会议的，应当召开临时会议。召开股东会会议，应当于会议召开 15 日前通知全体股东；但是，公司章程另有规定或者全体股东另有约定的除外。

有限责任公司设立董事会的，股东会会议由董事会召集，董事长主持；董事长不能履行职务或者不履行职务的，由副董事长主持；副董事长不能履行职务或者不履行职务的，由过半数以上的董事共同推举一名董事主持。

董事会不能履行或者不履行召集股东会会议职责的，由监事会召集和主持监事会不召集和主持的，代表 1/10 以上表决权的股东可以自行召集和主持。

股东会会议由股东按照出资比例行使表决权；但是，公司章程另有规定的除外。股东会作出决议，应当经代表过半数表决权的股东通过。

股东会会议作出修改公司章程、增加或者减少注册资本的决议，以及公司合并、分立、解散或者变更公司形式的决议，必须经代表 2/3 以上表决权的股东通过。

股东会应当对所议事项的决定作成会议记录，出席会议的股东应当在会议记录上签名。

有下列情形之一的，公司股东会、董事会的决议不成立：

（1）未召开股东会、董事会会议作出决议。

（2）股东会、董事会会议未对决议事项进行表决。

（3）出席会议的人数或者所持表决权数未达到本法或者公司章程规定的人数或者所持表决权数。

（4）同意决议事项的人数或者所持表决权数未达到本法或者公司章程规定的人数或者所持表决权数。

（二）有限责任公司的董事会

1. 董事会的设立及职权

有限责任公司董事会成员为 3 人以上，其成员中可以有公司职工代表。职工人数 300

人以上的有限责任公司,除依法设监事会并有公司职工代表的外,其董事会成员中应当有公司职工代表。董事会中的职工代表由公司职工通过职工代表大会、职工大会或者其他形式民主选举产生。

董事会设董事长1人,可以设副董事长。董事长、副董事长的产生办法由公司章程规定。董事任期由公司章程规定,但每届任期不得超过3年。董事任期届满,连选可以连任。董事任期届满未及时改选,或者董事在任期内辞职导致董事会成员低于法定人数的,在改选出的董事就任前,原董事仍应当依照法律、行政法规和公司章程的规定,履行董事职务。董事辞任的,应当以书面形式通知公司,公司收到通知之日辞任生效,但存在前款规定情形的,董事应当继续履行职务。股东会可以决议解任董事,决议作出之日解任生效。无正当理由,在任期届满前解任董事的,该董事可以要求公司予以赔偿。

董事会对股东会负责,行使下列职权:

(1)召集股东会会议,并向股东会报告工作。

(2)执行股东会的决议。

(3)决定公司的经营计划和投资方案。

(4)制订公司的利润分配方案和弥补亏损方案。

(5)制订公司增加或者减少注册资本以及发行公司债券的方案。

(6)制订公司合并、分立、解散或者变更公司形式的方案。

(7)决定公司内部管理机构的设置。

(8)决定聘任或者解聘公司经理及其报酬事项,并根据经理的提名决定聘任或者解聘公司副经理、财务负责人及其报酬事项。

(9)制订公司的基本管理制度。

(10)公司章程规定或者股东会授予的其他职权。

公司章程对董事会职权的限制不得对抗善意相对人。

2. 董事会会议

董事会会议由董事长召集和主持;董事长不能履行职务或者不履行职务的,由副董事长召集和主持;副董事长不能履行职务或者不履行职务的,由过半数的董事共同推举一名董事召集和主持。

董事会会议应当有过半数的董事出席方可举行。董事会作出决议,应当经全体董事的过半数通过。董事会决议的表决,实行一人一票,董事会应当对所议事项的决定作成会议记录,出席会议的董事应当在会议记录上签名。

有限责任公司可以设经理,经理对董事会负责,由董事会决定聘任或者解聘。

根据公司章程的规定或者董事会的授权行使职权。经理列席董事会会议。

 小思考2-5

请同学们查阅相关资料,想一想:

(1)公司股东会与公司董事会之间是什么关系?

(2)公司董事会与公司经理之间是什么关系?

(3)公司监事会与公司股东会、董事会之间是什么关系?

（三）有限责任公司的监事会或者监事

1. 监事会的设立与组成

有限责任公司设监事会,监事会成员为3人以上。规模较小或者股东人数较少的有限责任公司,可以不设监事会,设1名监事,行使本法规定的监事会的职权;经全体股东一致同意,也可以不设监事。有限责任公司可以按照公司章程的规定在董事会中设置由董事组成的审计委员会,行使本法规定的监事会的职权,不设监事会或者监事。公司董事会成员中的职工代表可以成为审计委员会成员。

监事会设主席1人,由全体监事过半数选举产生。监事会主席召集和主持监事会会议;监事会主席不能履行职务或者不履行职务的,由过半数的监事共同推举1名监事召集和主持监事会会议。董事、高级管理人员不得兼任监事。监事的任期每届为3年。监事任期届满,连选可以连任。

监事会决议应当经全体监事的过半数通过。监事会决议的表决,应当一人一票。

2. 监事会或监事的职权

监事会行使下列职权:

（1）检查公司财务。

（2）对董事、高级管理人员执行职务的行为进行监督,对违反法律、行政法规、公司章程或者股东会决议的董事、高级管理人员提出解任的建议。

（3）当董事、高级管理人员的行为损害公司的利益时,要求董事、高级管理人员予以纠正。

（4）提议召开临时股东会会议,在董事会不履行本法规定的召集和主持股东会会议职责时召集和主持股东会会议。

（5）向股东会会议提出提案。

（6）依照《公司法》第一百八十九条的规定,对董事、高级管理人员提起诉讼。

（7）公司章程规定的其他职权。

监事可以列席董事会会议,并对董事会决议事项提出质询或者建议。

监事会发现公司经营情况异常,可以进行调查;必要时,可以聘请会计师事务所等协助其工作,费用由公司承担。

监事会可以要求董事、高级管理人员提交执行职务的报告。董事、高级管理人员应当如实向监事会提供有关情况和资料,不得妨碍监事会或者监事行使职权。

 案例分析 2-6

　　某有限责任公司于2023年成立,公司设股东会、董事会和监事会。在2023年组建监事会时,公司聘请了该市某企业管理部门的李局长担任公司的监事。此外,由公司董事长和副董事长兼任公司另3名监事。该监事会设立后,从未按照《公司法》的规定行使监事会职权。该公司股东吴某认为应当重组公司监事会,并多次向董事会提出要求,但是董事会没有采纳其建议。于是吴某向法院起诉,要求解散公司原监事会,重新建立监事会。

　　请问

《公司法》对监事的任职资格有哪些限制? 吴某起诉的理由是否成立?

张某向 A 信用社借款的本息共计 17.46 万元,经 2024 年 6 月诉讼后仍拖欠不还。10 月 25 日,根据债权人的举报,法院查封并扣划了张某向拟建中的某纺织有限公司的股东出资 20 万元中的 17.46 万元。另查明,张某与另外两名自然人分别拥有该公司 1/3 的股权。按照出资协议,10 月 23 日,张某将上述款项存入筹建公司的指定账户;公司于 11 月 3 日经工商登记成立。法院执行扣划这笔款项后,该公司认为所扣款属公司所有,而非张某个人的财产,并以案外人的身份提出执行异议。

请问

该公司的异议是否正确? 法院能否强制执行? 为什么?

有限责任公司组织机构职权及相互关系如图 2-1 所示。

图 2-1　有限责任公司组织机构职权及相互关系

甲企业、乙企业与另外 9 家企业拟联合设立"白龙有限责任公司"(以下简称白龙公司)。公司章程部分内容如下:股东会召开临时会议须经代表 1/2 以上表决权的股东提议;公司注册资本为 1 亿元,其中甲企业以工业产权出资,协议作价金额为 1 200 万元;乙企业出资 1 400 万元,是出资最多的股东。公司经工商管理机关指出错误并纠正后于 2022 年 3 月依法登记成立,后公司决定由甲企业召集和主持首次股东会会议,并设立董事会。2022 年 5 月,白龙公司董事会发现,甲企业作为出资的工业产权的实际价额显著

（续上）

低于公司章程中所定的金额,董事会提出由甲企业补足差额。如果甲企业不能补足差额,则由其他股东按出资比例分担该差额。不久,董事会又提出增资方案并提交股东会表决。股东会上,7家股东赞成投资,占表决权总数的58.3%;4家股东不赞成增资,占表决权总数的41.7%。股东会通过了增资决议。白龙公司又因业务发展需要依法成立了西南分公司,由于西南分公司违反了与其公司签订的合同,对方要求白龙公司承担违约责任。

请问

（1）分析白龙公司设立过程中订立的公司章程中关于召开临时股东会议的规定有哪些不合法之处?为什么?

（2）回答白龙公司的首次股东会议由甲企业召集和主持是否合法,为什么?

（3）分析白龙公司董事会作出关于甲企业出资不足的解决方案内容是否合法,为什么?

（4）分析白龙公司股东会作出的增资决议是否合法,为什么?

（5）回答白龙公司是否应替西南分公司承担违约责任,为什么?

五、公司董事、监事、高级管理人员的资格和义务

董事、监事、高级管理人员应当遵守法律、行政法规和公司章程,对公司负有忠实义务和勤勉义务。有下列情形之一的,不得担任公司的董事、监事、高级管理人员:

（1）无民事行为能力或者限制民事行为能力。

（2）因贪污、贿赂、侵占财产、挪用财产或者破坏社会主义市场经济秩序,被判处刑罚,或者因犯罪被剥夺政治权利,执行期满未逾5年,被宣告缓刑的,自缓刑考验期满之日起未逾2年。

（3）担任破产清算的公司、企业的董事或者厂长、经理,对该公司、企业的破产负有个人责任的,自该公司、企业破产清算完结之日起未逾3年。

（4）担任因违法被吊销营业执照、责令关闭的公司、企业的法定代表人,并负有个人责任的,自该公司、企业被吊销营业执照、责令关闭之日起未逾3年。

（5）个人因所负数额较大债务到期未清偿被人民法院列为失信被执行人。

违反前款规定选举、委派董事、监事或者聘任高级管理人员的,该选举、委派或者聘任无效。董事、监事、高级管理人员在任职期间出现本条第一款所列情形的,公司应当解除其职务。

案例分析 2-9

李斌于2021年2月因打架斗殴被判刑入狱,2024年2月刑满出狱,2024年9月李斌被万杰公司聘为总经理;王强2016年5月因贪污被判处有期徒刑5年,剥夺政治权利3年,也于2024年9月被万杰公司聘为董事;赵军2024年因买房向银行贷款80万元,贷款期限为5年,同年也被万杰公司聘为财务总监。

（续上）

请问

万杰公司聘请的人选是否符合《公司法》的规定。为什么？

六、董事、高级管理人员的禁止行为

董事、监事、高级管理人员应当遵守法律、行政法规和公司章程。同时，对公司负有忠实义务，应当采取措施避免自身利益与公司利益冲突，不得利用职权牟取不正当利益。董事、监事、高级管理人员对公司负有勤勉义务，执行职务应当为公司的最大利益尽到管理者通常应有的合理注意。

董事、监事、高级管理人员不得有下列行为：

（1）侵占公司财产、挪用公司资金。

（2）将公司资金以其个人名义或者以其他个人名义开立账户存储。

（3）利用职权贿赂或者收受其他非法收入。

（4）接受他人与公司交易的佣金归为己有。

（5）擅自披露公司秘密。

（6）违反对公司忠实义务的其他行为。

董事、监事、高级管理人员，直接或者间接与本公司订立合同或者进行交易，应当就与订立合同或者进行交易有关的事项向董事会或者股东会报告，并按照公司章程的规定经董事会或者股东会决议通过。董事、监事、高级管理人员的近亲属，董事、监事、高级管理人员或者其近亲属直接或间接控制的企业，以及与董事、监事、高级管理人员有其他关联关系的关联人，与公司订立合同或者进行交易，适用前款规定。其违规所得的收入应当归公司所有，给公司造成损失的，应当承担赔偿责任。

 案例分析 2-10

甲和乙是某市骏马电器有限公司的董事。2023年8月，甲、乙两人又和丙合伙办了一个电器厂，生产"美达"牌电器，与骏马电器有限公司使用的技术基本相同。同年10月，骏马电器有限公司发现了甲、乙另办电器厂的行为，经董事会研究决定罢免甲、乙的董事职务，并要求甲、乙将其经营电器厂所得收入30万元交回公司。甲、乙不同意，辩称："我们两厂生产的电器品牌不同，互不相干，我们额外劳动所得不应交回公司。"于是，董事会研究决定，以公司名义向法院起诉。

请问

（1）甲、乙的主张有无法律依据？

（2）董事会罢免甲、乙董事职务的行为是否恰当？

（3）董事会能否决定以公司名义起诉？

甄某于2021年5月担任某有限责任公司的董事长。2022年3月,另一公司的经理田某找甄某借一笔资金以解燃眉之急。正好公司刚收回一笔50万元的货款,甄某随即转给了田某,田某拿出5万元给甄某,甄某未敢收,遂存入公司的小金库中。该小金库是甄某伙同部分董事及监事贾某私自开立的,用于他们的各项业余开支。同年7月,甄某利用手中的职权帮助其弟弟的公司做成一笔木材生意,获利10万元,甄某将其存入私人账户。这一年9月,甄某利用董事长的权力与贾某签订了一项合同,规定公司支付贾某2万元的中介费,作为贾某为公司联系到这一批木材生意的报酬。而实际上公司购入该批木材的价格明显高于市场价,致使公司受损20万元,贾某与甄某各自捞了一笔回扣。此事并未经过董事会的讨论。2023年3月,股东会觉察到甄某与贾某的渎职行为,责令其停职反省。同时,组织人员进行调查,待查清事实后依照法律和公司章程进行处理。

请问

(1) 甄某的董事长一职至迟应于何时任期届满?为什么?

(2) 假设甄某2019年6月担任某国营工厂厂长时,因从事违法经营致该厂营业执照被吊销。那么甄某任职董事长一事是否符合法律规定?为什么?

(3) 本案中甄某从事了哪些违法活动?

(4) 公司对于董事、监事的违法活动可否自行处理?

(5) 甄某、贾某应否对公司承担赔偿责任?

吴某和冯某创办了一个有限责任公司,吴某为执行董事,冯某为财务负责人,其中执行董事吴某兼任监事。该公司聘请在市工商局工作的杜某担任总经理。此时杜某买回一批服装正欲出售,因此其在上任后未经同意私下和该百货公司签订了一份合同,用公司的名义买下了他自己买来的服装,总价款达125万元,占用了公司的大量流动资金。后该批服装由于数量过多,款式陈旧而积压,致使公司半年的投资计划流产,大量的购货合同难以履行。公司执行董事吴某向法院提起诉讼,要求杜某赔偿损失。杜某认为,他是公司的总经理,有权同任何人签订合同,决定经营方式,公司起诉他是没有道理的。

请问

(1) 公司只设一名执行董事而不设董事会是否符合规定?为什么?

(2) 公司聘请杜某为公司的总经理有无不妥之处?为什么?

(3) 杜某应否对公司造成的损失承担赔偿责任?为什么?

第三节 国家出资公司组织机构及特别规定

一、国家出资公司的概念

国家出资公司是指国家出资的国有独资公司、国有资本控股公司,包括国家出资的有限责任公司、股份有限公司。随着国有独资公司多年的改革发展,变成股权多元化的公司,原先关于国有独资公司的特别规定就不再适用了。因此,2023 年 12 月 29 日第十四届全国人民代表大会常务委员会第七次会议第二次修订的《公司法》创设了一个"国家出资公司"的概念,将特别规定的范围扩充到国有资本控股公司,至于它们是股份公司还是有限责任公司,在所不问。新规符合国企改革过程出现的新情况。

国家出资公司,由国务院或者地方人民政府分别代表国家依法履行出资人职责,享有出资人权益。国务院或者地方人民政府可以授权国有资产监督管理机构或者其他部门、机构,代表本级人民政府对国家出资公司履行出资人职责。

二、国有独资公司的组织机构

1. 国有独资公司股东会

国有独资公司不设股东会,由履行出资人职责的机构行使股东会职权。履行出资人职责的机构可以授权公司董事会行使股东会的部分职权,但公司章程的制定和修改,公司的合并、分立、解散、申请破产,增加或者减少注册资本,分配利润,应当由履行出资人职责的机构决定。

国有独资公司章程由履行出资人职责的机构制定。

2. 国有独资公司董事会

国有独资公司设董事会,依照《公司法》的规定行使职权。董事每届任期不得超过 3 年,董事任期届满,连选可以连任。董事会成员由履行出资人职责的机构委派,国有独资公司的董事会成员中,应当过半数为外部董事,并应当有公司职工代表,董事会成员中的职工代表由公司职工代表大会选举产生。

董事会设董事长一人,可以设副董事长。董事长、副董事长由履行出资人职责的机构从董事会成员中指定。

国有独资公司的董事、高级管理人员,未经履行出资人职责的机构同意,不得在其他有限责任公司、股份有限公司或者其他经济组织兼职。

3. 国有独资公司设置审计委员会

国有独资公司在董事会中设置由董事组成的审计委员会行使本法规定的监事会职权的,不设监事会或者监事。

国家出资公司应当依法建立健全内部监督管理和风险控制制度,加强内部合规管理。

案例分析 2-13

某国有企业于 2023 年经有关部门决定改建为国有独资公司,名为前进实业有限责任公司。该公司无股东会,由董事行使股东会的部分职权。董事会成员有 5 人,全部是国家授权部门任命的干部。应另一公司的邀请,董事长江某兼任另一有限责任公司的负责人。自 2024 年起,该公司进行了一系列活动:①董事会决定将公司注册资本由 1 亿元增加到 2 亿元;②经董事会研究决定,前进实业有限责任公司与另一公司合并。

请问

你认为上述情况中哪些不符合《公司法》的规定?请说明理由。

 法律驿站 2-2

《公司法》新规——国有企业可以不设监事会的原因

《公司法》新规规定各级国有企业都可以不设监事会。取消监事会符合国有企业的实际情况,因为国有企业存在"六位一体"的监督体系,即使没有监事会和监事,还有党委监督、政府审计监督、巡视巡查等监督方式。

第四节　股份有限公司

一、股份有限公司的概念和特征

(一) 股份有限公司的概念

股份有限公司是指公司资本为股份所组成的公司,股东以其认购的股份为限对公司承担责任。

(二) 股份有限公司的特征

1. 股东责任的有限性

股份有限公司的股东仅以自己持有的股份为限对公司债务承担责任。公司的债务完全以公司独立的资产清偿。

2. 股东人数的广泛性

股份有限公司股东的人数只有下限没有上限,且公司可以公开向社会募集资本,股份可以自由转让,这就决定了股份有限公司股东人数的广泛性和不确定性。

3. 股份的等额性

股份有限公司的全部资本划分为若干股份，每股金额相等。公司的股份体现为股票形式，股票可以向社会公开发行，持有公司股票即为公司股东。

4. 股份转让的自由性

与有限责任公司不同，在法定的条件下股东可以自由转让股份有限公司的股票。

5. 股份有限公司设立程序的复杂性

与有限责任公司相比，股份有限公司的设立程序较为复杂。

法律驿站 2-3

股份有限公司的起源

股份有限公司起源于 17 世纪初期的荷兰和英国，著名的荷兰东印度公司和英国的东印度公司，就是世界上最早出现的一批股份有限公司。而有限责任公司产生得较晚，起源于 19 世纪末的德国，由德国的投资者和商法学家们创造了有限责任公司这一新的公司类型，并在 1982 年制定了《有限责任公司法》。

二、股份有限公司的设立

（一）股份有限公司的设立条件

1. 发起人符合法定要求

设立股份有限公司，应当有 1 人以上 200 人以下为发起人，发起人承担公司筹办事务。其中应当有半数以上的发起人在中华人民共和国境内有住所。

2. 有符合规定的设立的方式

设立股份有限公司，可以采取发起设立或者募集设立的方式。

发起设立，是指由发起人认购设立公司时应发行的全部股份而设立公司。

募集设立，是指由发起人认购设立公司时应发行股份的一部分，其余股份向特定对象募集或者向社会公开募集而设立公司。以募集设立方式设立股份有限公司的，发起人认购的股份不得少于公司章程规定的公司设立时应发行股份总数的 35%；但是，法律、行政法规另有规定的，从其规定。

3. 应当由发起人共同制订公司章程

公司章程是公司最重要的法律文件，应当由发起人共同制订公司章程。采用募集方式设立的股份公司，章程草案须提交创立大会表决通过。

法律驿站 2-3

公司名称应当标明哪些内容

公司名称中必须冠以公司所在地的地名，若须冠以"中国""中华""国际"字样的公司，则必须经国家工商行政管理局核准；公司名称的核心内容即字号，应有两个以

（续上）

上的汉字或少数民族文字组成;公司名称包含公司的主营业务或行业性质;公司名称还须标明公司的法律性质,如实标记"有限责任公司""股份有限公司"的字样。

法律驿站 2-4

股票和股份一样吗

股票和股份有不同的含义,股份是股份有限公司资本最基本的构成单位。股份有以下特征:股份所代表的金额相等;股份表示股东享有的权益范围;股份通过股票这种证券形式表现出来。而股票是指股份有限公司股份证券化的形式,是股份有限公司签发的证明股东所持股份的凭证。

（二）公司发起人设立过程中应承担的责任

股份有限公司的发起人应当承担下列责任:

（1）公司不能成立时,对设立行为所产生的债务和费用负连带责任。

（2）公司不能成立时,对认股人已缴纳的股款,负返还股款并加算银行同期存款利息的连带责任。

（3）在公司设立过程中,由于发起人的过失致使公司利益受到损害的,应当对公司承担赔偿责任。

表 2-1　有限责任公司与股份有限责任公司的比较

项目	公司类别	
	有限责任公司	股份有限公司
信用基础	人合与资合兼具	典型的资合公司
股东数额	无下限,有上限	有下限,无上限
募股集资	封闭:不向社会招股	开放:公开募集资本
股份是否等额	股份不分等额,按协议比例出资	将全部资本划成等额股份
股份转让	股份转让受书面通知其他股东	股份自由转让
组织结构及设立要求	组织结构和设立要求简单	组织结构和设立要求严格

三、股份有限公司的组织机构

（一）股份有限公司的股东会

1. 股东会的性质和职权

股东会是公司的权力机构,由股份有限公司全体股东组成。依照《公司法》规定,股东会行使下列职权：①选举和更换董事、监事，决定有关董事、监事的报酬事项；②审议批准董事会的报告；③审议批准监事会的报告；④审议批准公司的利润分配方案和弥补亏损方案；⑤对公司增加或者减少注册资本作出决议；⑥对发行公司债券作出决议；⑦对公司合并、分立、解散、清算或者变更公司形式作出决议；⑧修改公司章程；⑨公司章程规定的其他职权。

对前款所列事项股东以书面形式一致表示同意的，可以不召开股东会会议，直接作出决定，并由全体股东在决定文件上签名、盖章。

2. 股东会的召开

股东会应当每年召开一次年会。有下列情形之一的，应当在两个月内召开临时股东大会：①董事人数不足《公司法》规定人数或者公司章程所定人数的 2/3 时；②公司未弥补的亏损达实收股本总额 1/3 时；③单独或者合计持有公司 10% 以上股份的股东请求时；④董事会认为必要时；⑤监事会提议召开时；⑥公司章程规定的其他情形。

股东会会议由董事会召集，董事长主持；董事长不能履行职务或者不履行职务的，由副董事长主持；副董事长不能履行职务或者不履行职务的，由过半数的董事共同推举 1 名董事主持。

董事会不能履行或者不履行召集股东会会议职责的，监事会应当及时召集和主持；监事会不召集和主持的，连续 90 日以上单独或者合计持有公司 10% 以上股份的股东可以自行召集和主持。单独或者合计持有公司百分之十以上股份的股东请求召开临时股东会会议的，董事会、监事会应当在收到请求之日起十日内作出是否召开临时股东会会议的决定，并书面答复股东。

3. 股东会的议事规则

股东出席股东会会议，所持每一股份有一份表决权。但是，公司持有的本公司股份没有表决权。股东委托代理人出席股东会会议的，应当明确代理人代理的事项、权限和期限；代理人应当向公司提交股东授权委托书，并在授权范围内行使表决权。

股东会作出决议，必须经出席会议的股东所持表决权过半数通过。但是，股东会作出修改公司章程、增加或者减少注册资本的决议，以及公司合并、分立、解散或者变更公司形式的决议，必须经出席会议的股东所持表决权的 2/3 以上通过。

股东有权查阅、复制公司章程、股东名册、股东会会议记录、董事会会议决议、监事会会议决议、财务会计报告，对公司的经营提出建议或者质询。

 小思考2-6

如果一家有限公司的董事会人数为 9 人，有一天这 9 人之中的 6 人同时辞去董事职务，这家公司要不要召开临时股东会？

（二）股份有限公司的董事会和经理

1. 董事会

股份有限公司设董事会，有限责任公司董事会成员为 3 人以上，其成员中可以有公司职工代表。规模较小或者股东人数较少的股份有限公司，可以不设董事会，设一名董事，行使本法规定的董事会的职权。该董事可以兼任公司经理。

董事任期由公司章程规定，但每届任期不得超过 3 年。董事任期届满，连选可以连任。董事会对股东会负责，行使《公司法》第六十七条相关职权。

公司章程对董事会职权的限制不得对抗善意相对人。

董事会设董事长1人,可以设副董事长。董事长和副董事长由董事会以全体董事的过半数选举产生。董事长召集和主持董事会会议,检查董事会决议的实施情况。副董事长协助董事长工作,董事长不能履行职务或者不履行职务的,由副董事长履行职务;副董事长不能履行职务或者不履行职务的,由过半数的董事共同推举1名董事履行职务。

董事会每年度至少召开两次会议,每次会议应当于会议召开10日前通知全体董事和监事。代表1/10以上表决权的股东、1/3以上董事或者监事会,可以提议召开董事会临时会议。董事长应当自接到提议后10日内,召集和主持董事会会议。董事会召开临时会议,可以另定召集董事会的通知方式和通知时限。

董事会会议应当有过半数的董事出席方可举行。董事会作出决议,必须经全体董事的过半数通过。董事会决议的表决,应当一人一票。董事会会议,应当由董事本人出席;董事因故不能出席,可以书面委托其他董事代为出席,委托书应当载明授权范围。另外,新《公司法》规定,公司股东会、董事会、监事会召开会议和表决采用电子通信方式,公司章程另有规定的除外。

董事会应当对会议所议事项的决定作成会议记录,出席会议的董事应当在会议记录上签名。董事应当对董事会的决议承担责任。董事会的决议违反法律、行政法规或者公司章程、股东大会决议,致使公司遭受严重损失的,参与决议的董事对公司负赔偿责任。但经证明在表决时曾表明异议并记载于会议记录的,该董事可以免除责任。

案例分析 2-14

某股份有限公司(本题下称股份公司)是一家于2022年8月在上海证券交易所上市的上市公司。该公司董事会于2023年3月28日召开会议,该次会议的召开情况及讨论的有关问题如下。

(1)股份公司董事会由7名董事组成。出席该次会议的董事有董事A、董事B、董事C、董事D,董事E因出国考察不能出席会议;董事F因参加人民代表大会不能出席会议,电话委托董事A代为出席并表决;董事G因病不能出席会议,委托董事会秘书H代为出席并表决。

(2)根据总经理的提名,出席本次董事会会议的董事讨论并一致同意,聘任张某为公司财务负责人,并决定给予张某年薪10万元;董事会会议讨论通过公司内部机构设置的方案表决时,除了董事B反对,其他人均表示同意。

(3)该次董事会的会议记录由出席董事会会议的全体董事和列席会议的监事签名后存档。

请问

(1)根据题干(1)所提示的内容,出席该次董事会会议的董事人数是否符合规定? 董事F和董事G委托他人出席该次董事会会议是否有效? 并分别说明理由。

(2)根据题干(2)所提示的内容,董事会通过的两项决议是否符合规定,并分别说明理由。

(3)根据题干(3)所提示的内容,董事会会议记录是否符合《公司法》的规定,并说明理由。

2. 经理

股份有限公司设经理,由董事会决定聘任或者解聘。

经理对董事会负责,根据公司章程的规定或者董事会的授权行使职权。经理列席董事会会议。

(三) 监事会

1. 监事会的组成

股份有限公司设监事会,其成员不得少于3人以上。规模较小或者股东人数较少的股份有限公司,可以不设监事会,设1名监事,行使本法规定的监事会的职权。

监事会成员应当包括股东代表和适当比例的公司职工代表,其中职工代表的比例不得低于三分之一,具体比例由公司章程规定。

监事会设主席一人,可以设副主席。监事会主席和副主席由全体监事过半数选举产生。监事会主席召集和主持监事会会议;监事会主席不能履行职务或者不履行职务的,由监事会副主席召集和主持监事会会议;监事会副主席不能履行职务或者不履行职务的,由过半数的监事共同推举一名监事召集和主持监事会会议。

董事、高级管理人员不得兼任监事。监事的任期每届为3年。监事任期届满,连选可以连任。

 小思考 2-7

某股份有限公司共选出6名监事组成监事会,其中,3名监事是公司股东,1名监事是公司职工代表,1名监事是公司董事,另外一名监事是公司财务总监,均由股东大会选举产生。

请问

你能看出该股份有限公司监事会在组建中存在的问题吗?

2. 监事会的职权

监事会、不设监事会的公司的监事行使下列职权:

(1) 检查公司财务。

(2) 对董事、高级管理人员执行公司职务的行为进行监督,对违反法律、行政法规、公司章程或者股东会决议的董事、高级管理人员提出解任的建议。

(3) 当董事、高级管理人员的行为损害公司的利益时,要求董事、高级管理人员予以纠正。

(4) 提议召开临时股东会会议,在董事会不履行《公司法》规定的召集和主持股东会会议职责时召集和主持股东会会议。

(5) 向股东会会议提出提案。

(6) 依照《公司法》的规定,对董事、高级管理人员提起诉讼。

(7) 公司章程规定的其他职权。

监事可以列席董事会会议,并对董事会决议事项提出质询或者建议。

监事会、不设监事会的公司的监事发现公司经营情况有异常,可以进行调查;必要时,可以聘请会计师事务所等协助其工作,费用由公司承担。监事会行使职权所必需的费用,由公司承担。

3. 监事会会议

监事会每 6 个月至少召开一次会议。监事可以提议召开临时监事会会议。监事会的议事方式和表决程序，除《公司法》有规定的外，由公司章程规定。

监事会决议应当经过半数以上监事通过。监事会应当对所议事项的决定作成会议记录，出席会议的监事应当在会议记录上签名。

如一个股份有限公司董事会有 13 名董事。

请问

(1) 有几名董事出席才可以开会，有几名董事一致同意作出的决议才是有效的？

(2) 如果有 2 名董事因故不能出席，是否可以电话委托他们的秘书代为出席？

第五节 公司财务和公司会计

一、财务会计报告

公司应当依照法律、行政法规和国务院财政主管部门的规定建立本公司的财务、会计制度。公司应当在每一会计年度终了时编制财务会计报告，并依法经会计师事务所审计。财务会计报告应当依照法律、行政法规和国务院财政部门的规定制作。

有限责任公司应当按照公司章程规定的期限将财务会计报告送交各股东。股份有限公司的财务会计报告应当在召开股东大会年会的 20 日以前置备于本公司，供股东查阅。公开发行股份的股份有限公司必须公告其财务会计报告。

二、利润分配

利润是公司在一定时期内（1 年）生产经营的财务成果，包括营业利润、投资净收益以及营业外收支净额。

（一）利润分配的顺序

(1) 弥补以前年度亏损，但不得超过税法规定的弥补年限。

(2) 缴纳所得税。

(3) 法定公积金不足以弥补以前年度公司亏损的，弥补亏损。

(4) 依法提取法定公积金和任意公积金。公司应提取税后利润的 10％列入公司的法定公积金。公司法定公积金累计额为公司注册资本的 50％以上的，可不再提取。

(5) 根据股东会决议提取任意公积金。

(6) 向股东分配利润。有限责任公司依股东实缴的出资比例分配利润，全体股东约定不按出资比例分配利润的除外。股份有限公司依股东持有的股份比例进行分配，公司章程另有规定的除外。

(二) 公积金的用途

公司的公积金用于弥补公司的亏损、扩大公司生产经营或者转为增加公司注册资本。

公积金弥补公司亏损,应当先使用任意公积金和法定公积金;仍不能弥补的,可以按照规定使用资本公积金。

法定公积金转为增加注册资本时,所留存的该项公积金不得少于转增前公司注册资本的 25%。

三、会计资料和账簿

公司应当向聘用的会计师事务所提供真实、完整的会计凭证、会计账簿、财务会计报告及其他会计资料,不得拒绝、隐匿、谎报。

公司除法定的会计账簿外,不得另立会计账簿。对公司资金,不得以任何个人名义开立账户存储。

某股份有限公司在公布的半年度财务报告中有许多虚假数据,严重误导了投资者,致使大量投资者经济损失惨重,个别投资人经受不住打击甚至自杀。

请问

根据法律的规定,该公司哪些人应对其违法行为承担法律责任?

第六节 公司合并、分立、解散和清算

一、公司的合并、分立

(一) 公司合并

公司合并是指两个或者两个以上的公司依照法定程序变更为一个公司的法律行为。公司合并可以采取吸收合并和新设合并两种形式。一个公司吸收其他公司为吸收合并,被吸收的公司解散。两个以上公司合并设立一个新的公司为新设合并,合并各方解散。

公司合并,应当由合并各方签订合并协议,并编制资产负债表及财产清单。公司应当自作出合并决议之日起 10 日内通知债权人,并于 30 日内在报纸上或者国家企业信用信息公示系统公告。

公司合并时,合并各方的债权、债务应当由合并后存续的公司或者新设的公司承继。

(二) 公司分立

公司分立是指一个公司依照法定程序分为两个或两个以上公司的法律行为。

公司分立,应当编制资产负债表及财产清单。公司应当自作出分立决议之日起 10 日内通知债权人,并于 30 日内在报纸上或者国家企业信用信息公示系统公告。

公司分立前的债务按所达成的协议由分立后的公司承担。公司分立前的债务由分立后的公司承担连带责任。但是,公司在分立前与债权人就债务清偿达成的书面协议另有约定的除外。

某公司打算和另一家公司合并,5 名股东中只有 2 名同意,其他 3 名股东均表示反对,而这 3 名股东的股份只占公司股份总额的 30%。最终合并决议还是在股东大会上通过了,于是,不同意合并的 3 名股东决定退股但遭到其他 2 名股东的反对,反对理由是股东一旦出资就不能退股。

请问

反对退股理由是否成立? 为什么?

二、公司的解散、清算

(一) 公司的解散

根据《公司法》的规定,公司因下列原因解散:①公司章程规定的营业期限届满或者公司章程规定的其他解散事由出现;②股东会决议解散;③因公司合并或者分立需要解散;④依法被吊销营业执照、责令关闭或者被撤销;⑤公司经营管理发生严重困难,继续存续会使股东利益受到重大损失,通过其他途径不能解决的,持有公司 10% 以上股东表决权的股东,可以请求人民法院解散公司。

公司出现上述规定的解散事由,应当在 10 日内将解散事由通过国家企业信用信息公示系统予以公示。

(二) 公司的清算

1. 清算组的成立

公司因《公司法》规定而解散的,应当清算。清算组由董事组成,但是公司章程另有规定或者股东会决议另选他人的除外。董事为公司清算义务人,应当在解散事由出现之日起 15 日内组成清算组进行清算。清算义务人未及时履行清算义务,给公司或者债权人造成损失的,应当承担赔偿责任。

公司依照规定应当清算,逾期不成立清算组进行清算或者成立清算组后不清算的,利害关系人可以申请人民法院指定有关人员组成清算组进行清算。人民法院应当受理该申请,并及时组织清算组进行清算。

2. 清算组的职权

清算组在清算期间行使下列职权:①清理公司财产,分别编制资产负债表和财产清单;②通知、公告债权人;③处理与清算有关的公司未了结的业务;④清缴所欠税款以及清算过程中产生的税款;⑤清理债权、债务;⑥分配公司清偿债务后的剩余财产;⑦代表公司参与民事诉讼活动。

清算组在清理公司财产、编制资产负债表和财产清单后,应当制订清算方案,并报股东会或者人民法院确认。

3．清算程序

公司财产在分别支付清算费用、职工的工资、社会保险费用和法定补偿金,缴纳所欠税款,清偿公司债务后的剩余财产,有限责任公司按照股东的出资比例分配,股份有限公司按照股东持有的股份比例分配。清算期间,公司存续,但不得开展与清算无关的经营活动。公司财产在未依照上述规定清偿前,不得分配给股东。

4．资不抵债与破产

清算组在清理公司财产、编制资产负债表和财产清单后,发现公司财产不足清偿债务的,应当依法向人民法院申请破产清算。人民法院受理破产申请后,清算组应当将清算事务移交给人民法院指定的破产管理人。

第七节　违反公司法的法律责任

一、虚报注册资本和虚假出资的法律责任

违反《公司法》规定,虚报注册资本、提交虚假材料或者采取其他欺诈手段隐瞒重要事实取得公司登记的,由公司登记机关责令改正,对虚报注册资本的公司,处以虚报注册资本金额5％以上至15％以下的罚款;对提交虚假材料或者采取其他欺诈手段隐瞒重要事实的公司,处以5万元以上200万元以下的罚款;情节严重的,吊销营业执照;对直接负责的主管人员和其他直接责任人员处以3万元以上30万元以下的罚款。

案例分析 2-16

2017年7月,胡群、刘笑和马军3人共同出资成立了彩虹服装有限责任公司,其出资方式分别是:胡群以货币出资45万元;刘笑以土地使用权出资,作价30万元;马军提供机器设备,作价20万元;并且向银行贷款25万元。2018年,胡群私自从公司银行账户上提走了10万元。2019年6月,彩虹服装有限责任公司因资不抵债向法院申请宣告破产,法院在审理此案时发现刘某出资的土地使用权价值仅为20万元。

请问

刘笑虚假出资的行为和胡群抽逃出资的行为依据法律他们应承担什么责任?

二、提供虚假财务会计报告的法律责任

公司在依法向有关主管部门提供的财务会计报告等材料上作虚假记载或者隐瞒重要事

实的,有下列行为之一的,由县级以上人民政府财政部门依照《中华人民共和国会计法》(以下简称《会计法》)等法律、行政法规的规定处罚:

(1) 在法定的会计账簿以外另立会计账簿。

(2) 提供存在虚假记载或者隐瞒重要事实的财务会计报告。

三、承担资产评估、验资或者验证的机构提供虚假材料的法律责任

承担资产评估、验资或者验证的机构提供虚假材料或者提供有重大遗漏的报告的,由有关部门依照《中华人民共和国资产评估法》《中华人民共和国注册会计师法》等法律、行政法规的规定处罚。

承担资产评估、验资或者验证的机构因其出具的评估结果、验资或者验证证明不实,给公司债权人造成损失的,除能够证明自己没有过错的外,在其评估或者证明不实的金额范围内承担赔偿责任。

四、公司在合并、分立、减少注册资本或者进行清算中违法行为的法律责任

公司在合并、分立、减少注册资本或者进行清算时,不依照《公司法》规定通知或者公告债权人的,由公司登记机关责令改正,对公司处以 1 万元以上 10 万元以下的罚款。

案例分析 2-17

某市甲公司与乙公司一直存在汽车购销、代销合同关系。至 2019 年 3 月,甲公司欠乙公司汽车改装款项 40 万元。同年 7 月,甲公司股东会决议公司分立为 A、B、C 3 个公司,没有通知债权人,也未依法公告。分立后,3 个新公司协议约定原公司 40 万元的债务由 B 公司承担。乙公司前往索债时被告知公司已解散,债务由 B 公司承继,遂寻至 B 公司。但 B 公司以财务困难,无力清偿为由拒绝了乙公司的偿债要求。无奈之下,乙公司将A、B、C 3 个公司告上法庭。但 A、C 两公司认为,公司分立时已就债务分割作出决议,原甲公司的债务应由 B 公司承担,与己无关,于是拒绝出庭。

请问

(1) 本案公司分立的过程是否符合法定程序?

(2) 甲公司的债务应由谁来承担?

五、清算组清算中违法行为的法律责任

公司在进行清算时,隐匿财产,对资产负债表或者财产清单作虚假记载,或者在未清偿债务前分配公司财产的,由公司登记机关责令改正,对公司处以隐匿财产或者未清偿债务前分配公司财产金额 5% 以上 10% 以下的罚款;对直接负责的主管人员和其他直接责任人员处以 1 万元以上 10 万元以下的罚款。

导读案例分析

讨债公司是不合法的。自古以来,"欠债还钱"被中国人认为是天经地义的事情,但是有时因债务人下落不明或故意逃避债务等原因使得债权人仅凭一己之力难以顺利要回欠款,向法院求助又面临成本高、周期长、执行难的问题,于是讨债公司便有了存活的市场。然而讨债公司承办委托书追债,没有法律依据,缺乏法律赋予的权限和行政强制力,有些讨债公司借助威胁恐吓、哄骗、敲诈等不正当的手段,强行向债务人收取债款,甚至绑架人质,进行暴力危害人身安全等违法犯罪活动,以收取高额报酬。

讨债公司的存在,不仅扰乱企业、事业单位和公民正常的生产、工作和生活秩序,危害社会治安,而且助长了地下非法讨债活动,在社会上造成了不良影响。国家曾三次发文禁止。1993 年,国家工商行政管理总局就发布《关于停止办理公、检、法、司所属的机关申办的讨债公司登记注册问题的通知》,明确要求各级工商行政管理机关应立即停止为公、检、法、司机关申办的讨债公司及类似企业登记注册;对已经登记注册的,各级工商行政管理机关应通知其立即停止"讨债"业务。1995 年,公安部、国家工商行政管理总局发布通知,禁止任何单位和个人开设讨债公司。2002 年,国家工商总局商标局调整了商标分类注册范围,"侦探公司""私人保镖"等新兴服务行业纷纷出现在新颁布的"商品和服务商标注册区分表"中,但追债公司仍在禁止之列。

 课后测试

一、判断题

1. 根据《公司法》的规定,子公司与分公司的最大区别在于是否具有企业法人资格。

（　　）

2. 我国《公司法》规定有限责任公司和股份有限责任公司的法定代表人只能是董事长。

（　　）

3. 股东可以用货币出资,也可以用实物、知识产权、土地使用权等,可以用货币估价并可以依法转让的非货币财产作价出资。 （　　）

4. 发起人、认股人缴纳股款或者交付抵作股款的出资后,经董事会同意可以抽股。

（　　）

5. 股东大会对公司合并、分立、解散公司或修改公司章程作出决议,必须经出席会议的股东所持表决权的 2/3 以上通过。 （　　）

二、单项选择题

1. 2023 年 6 月,甲、乙、丙共同出资设立了 A 有限责任公司。2024 年 2 月,丙与丁达成协议,将其在 A 公司的股权全部转让给丁,甲、乙均不同意。下列解决方案中,不符合《公司法》规定的是（　　）。

A. 由甲或乙购买丙的股权

B. 由甲和乙共同购买丙的股权

C. 如果甲、乙均不愿购买,丙无权将股权转让给丁

D. 如果甲、乙均不愿购买,丙有权将股权转让给丁

2. 甲、乙、丙于2021年3月出资设立东海有限责任公司。2022年4月,该公司又吸收丁入股。2023年10月,该公司因经营不善造成严重亏损,拖欠巨额债务,被依法宣告破产。人民法院在清算中查明:甲在公司设立时作为出资的房产,其实际价额明显低于公司章程所定价额;甲的个人财产不足以抵偿其应出资额与实际出资额的差额。按照我国《公司法》的规定,对甲不足出资的行为,正确的处理方法是(　　)。

A. 甲以个人财产补交其差额,不足部分由乙、丙、丁补足

B. 甲以个人财产补交其差额,不足部分由乙、丙补足

C. 甲以个人财产补交其差额,不足部分待有财产时再补足

D. 甲、乙、丙、丁均不承担补交该差额的责任

3. 有限责任公司的分立、合并或者解散及变更公司的形式,必须经(　　)程序作出决议。

A. 股东会的一致同意　　　　　　　　B. 股东会的过半数同意

C. 代表2/3以上有表决权的股东通过　　D. 代表2/3以上股权的股东通过

4. "大草原"奶业股份有限公司2024年的股东会会议由董事会召集于北京京西宾馆召开,但是董事长赵某因个人惹上官司正在法院诉讼,焦头烂额,无法出席主持;副董事长武某因为股东大会的某项决议事项可能撤换他的公司职务,故意不上班,不履行职务。该股东会应(　　)。

A. 由过半数的董事共同推举1名董事主持

B. 由监事会及时主持

C. 由持有公司10%以上股份的股东自行召集和主持

D. 诉请法院强制副董事长履行职务

5. 公司董事、高级管理人员的下列行为中,法律不禁止的是(　　)。

A. 挪用公司资金

B. 将公司资金以其个人名义或者其他个人名义开立账户存储

C. 按照公司章程的规定,或者经股东会或者董事会同意,将公司资金借贷给他人或者以公司财产为他人提供担保

D. 擅自披露公司秘密

三、多项选择题

1. 依照《公司法》的规定,应受公司章程约束的有(　　)。

A. 公司的股东　　　　　　　　　　B. 公司的监事

C. 公司的全体员工　　　　　　　　D. 公司本身

2. 下列选项中,在2024年1月不得担任公司董事、监事、经理的有(　　)。

A. 甲因犯贿赂罪,2015年2月被判4年有期徒刑附加剥夺政治权利2年

B. 乙擅长经营管理,现为工商局长

C. 丙于2019年10月到某企业任厂长,该企业因2019年9月的违法行为被工商行政管理机关吊销营业执照

D. 丁因妻子炒股失败已借款15万元,但是以个人房屋提供了抵押担保

3. 某股份有限公司计划招聘1名新董事参与本公司经营活动,以下4人成为候选人,其

中( )不具有公司法规定的不得担任高管人员任职资格的禁止条件。

A. 赵某,经营能力一流,口才尤佳,但因酷爱行为艺术曾在半夜裸奔遭人非议

B. 钱某,曾担任一家长期经营不善的洗浴中心董事,到任后仅一个上午该公司即破产

C. 孙某,曾因故意伤害罪被判刑 10 年,现已释放 3 年,一直靠在街头卖烤白薯为生

D. 李某,现任某市医院妇科大夫

4. 下列选项中,可以担任公司董事的有( )。

A. 甲某,35 岁,大学文化,某市文化局副科长,精力充沛,愿意在公司兼职

B. 乙某,46 岁,为人忠诚,人生坎坷,顽强刚毅,曾不惜贷款 10 万元为其身在农村患尿毒症的妻子治病,现已还清债务

C. 丙某,50 岁,高小文化,灵活但不擅与人合作,1985 年曾因倒卖粮票被判刑 3 年

D. 丁某,55 岁,原某研究所高级工程师,上个月被法院审理判决其有受贿罪,判处有期徒刑 2 年,缓刑 2 年。丁某不服,申诉称其所受钱财是其劳动所得

5. 某公司董事张某家有小汽车一辆,因其家中发生变故致经济紧张,张某急需卖掉小汽车以解燃眉之急,近期其所任职公司正好急需一辆汽车,张某便想把该车卖给公司。依照《公司法》的规定,对张某的这种销售行为处理正确的有( )。

A. 只要价格合理,该交易有效

B. 经董事会同意后可以进行

C. 经股东会同意后可以进行

D. 如公司章程上有允许的规定亦可进行

四、实训题

实训一

某有限责任公司董事会决议拟增加注册资本,公司监事会全部 7 名成员坚决反对,但董事会坚持决议。于是,监事会中的 3 名监事联名通知全体股东召开临时股东会议。除 2 名股东因故未参加股东会外,其余股东全部参加。股东最终以 2/3 的人数通过了公司增加注册资本的董事会决议。监事会认为会议的表决未达到法定人数,因而决议无效。董事会认为,监事会越权召开股东会,会后又对会议决议横加指责,纯属无理之举。

请问:

1. 公司董事会是否有权作出增加注册资本的决议?

2. 临时股东会的召集程序是否合法?

3. 临时股东会通过的决议是否有效?

实训二

某股份有限公司召开董事会议,会议决定:

1. 变更公司章程、在其经营范围中增加"房地产业"一项。

2. 向房地产行业投资 5 亿元。9 名董事会成员中有 6 名同意,并在会议记录上签字。3 名董事持反对意见。

请问:

1. 若该股份有限公司有 9 名董事,参加会议的董事有几名方可举行董事会议?董事会作出决定须经几名董事同意才能通过?

2. 变更公司章程的决定合法吗?为什么?

3. 若该股份有限公司在房地产行业投资中遇到国家对房地产业的宏观调整,致使公司受到严重损失,董事会的成员是否应承担责任?

实训三

某市有甲、乙、丙3家国有企业,经市政府有关部门批准,共同出资组建某有限责任公司。该公司以生产经营为主,甲企业以货币出资,乙企业以厂房、设备等出资,丙企业以商标权和专利权出资。各方约定,公司董事会由7人组成。

请问:

1. 该有限责任公司应在哪级工商行政管理部门办理设立登记手续?

2. 各发起人的出资额应该如何确认、缴纳?

3. 公司董事会应由哪些方面人员组成?

实训四

某股份有限责任公司于2022年3月10日成立,股本总额为人民币3 000万元。其中2 200万元是向社会公开募集的。2023年1月8日,该公司为进行技术改造项目又增发了股份1 000万元。2024年,为增加实力,该公司又与另一家股份有限公司合并,两公司于3月10日作出合并决议,4月1日通知债权人。5月6日开始在报纸上刊登公告2次,8月1日两公司正式合并,并进行了工商登记。

请问:该公司上述活动中有无与《公司法》规定不相符的?

实训五

甲、乙、丙、丁4个自然人签订协议,投资建立以生产性为主的有限责任公司,注册资本为40万元人民币。甲、乙、丙3个人均以货币出资,投资额分别为10万元、10万元、5万元,丁以专利技术投资,已向国家专利局申报该专利技术,但尚未拿到专利证书。该专利协议作价20万元。同时,协议还规定:①公司章程由丁独立起草,无须公司股东会审议通过;②公司不设董事会,只设执行董事,甲为执行董事,并担任法定代表人及公司总经理;③由甲提议,乙担任公司财务负责人,并兼任公司监事;④修改公司章程或与其他公司合并时,需经全体公司股东过半数通过。

依据我国《公司法》规定,根据以上资料,请同学们分析上述实例中有何不妥之处。

五、思考题

1. 简述公司的概念及特征。

2. 简述我国有限责任公司设立的条件。

3. 股份有限公司设立的条件是什么?

4. 董事、高级管理人员在法律上有哪些禁止的行为?

第三章
企业法律制度

知识目标

1. 了解并理解合伙企业的概念、特征与类型。
2. 掌握普通合伙企业和有限合伙企业的设立、内部关系、外部关系等法律基本规定。
3. 了解普通合伙企业和有限合伙企业的不同点;掌握入伙与退伙、解散与清算的相关法律规定。
4. 理解并掌握外商投资企业的设立条件、组织形式、出资方式、经营管理等内容,理解其各自的特征,能够运用相关的知识解决实践中的具体问题。

能力目标

1. 能够运用《中华人民共和国合伙企业法》(以下简称《合伙企业法》)的法律知识分析和解决普通合伙企业和有限合伙企业的基本法律实务问题。
2. 能够运用所学的涉外法律知识和方法分析解决实际案例问题,并引导学生列举实例予以讨论。

导读案例

2023 年 3 月,周、吴、郑、王以普通合伙企业形式开办一家湘菜馆。2024 年 7 月,吴某因车祸死亡,其妻袁某为唯一继承人。袁某想通过继承的方式取得该合伙企业的普通合伙人资格,但遭到各种质疑。一方面,合伙协议规定合伙人须具有国家一级厨师资格证,袁某不具有;另一方面,郑某不愿意接纳袁某为合伙人。后来,袁某因夫死亡突遭打击,精神失常,被法院宣告为无民事行为能力人。

请思考

请同学们利用所学知识回答袁某能否通过继承的方式取得该合伙企业的普通合伙人资格? 为什么?

第一节 合伙企业法

一、合伙企业的概念、特征与类型

(一) 合伙企业的概念与特征

《合伙企业法》已由中华人民共和国第十届全国人民代表大会常务委员会第二十三次会议于 2006 年 8 月 27 日修订通过,自 2007 年 6 月 1 日起施行。

合伙企业是指自然人、法人和其他组织依照《合伙企业法》在中国境内设立的普通合伙企业和有限合伙企业。其特征主要有以下各项:

(1) 由两个以上的投资人共同投资兴办。合伙企业的投资人可以是具有完全民事行为能力的自然人,还可以是法人或者其他组织,但必须为 2 人以上,有限合伙企业由 2 人以上 50 人以下合伙人设立,这使合伙企业与个人独资企业区别开来。

(2) 合伙协议是合伙企业的成立基础。合伙企业与公司企业不同,合伙企业的成立基础是合伙协议,而公司企业的成立基础是公司章程。合伙人以书面合伙协议确定各方出资、利润分享和亏损分担。对于合伙人之间的权利和义务,合伙协议有约定的,依照其约定。

(3) 合伙企业属于人合企业。合伙企业的设立是基于合伙人之间的信赖关系。因此,合伙企业中的合伙人共同参与企业的经营管理,对合伙事务的执行有同等的权利。但有限合伙企业的有限合伙人不执行合伙事务,不对外代表有限合伙企业。合伙企业吸收新的合伙人必须得到全体合伙人的同意。

(4) 普通合伙人对合伙企业债务负无限连带责任;有限合伙人对合伙企业债务承担有限责任。

法律驿站 3-1

"无限连带责任"何为"无限",何为"连带"

无限责任是指合伙人应以向合伙企业出资的财产之外的其他个人的全部财产来偿还,如果合伙人是以其家庭财产对合伙企业出资的,应以其家庭的全部财产来偿还。

连带责任即是指每一个合伙人都有义务清偿合伙企业的全部债务。连带责任是加重责任。

(二) 合伙企业的分类

(1) 普通合伙企业。普通合伙企业是指由普通合伙人组成,合伙人对合伙企业债务承担无限连带责任的企业。在普通合伙企业中,《合伙企业法》还规定了一种特殊的普通合伙企业,又称有限责任合伙。

（2）有限合伙企业。有限合伙企业是指由普通合伙和有限合伙人组成,普通合伙人对合伙企业债务承担连带无限责任,有限合伙人以其认缴的出资额对合伙企业债务承担有限责任的合伙企业。

二、普通合伙企业

（一）普通合伙企业的设立

（1）普通合伙企业的设立条件。根据《合伙企业法》规定,普通合伙企业的设立条件是:①有两个以上合伙人。合伙人为自然人的,应具有完全民事行为能力。合伙人可以是法人或其他组织,但国有独资公司、国有企业、上市公司以及公益性的事业单位、社会团体不得成为普通合伙人。②有书面合伙协议。合伙协议应载明的事项包括:合伙企业的名称和主要经营场所的地点;合伙目的和经营范围;合伙人的姓名或者名称、住所;合伙人的出资方式、数额和缴付期限;利润分配、亏损分担方式;合伙事务的执行;入伙与退伙;争议的解决办法;合伙企业的解散与清算;违约责任。合伙协议经全体合伙人签名、盖章后生效。③有合伙人认缴或实际交付的出资。合伙人未依约履行出资义务的,应依法对其他合伙人承担违约责任。④有合伙企业的名称和生产经营场所,其名称应当标明"普通合伙"字样。⑤法律、行政法规规定的其他条件。

案例分析 3-1

  甲、乙、丙、丁打算设立一家普通合伙企业。向老李咨询得知以下内容:一是合伙人不得以劳务作为出资;二是若合伙人以其房屋使用权作为出资,则不必办理房屋产权过户登记;三是该合伙企业名称中不得以任何一个合伙人的名字作为商号或字号;四是合伙协议经全体合伙人签名、盖章并经登记机关登记后生效。

请问

你认为老李说的对吗? 为什么?

（2）普通合伙企业的设立程序。根据《合伙企业法》第九条的规定,申请设立合伙企业,应当向企业登记机关提交登记申请书、合伙协议书、合伙人身份证明等文件。登记机关予以登记后,发给营业执照。营业执照的签发日期为合伙企业的成立日期。

（二）合伙人的出资与合伙企业的财产

（1）合伙人的出资。合伙人应当按照合伙协议缴纳出资额。对于出资形式,除了货币、实物、土地使用权、知识产权和其他财产权利外,与公司企业不同,普通合伙人还可以个人劳务出资,评估办法由全体合伙人协商确定,并在合伙协议书中载明。

案例分析 3-2

  甲、乙、丙共同创办了一家普通合伙企业,有关企业的利润分配,合伙协议未作约定,

（续上）

且事后合伙人协商不成。最后合伙人提出如下方案：一是利润应当由全体合伙人平均分配；二是利润应当由全体合伙人按实缴出资比例分配；三是利润应当由全体合伙人按合伙协议约定的出资比例分配；四是应当按合伙人的贡献大小决定如何分配利润。

请问

协商不成时应该采用哪个方案？

（2）合伙企业的财产。合伙企业的财产，是指合伙人的出资和由出资形成的财产、以合伙名义取得的收益和负债、合伙经营的积累等。合伙企业的财产在性质上一般认定为合伙人共有。

在合伙企业存续期间，合伙人对合伙企业财产所有权的行使应受合伙协议和法律、法规的限制。合伙人对合伙企业财产进行共同管理，不得擅自使用、处分合伙企业财产；合伙企业解散前，合伙人不得请求分割合伙企业的财产；合伙人以其财产共有份额出质的，应当经其他合伙人一致同意，否则出质行为无效，或者作为退伙处理；合伙人在合伙企业清算前私自转移或处分合伙财产的，合伙企业不得以此对抗善意第三人。

法律驿站 3-2

你知道实物出资的两种法律后果吗

一是转移所有权；二是不转移所有权（而只提供使用权或者使用权加收益权）。两者的区别在于：第一，对于转移所有权的财产，合伙企业有权处分，而对于不转移所有权的财产，合伙企业只有使用、收益的权利而没有处分权。第二，转移所有权的财产意外毁损、灭失的风险由合伙企业承担，未转移所有权的财产以外毁损、灭失的风险由物之所有人承担。例如，合伙人仅以房屋使用权出资的，该房屋因意外火灾事故焚毁时，合伙企业不对出资人负赔偿责任。

在合伙企业存续期间，合伙人可以依法转让其财产份额。在合伙人之间转让的，应通知其他合伙人；向合伙人以外的人转让的，应经其他合伙人一致同意，其他合伙人在同等条件下有优先购买权，但合伙协议另有约定的除外。

（三）普通合伙企业的内部关系

（1）合伙事务的执行。根据《合伙企业法》第二十六条的规定，合伙人对执行合伙事务享有同等的权利，合伙企业既可以由全体合伙人共同执行合伙事务，也可由合伙协议约定或全体合伙人决定，委托一个或数个合伙人对外代表合伙企业，执行合伙事务。不执行合伙事务的合伙人对合伙事务的执行有监督权。委托执行合伙事务的合伙人不按照合伙协议或者全体合伙人的决定执行合伙事务的，其他合伙人可以撤销该委托。合伙企业对合伙人权利的限制，不得对抗善意第三人。合伙事务执行人应当定期向其他合伙人报告合伙事务执行情况以及合伙企业的经营财务状况，其执行合伙事务的收益归合伙企业，所产生的费用和亏损由合伙企业承担。

甲、乙、丙3人成立合伙企业,3人在合伙企业成立协议中约定,合伙企业由甲全权负责管理,其他人不得过问也不承担任何合伙亏损。

请问

此案例中有哪些约定是违法的?

（2）合伙事务的决定。根据《合伙企业法》第三十条的规定,合伙人对合伙企业有关事项作出决议,按照合伙协议约定的办法处理。合伙协议未做约定的,合伙人一人一票并经全体合伙人过半数的表决通过。但下列协议,除合伙协议另有约定,应经全体合伙人一致同意:①改变合伙企业的名称;②改变合伙企业的经营范围、主要经营场所;③处分合伙企业的不动产;④转让或处分合伙企业的知识产权或其他财产权利;⑤以合伙企业名义为他人提供担保;⑥聘任合伙人以外的人担任合伙企业的经营管理人员。

（3）合伙人的竞业禁止义务。根据《合伙企业法》第三十二条的规定,合伙人不得自营或者与他人合伙经营与本合伙企业相竞争的业务。除合伙协议另有规定或经全体合伙人同意,不得同本合伙企业进行交易。

（4）合伙企业损益的分配与承担。合伙企业的利润分配、亏损分担,按照合伙协议的约定处理。合伙协议没有约定或约定不明确的,由合伙人协商确定;不能协商的,由合伙人按实际出资比例分配、分担;无法明确出资比例的,由合伙人平均分配、分担。但合伙协议不得约定将全部利润分配给部分合伙人或由部分合伙人承担全部亏损。

张三、李四和王五成立了合伙企业,张三越权代表合伙企业与某一贸易公司签订了买卖合同,李四和王五主张合同无效。

请问

李四和王五能否这样做?

（5）入伙。按照《合伙企业法》第四十三条的规定,除合伙协议另有约定外,吸收合伙人应经全体合伙人一致同意。除入伙协议另有约定,新合伙人与原合伙人享有同等权利,承担同等责任。但新合伙人对入伙前的合伙企业债务承担连带无限责任。

按照《合伙企业法》第五十条的规定,合伙人在合伙企业中的出资或财产份额,可由其继承人继承。继承人依照合伙协议的约定或经全体合伙人一致同意,从继承开始之日起取得合伙人资格。但有下列情形的,合伙企业应向合伙人的继承人退还继承合伙人的财产份额:①继承人不愿意成为合伙人;②法律规定或者合伙协议约定合伙人必须具有相关资格,而该继承人未取得该资格的;③合伙协议规定不能成为合伙人的其他情形。合伙人的继承人为无民事行为能力人或限制民事行为能力人的,经全体合伙人同意,可以依法成为有限合伙人,普通合伙企业依法转为有限合伙企业。全体合伙人未能一致同意的,合伙企业应将被继承合伙人的财产分割后退还给继承人。

(6)退伙。退伙是指在合伙关系存续期间,部分合伙人退出合伙企业,解除其合伙身份。退伙分为三种情况:自愿退伙、当然退伙和除名退伙。

自愿退伙是指基于合伙人自身的意愿而发生的退伙。合伙协议未约定合伙期限的,合伙人在不给合伙企业造成不利影响的情况下,可以退伙,但应提前30日通知其他合伙人。合伙协议约定了合伙期限的,有下列情形之一的,合伙人可以退伙:①合伙协议约定的退伙事由出现;②经全体合伙人一致同意;③发生合伙人难以继续参加合伙的事由;④其他合伙人严重违反合伙协议约定的义务。合伙人违反上述规定退伙的,应当赔偿由此给合伙企业造成的损失。

当然退伙是指法律规定的特定事由出现时,自动引发的退伙。这些特定事由包括:①作为合伙人的自然人死亡或者宣告死亡;②个人丧失偿债能力;③作为合伙人的法人或者其他组织依法被吊销营业执照、责令关闭、撤销,或者被宣告破产;④法律规定或者合伙协议约定合伙人必须具有相关资格而丧失该资格;⑤合伙人在合伙企业中的全部财产份额被人民法院强制执行。上述事由发生之日为退伙的生效日。

除名退伙是指因合伙人出现特定的事由,由合伙企业将其开除而引发的退伙。合伙人有下列情形之一的,经其他合伙人一致同意,可以决议将其除名:①未履行出资义务;②因故意或重大过失给合伙企业造成损失;③执行合伙事务时有不正当行为;④发生合伙协议约定的事由。

不论何种退伙,其他合伙人应当与退伙人按照退伙时的合伙企业财产状况进行结算。退伙人应对退伙前合伙企业发生的债务承担无限连带责任。合伙人退伙应向企业登记机关申请办理变更登记。

案例分析 3-5

2022年1月,赵、钱、孙、李4人决定投资设立合伙企业,并签订了书面合伙协议。合伙协议中规定:赵以货币出资10万元,钱以实物折价出资8万元,经其他3人同意,孙以劳务折价出资6万元,李以货币出资4万元。4人对利润分配和风险承担也作出了规定。2023年1月,李提出退伙,其退伙并未给合伙企业造成不利影响。于是,李与其他合伙人进行结算后,撤资退伙。之后,合伙企业又接纳周入伙,周出资4万元。2024年5月,合伙企业的债权人绿叶公司就合伙人李退伙前发生的债务24万元要求合伙企业的现合伙人赵、钱、孙、周和退伙人李共同承担清偿责任。李以自己已退伙为由,拒绝承担清偿责任。周以自己新入伙为由,拒绝对其入伙前的债务承担清偿责任。

请问
李、周的主张能否成立?为什么?

(四) 普通合伙企业的外部关系

(1) 合伙人或合伙事务执行人对合伙企业的代表权。合伙事务可以由全体合伙人执行,也可以委托1人或数人执行合伙事务。合伙企业对合伙人执行合伙事务以及对外代表合伙企业的权利限制,不得对抗善意第三人,即合伙事务执行人超越权利限制与善意第三人订立合同,该合同对合伙企业发生效力。当然,合伙人或合伙事务执行人超越授权范围履行职务,给合伙企业造成损失的,应当承担赔偿责任。

法律驿站3-3

善意第三人的概念

善意第三人是指在交易过程中,不知也不应知道交易对方存在权利瑕疵,基于对对方的合理信任,而与对方发生法律行为的人。为保护交易安全,法律确认善意第三人与交易对方所发生法律行为的效力。

(2) 合伙人对合伙企业债务的无限连带责任。合伙人承担连带无限责任是普通合伙企业债务清偿的原则。但合伙企业的债务,应先以合伙企业的全部财产清偿,不足部分,由合伙人承担无限连带责任。偿还合伙债务超过自己应当承担数额的合伙人,有权向其他合伙人追偿。

对于合伙人债务,只能用其个人财产清偿,个人财产不足以清偿的,债权人可以依法请求人民法院强制执行该合伙人在合伙企业的财产份额用于清偿,但债权人不得代位行使该合伙人在合伙企业中的权利。合伙人在合伙企业中的财产份额被转让或强制执行的,其他合伙人有优先受偿的权利。

案例分析3-6

甲、乙、丙合伙经营一普通合伙企业,名称为"满意水果店",负责人为甲,甲、乙、丙约定的出资比例和分成比例为3∶4∶3。2024年7月的一天,因丙外出,甲与乙商议后与果农签订了一份水果购买合同。因水果店流动资金不够,甲决定向银行贷款10万元,银行要求提供抵押担保,甲以水果店所有的一辆"尼桑"货车作抵押并办理了登记手续。后因水果店无力偿还银行贷款,银行欲行使抵押权。因此发生纠纷。经查:①合伙协议约定,凡5万元以上的业务须经甲、乙、丙的一致同意;②甲曾在一次诉讼中免除了A对水果店的2万元债务;③水果店除了欠银行10万元,还欠B、C各2万元债务;除了抵押的汽车,水果店还有价值2万元的财产。

请问

(1) 乙、丙可否以甲免除A的债务未经其同意为由主张该免除行为无效?为什么?

(2) 银行与满意水果店之间的贷款合同是否有效?为什么?

(3) 假设银行、B、C同时向法院起诉,应如何清偿银行、B、C的债权?

(4) 在B、C的债权未能得到清偿的情况下可否对丙的个人财产进行追偿?为什么?

(五)特殊的普通合伙企业

特殊的普通合伙企业具有特定的适用范围,在通常情况下,只适用于以专门知识和专门技能为客户提供有偿服务的专业服务机构。如律师事务所等,可设立特殊的普通合伙企业。特殊的普通合伙企业应在名称中标明"特殊普通合伙"字样。

特殊的普通合伙企业除具有普通合伙企业的一般要求外,其最大的特殊性在于合伙责任的承担。具体而言,一个合伙人或多个合伙人在执行业务活动中因故意或重大过失造成合伙企业债务的,应当承担无限责任或无限连带责任,其他合伙人以其在合伙财产中的份额为限承担责任。合伙人非因故意或重大过失造成合伙企业债务以及合伙企业的其他债务,由全体合伙人承担连带无限责任。

三、有限合伙企业

有限合伙企业是普通合伙企业的特例。除法律对有限合伙企业的特殊规定外,适用普通合伙企业的规定。

(一)有限合伙企业的设立

有限合伙企业由 2 名以上 50 名以下的合伙人设立,但至少有 1 名普通合伙人。

有限合伙企业的成立基础是合伙协议,合伙协议应特别载明下列内容:①普通合伙人和有限合伙人的姓名或名称和住所;②执行事务合伙人应具备的条件和选择程序;③执行事务合伙人权益与违约处理办法;④执行事务合伙人的除名条件和更换程序;⑤有限合伙人入伙、退伙的条件、程序及相关责任;⑥有限合伙人和普通合伙人的相互转换程序。

有限合伙企业中有限合伙人不得以劳务出资。有限合伙人应在约定期限内足额缴纳出资并在合伙企业登记事项中载明有限合伙人认缴的出资额。

有限合伙企业的名称中应标明"有限合伙"字样。

(二)有限合伙的内部关系

(1)有限合伙企业的事务执行。根据《合伙企业法》第六十七条及六十八条的规定,有限合伙企业应当由普通合伙人执行合伙事务,有限合伙人不执行合伙事务。有限合伙人的下列行为,不视为执行合伙事务:①参与决定普通合伙人入伙、退伙;②对企业的经营管理提出建议;③参与选择承办有限合伙企业审计业务的会计师事务所;④获取经审计的有限合伙企业财务会计报告;⑤对涉及自身利益的情况,查阅有限合伙企业财务会计账簿等财务资料;⑥在有限合伙企业中的利益受到侵害时,向有责任的合伙人主张权利或者提起诉讼;⑦执行事务合伙人怠于行使权利时,督促其行使权利或者为了本企业的利益以自己的名义提起诉讼;⑧依法为本企业提供担保。

对于有限合伙人,除合伙协议另有约定外,法律赋予了一些特殊权利:①可以同本有限合伙企业进行交易;②可以自营或者同他人合作经营与本合伙企业相竞争的业务;③可以将其在有限合伙企业中的财产份额出质。

(2)入伙。新入伙成员属于有限合伙人的,对入伙前的债务承担有限责任。

(3)退伙。与普通合伙人的退伙不同:①有限合伙人丧失偿债能力不能作为当然退伙的法定事由;②有限合伙人丧失民事行为能力的,其他合伙人不能因此要求其退伙;③有限合伙人死亡或被宣告死亡以及作为有限合伙人的法人及其他组织终止时,其继承人或权利承受人可以依法取得该有限合伙人在有限合伙企业中的资格;④有限合伙人退伙后对基于退伙前的原因发生的有限合伙企业债务,以其退伙时从有限合伙企业中取回的财产承担责任。

案例分析 3-7

2023 年 6 月,甲、乙、丙共同设立有限合伙企业,并签订了合伙协议。协议中约定:甲以房屋作价人民币 8 万元出资,乙以技术作价人民币 4 万元出资,丙以现金人民币 5 万元出资并为有限合伙人;各合伙人按相同比例分配盈利、分担亏损。合伙企业成立后,为扩大经营,于 2023 年 7 月向银行贷款人民币 5 万元,期限为 1 年。后因经营环境变化,企业严重亏损。2024 年 5 月,甲、乙、丙决定解散合伙企业,并将合伙企业现有价值人民币 3 万元的财产予以分配,但对未到期的银行贷款未予清偿。2024 年 8 月,银行贷款到期后,银行找合伙企业清偿债务,发现该企业已经解散,遂向甲、乙两人要求偿还全部贷款,甲称只承担合伙协议中约定比例的债务,乙称无钱偿还。银行要求丙偿还全部贷款,丙则表示根据合伙协议,不承担偿还银行贷款义务。

请问

本案中合伙企业所欠银行的债款应该如何偿还?

(三) 有限合伙企业的外部关系

与普通合伙人不同,有限合伙人不受普通合伙人转让财产份额受其他合伙人一致同意的限制,可以按照合伙协议的约定向合伙人以外的人转让合伙企业中的财产份额。

有限合伙人无权执行合伙事务,但第三人有理由相信有限合伙人为普通合伙人并与其进行交易,该有限合伙人对该笔交易承担与普通合伙人同样的责任。但是,该有限合伙人未经授权以有限合伙企业名义与他人进行交易,给合伙企业或者其他合伙人造成损失的,应当承担赔偿责任。

(四) 有限合伙人与普通合伙人之间的转化

除合伙协议另有约定,普通合伙人转变为有限合伙人或有限合伙人转变为普通合伙人,应经全体合伙人一致同意。

有限合伙人转变为普通合伙人的,对其作为有限合伙人期间有限合伙企业发生债务承担无限连带责任;而普通合伙人转变为有限合伙的,对其作为普通合伙人期间合伙企业发生的债务承担无限连带责任。

四、合伙企业的解散和清算

根据《合伙企业法》第八十五条的规定,合伙企业出现下列情况之一的,应予解散:①合伙期限届满,合伙人决定不再继续经营;②合伙协议约定的解散事由出现;③合伙人决定解散;④合伙人已不具备法定人数满 30 天;⑤合伙协议约定的合伙目的已经实现或无法实现;⑥依法被吊销营业执照,责令关闭或被撤销;⑦出现法律、法规规定的其他原因。

合伙企业解散应当进行清算,并通知和公告债权人。合伙企业解散,清算人由全体合伙人承担;经全体合伙人过半数同意,可以自合伙企业解散后 15 日内不能确定清算人的,合伙人或其他利害关系人可以申请人民法院指定清算人。清算人依据法律规定执行清算事务。

合伙企业财产在支付清偿费用后,按以下顺序偿还:①合伙企业所欠的职工工资和社会保障费用;②法定补偿金;③合伙企业所欠税款;④合伙企业的债务。

合伙企业清偿结束,全体合伙人在清算人编制的清算报告上签名、盖章后,在 15 日内向企业登记机关报送,申请办理合伙企业注销登记。合伙企业注销后,原普通合伙人对合伙企业存续期间的债务仍应承担无限连带责任。

案例分析 3-8

假设 2024 年 3 月,甲、乙、丙按照《合伙企业法》的规定,共同投资设立一从事商品流通的有限合伙企业。合伙协议约定了以下事项:

(1) 甲以现金 5 万元出资。乙以房屋作价 8 万元出资。丙以劳务作价 4 万元出资,另外以商品权作价 5 万元出资。丁以现金 10 万元出资。

(2) 丁为普通合伙人,甲、乙、丙均为有限合伙人。

(3) 各合伙人按相同比例分配盈利、分担亏损。

(4) 合伙企业的事务由丙和丁执行,甲和乙不执行合伙企业事务,也不对外代表合伙企业。

(5) 普通合伙人向合伙人以外的人转让财产份额的,不需要经过其他合伙人同意。

(6) 合伙企业名称为"诚欣物流合伙企业"。

请问

(1) 合伙人丙以劳务作价出资的做法是否符合法律规定?

(2) 合伙企业事务执行方式是否符合法律规定?

(3) 关于合伙人转让出资的约定是否符合法律规定?

(4) 合伙企业名称是否符合法律规定?

(5) 各合伙人按照相同比例分配盈利、分担亏损的约定是否符合规定?

第二节　外商投资法

为了进一步扩大对外开放,积极促进外商投资,保护外商投资合法权益,规范外商投资管理,推动形成全面开放新格局,促进社会主义市场经济健康发展,2019 年 3 月 15 日,第十三届全国人大二次会议表决通过了《中华人民共和国外商投资法》(以下简称《外商投资法》),该法自 2020 年 1 月 1 日起施行。

一、外商投资概念及情形

(一)外商投资概念

外商投资是指外国的自然人、企业或者其他组织(以下简称外国投资者)直接或者间接在中国境内进行的投资活动。

（二）外商投资情形

（1）外国投资者单独或者与其他投资者共同在中国境内设立外商投资企业。

（2）外国投资者取得中国境内企业的股份、股权、财产份额或者其他类似权益。

（3）外国投资者单独或者与其他投资者共同在中国境内投资新建项目。

（4）法律、行政法规或者国务院规定的其他方式的投资。

我国坚持对外开放的基本国策，鼓励外国投资者依法在中国境内投资。我国实行高水平投资自由化便利化政策，建立和完善外商投资促进机制，营造稳定、透明、可预期和公平竞争的市场环境。同时规定在中国境内进行投资活动的外国投资者、外商投资企业，应当遵守中国法律法规，不得危害中国国家安全、损害社会公共利益。

外商投资企业是指全部或者部分由外国投资者投资，依照中国法律在中国境内经登记注册设立的企业。国家对外商投资实行准入前国民待遇加负面清单管理制度。

准入前国民待遇是指在投资准入阶段给予外国投资者及其投资不低于本国投资者及其投资的待遇；负面清单是指国家规定在特定领域对外商投资实施的准入特别管理措施。国家对负面清单之外的外商投资，给予国民待遇。负面清单由国务院发布或者批准发布。中华人民共和国缔结或者参加的国际条约、协定对外国投资者准入待遇有更优惠规定的，可以按照相关规定执行。我国依法保护外国投资者在中国境内的投资、收益和其他合法权益。外商投资企业职工依法建立工会组织，开展工会活动，维护职工的合法权益。外商投资企业应当为本企业工会提供必要的活动条件。

英国人 James 到北京看望老朋友 Johnny，得知 Johnny 两年前注册设立了一家企业，目前企业运营状况良好，在征得 Johnny 同意的情况下，James 向该企业注资了 80 万元人民币。

请问

James 的注资是否属于外商投资？为什么？

二、促进投资的具体规定

（1）外商投资企业依法平等适用国家支持企业发展的各项政策，制定与外商投资有关的法律、法规、规章。县级以上地方人民政府可以根据法律、行政法规、地方性法规的规定，在法定权限内制定外商投资促进和便利化政策措施。

（2）建立健全外商投资服务体系，为外国投资者和外商投资企业提供法律法规、政策措施、投资项目信息等方面的咨询和服务。

根据需要，我国设立特殊经济区域，或者在部分地区实行外商投资试验性政策措施，促进外商投资，扩大对外开放。同时我国根据国民经济和社会发展需要，鼓励和引导外国投资者在特定行业、领域、地区投资。

（3）外国投资者、外商投资企业可以依照法律、行政法规或者国务院的规定享受优惠待遇。国家保障外商投资企业依法通过公平竞争参与政府采购活动。政府采购依法对外商投资企业在中国境内生产的产品、提供的服务平等对待。

（4）外商投资企业可以依法通过公开发行股票、公司债券等证券和其他方式进行融资。

某县为了给外资企业一颗"定心丸"，让他们"愿意来""留得住"，也为了给该县创造更多国际合作机会，推动该县迈向更高水平的对外开放，特别规定，凡是来该县投资的外商，均可根据该地区的地方性法规、部门规章及该地区的相关制度，给予外商便利化政策措施。

请问

该县的做法是否正确？为什么？

三、保护投资的具体措施

（一）加强对外商投资企业的产权保护

我国对外商投资不实行征收，根据社会公共利益需要实行征收的，应当依照法定程序进行，并给予公平、合理的补偿；外国投资者在中国境内的出资、利润、资本收益等可以依法以人民币或者外汇自由汇入、汇出；国家依法保护外国投资者和外商投资企业的知识产权，鼓励在外商投资过程中基于自愿原则和商业规则开展技术合作，技术合作条件由投资各方遵循公平原则平等协商确定，行政机关及其工作人员不得利用行政手段强制转让技术。

（二）强化对涉及外商投资规范性文件制定的约束

政府及其有关部门制定涉及外商投资的规范性文件应当符合法律法规的规定，不得违法减损外商投资企业合法权益或者增加其义务，不得违法设置市场准入和退出条件、违法干预或者影响外商投资企业的正常生产经营活动。

（三）促使地方政府守约践诺

地方各级人民政府及其有关部门应当严格履行依法作出的政策承诺和依法订立的各类合同；因国家利益、公共利益需要改变政府承诺和合同约定的，应当严格依照法定权限和程序进行，并对外国投资者、外商投资企业因此受到的损失予以补偿。

（四）完善外商投资企业投诉维权机制

我国建立外商投资企业投诉工作机制，协调完善外商投资企业投诉工作中的重大政策措施，及时解决外商投资企业反映的问题；外国投资者、外商投资企业可以依法成立和自愿参加商会、协会，维护自身合法权益。

外商投资企业或者其投资者认为行政机关及其工作人员的行政行为侵犯其合法权益的，可以通过外商投资企业投诉工作机制申请协调解决。外商投资企业或者其投资者认为行政机关及其工作人员的行政行为侵犯其合法权益的，除通过外商投资企业投诉工作机制申请协调解决外，还可以依法申请行政复议、提起行政诉讼。

外商投资企业可以依法通过哪些方式进行融资？

四、投资管理规定

（一）外商投资准入负面清单

外商投资准入负面清单规定禁止投资的领域，外国投资者不得投资。外商投资准入负面清单规定限制投资的领域，外国投资者进行投资应当符合负面清单规定的条件。外商投资准入负面清单以外的领域，按照内外资一致的原则实施管理，外商投资需要办理投资项目核准、备案的，按照国家有关规定执行，依法需要取得许可的行业、领域进行投资的，应当依法办理相关许可手续。有关主管部门应当按照与内资一致的条件和程序，审核外国投资者的许可申请，法律、行政法规另有规定的除外。

（二）外商投资企业的组织形式、组织机构及其活动准则

外商投资企业的组织形式、组织机构及其活动准则适用《公司法》《合伙企业法》等法律的规定。外商投资企业开展生产经营活动，应当遵守法律、行政法规有关劳动保护、社会保险的规定，依照法律、行政法规和国家有关规定办理税收、会计、外汇等事宜，并接受相关主管部门依法实施的监督检查。外国投资者并购中国境内企业或者以其他方式参与经营者集中的，应当依照《中华人民共和国反垄断法》的规定接受经营者集中审查。

（三）建立外商投资信息报告制度

外国投资者或者外商投资企业应当通过企业登记系统以及企业信用信息公示系统向商务主管部门报送投资信息。外商投资信息报告的内容和范围按照确有必要的原则确定；通过部门信息共享能够获得的投资信息，不得再行要求报送。

（四）建立外商投资安全审查制度

我国对影响或者可能影响国家安全的外商投资进行安全审查。依法作出的安全审查决定为最终决定。

五、法律责任规定

（一）外国投资者投资外商投资准入负面清单规定禁止投资的领域的，由有关主管部门责令停止投资活动，限期处分股份、资产或者采取其他必要措施，恢复到实施投资前的状态；有违法所得的，没收违法所得。外国投资者的投资活动违反外商投资准入负面清单规定的限制性准入特别管理措施的，由有关主管部门责令限期改正，采取必要措施满足准入特别管理措施的要求；逾期不改正的，依照前款规定处理。外国投资者的投资活动违反外商投资准入负面清单规定的，依规定处理外，还应当依法承担相应的法律责任。

（二）外国投资者、外商投资企业违反《外商投资法》规定，未按照外商投资信息报告制度的要求报送投资信息的，由商务主管部门责令限期改正；逾期不改正的，处 10 万元以上 50 万元以下的罚款。

（三）对外国投资者、外商投资企业违反法律、法规的行为，由有关部门依法查处，并按照国家有关规定纳入信用信息系统。

（四）行政机关工作人员在外商投资促进、保护和管理工作中滥用职权、玩忽职守、徇私舞弊的，或者泄露、非法向他人提供履行职责过程中知悉的商业秘密的，依法给予处分；构成犯罪的，依法追究刑事责任。

小思考 3-2

你知道外国投资者并购中国境内企业应当依照哪部法律的规定接受经营者集中审查吗？

导读案例分析

《合伙企业法》第五十条规定，合伙人死亡或者被依法宣告死亡的，对该合伙人在合伙企业中的财产份额享有合法继承权的继承人，按照合伙协议的约定或者经全体合伙人一致同意，从继承开始之日起，取得该合伙企业的合伙人资格。此时郑某不同意。

有下列情形之一的，合伙企业应当向合伙人的继承人退还被继承合伙人的财产份额：①继承人不愿意成为合伙人。②法律规定或者合伙协议约定合伙人必须具有相关资格。而该继承人未取得该资格。袁某不具有该资格。③合伙协议约定不能成为合伙人的其他情形。合伙人的继承人为无民事行为能力人或者限制民事行为能力人的，经全体合伙人一致同意，可以依法成为有限合伙人，普通合伙企业依法转为有限合伙企业。全体合伙人未能一致同意的，合伙企业应当将被继承合伙人的财产份额退还该继承人。合伙企业将被继承人吴某的财产份额退还继承人袁某。所以，袁某不能取得该合伙企业的合伙人资格。

课后测试

一、判断题

1. 有限合伙企业由普通合伙人和有限合伙人组成，普通合伙人对合伙企业债务负有限连带责任，有限合伙人以其认缴的出资额为限对合伙企业债务承担责任。（　　）

2. 合伙协议依法由全体合伙人协商一致、以书面形式订立。（　　）

3. 合伙企业在领取营业执照前，合伙人不得以合伙企业名义从事合伙业务。（　　）

4. 合伙人可以用货币、知识产权、土地使用权或者其他财产权利出资，但是不可以用劳务出资。（　　）

5. 除合伙协议另有约定外，合伙人向合伙人以外的人转让其在合伙企业中的全部或部分财产份额时，不需经其他合伙人的一致同意。（　　）

二、单项选择题

1. 十三届全国人大二次会议表决通过了《中华人民共和国外商投资法》。自（　　）起施行。

A．2020 年 1 月 1 日　　　　　　　　B．2020 年 1 月 10 日

    C. 2021 年 1 月 1 日　　　　　　　　　　D. 2021 年 1 月 10 日

2. 关于合伙人出资份额转让的说法中,错误的是(　　)。

    A. 合伙出资份额的对外转让,必须经其他合伙人的一致同意

    B. 其他合伙人享有同等条件下的优先购买权

    C. 内部转让须经合伙人的半数以上同意

    D. 内部转让只需通知其他合伙人即可,无需其同意

3. 下列关于有限合伙企业的说法中,错误的是(　　)。

    A. 有限合伙企业中至少有一个普通合伙人

    B. 有限合伙人可以执行合伙事务,但不对外代表有限合伙企业

    C. 有限合伙人可以同本有限合伙企业进行交易

    D. 有限合伙企业仅剩有限合伙人的,应当解散;有限合伙企业仅剩普通合伙人的, 转为普通合伙企业

4. 甲、乙、丙成立一个普通合伙企业,其合伙合同中约定,"合伙企业的事务由甲全权负责,乙、丙不得过问亦不承担企业亏损的民事责任",对该约定的效力应认定(　　)。

    A. 该约定有效,应由甲一人承担民事责任

    B. 该约定无效,应由甲、乙、丙共同承担民事责任

    C. 该约定部分有效,应由甲一人承担民事责任

    D. 该约定部分无效,应由甲、乙、丙共同承担民事责任

5. 甲、乙、丙是某普通合伙企业的合伙人,甲的出资为高级笔记本电脑 3 台。在该合伙企业经营过程中,甲急于使用资金遂将笔记本电脑以较高价格出售给不知情的丁。则该买卖行为认定为(　　)。

    A. 丁将取得该笔记本电脑的所有权

    B. 该笔记本电脑所有权已属于该合伙企业,因此该买卖合同无效

    C. 只有该合伙企业事后予以追认,丁才能取得笔记本电脑的所有权

    D. 该买卖行为有效,因为笔记本电脑虽然是甲对合伙企业的出资,但笔记本电脑的所有权仍然属于甲,甲有权处分

三、多项选择题

1. 合伙人有下列情形之一的,当然退伙的有(　　)。

    A. 法律规定或者合伙协议约定合伙人必须具有相关资格而合伙人丧失该资格

    B. 合伙人在合伙企业中的全部财产份额被人民法院强制执行

    C. 合伙人个人出现巨额债务

    D. 合伙人结婚

2. 合伙人有下列情形之一的,经其他合伙人一致同意,可以决议将其除名的有(　　)。

    A. 未履行出资义务

    B. 因故意或者重大过失给合伙企业造成损失

    C. 执行合伙事务时有不正当行为

    D. 发生合伙协议约定的事由

3. 有限合伙协议除符合《合伙企业法》的有关规定外还应当载明的事项有(　　)。

    A. 执行事务合伙人的除名条件和更换程序

B. 有限合伙人入伙、退伙的条件、程序以及相关责任

C. 有限合伙人和普通合伙人相互转变程序

D. 合伙人家庭成员

4. 有限合伙人有下列情形之一的,当然退伙的有(　　)。

A. 合伙人在合伙企业中的全部财产份额被人民法院强制执行

B. 法律规定或者合伙协议约定合伙人必须具有的相关资格而丧失该资格

C. 作为合伙人的自然人死亡或者被依法宣告死亡

D. 个人丧失偿债能力

5. 关于外商投资保护,下列说法不正确的有(　　)。

A. 国家对外国投资者的投资一般不实行征收

B. 行政机关可以利用行政手段强制要求外商转让技术

C. 外商投资企业只能通过行政复议和行政诉讼的方式维权

D. 政府及部门不得增加外商投资企业的义务

四、实训题

实训一

材料一:中国开放的大门越开越大,截至 2018 年年底,中国依据"外资三法"累计设立外商投资企业约 96 万家,累计实际使用外资超过 2.1 万亿美元。外商投资已成为推动中国经济社会发展的重要力量。开放的大门越开越大,以法治为引领,加强与国际经济贸易规则的对接,提高开放水平成为必然趋势。

材料二:2019 年 3 月 15 日,十三届全国人大第二次会议表决通过了《外商投资法》,这是我国首次就外商投资立法。外商投资法明确扩大开放和积极利用外资的主基调,加强外商投资促进和保护,力求释放新一轮高水平对外开放的信号。

请结合材料分析国家制定《外商投资法》的原因。

实训二

2022 年 1 月,赵、钱、孙、李 4 人决定设立合伙企业,并签订书面协议,内容如下:①赵出资 10 万元,钱以实物折价出资 8 万元,经其他人同意孙以劳务出资 6 万元,李以货币出资 4 万元。②赵、钱、孙、李 4 人按 2∶2∶1∶1 的比例分配利润和承担风险;③协议规定,赵执行合伙企业事务,对外代表企业,但大于 1 万元的销售合同应经其他人同意。协议未约定经营期限。

现发生以下事实:

(1) 2022 年 5 月,赵擅自以合伙企业名义与翔宇公司签订合同,翔宇公司不知道其内部限制。钱获知后,向翔宇公司表示不承认赵所签订的合同。

(2) 2023 年 1 月,李提出退伙,并未给企业造成任何不利影响。2023 年 3 月,李经清算退伙。2023 年 4 月,新合伙人周出资 4 万元入伙。2023 年 5 月,合伙企业的债权人青田公司就合伙人李退伙前的 24 万元债务要求赵、钱、孙、李(已退伙)与新合伙人周共同承担连带责任。李以自己退伙为由、周以自己新入伙为由拒绝承担。

(3) 赵为了改善企业的经营管理,于 2023 年 4 月独自聘任田某为合伙企业的经营管理人,并以合伙企业的名义对建光公司提供担保。

(4) 2024 年 2 月,合伙人钱在与蓝天公司的买卖合同中,无法偿还到期债务 8 万元。蓝天公司于 2024 年 4 月向人民法院提起诉讼。蓝天公司胜诉,于 2024 年 5 月申请强制执行

钱在合伙企业中的财产份额。

根据以上事实回答下列问题：

(1)赵跟翔宇公司的合同是否有效？为什么？

(2)李的主张是否成立？为什么？如果李向青田公司偿还24万元债务,可以向哪些当事人追偿,金额是多少？

(3)周的主张是否成立？为什么？

(4)赵聘用田某及为建光公司担保是否合法？为什么？

(5)合伙人钱被人民法院强制执行其份额后,合伙企业决定对其除名是否符合法律规定？为什么？

(6)李的退伙属于何种情况,其退伙应符合哪些条件？

实训三

在2019年首场"部长通道"上,国家国际发展合作署署长王晓涛说,中国的对外援助仍然属于南南合作的范畴。量力而行、尽力而为,始终是我们坚持的一项重要的原则。我们会精打细算,确保花好每一分钱,也请大家放心。

请从下面的材料中找出王晓涛这段话的依据？说明了什么？

(1)我国积极承担国际责任,优先考虑对外援助。

(2)我国重视保障公民的知情权和监督权。

(3)政府应公开所有的信息,做阳光政府。

(4)行政机关的权力来自人民,要对人民负责。

五、思考题

1.合伙企业有哪些特征？

2.普通合伙企业的设立条件有哪些？

3.哪些合伙事务的决定应经全体合伙人一致同意？

4.什么是准入前国民待遇和负面清单？

5.如何有效吸引外商投资,推动开放发展,谈谈你的见解。

第四章
市场秩序管理法律制度

知识目标

1. 理解和掌握反不正当竞争法中的不正当竞争行为及特征；了解不正当竞争行为的监督检查及法律责任。

2. 掌握消费者权益保护法中消费者的权利以及经营者的义务；熟悉消费者合法权益的保护方式；了解消费者权益争议的解决途径和责任承担。

3. 理解产品质量法的概念及产品质量的监督管理；熟悉生产者和销售者的责任和义务。

能力目标

1. 能应用所学的法律知识分辨正当行为及不正当行为。

2. 作为消费者，当自己的权利受到伤害时，能够利用本章所学的法律知识维护自己的权利；作为经营者，当与消费者发生纠纷时，能合法、合理地处理好问题。

3. 能应用所学的法律知识思考、解决经济生活中发生的产品质量和产品责任问题。

导读案例

某商厦为招揽顾客，在报纸上刊登广告：凡于 2024 年 2 月至 6 月在该商厦购物满 200 元者可获得奖券一张，凭该奖券可在购物当日参加抽奖。一等奖为香港 7 日游（若放弃游览可领取 6 000 元人民币）；二等奖为电冰箱一台；三等奖为电动车一辆；鼓励奖为自行车一辆。此外，有纪念奖若干。此广告登出后引来众多顾客，但顾客所得奖项大多为鼓励奖和纪念奖。后经人举报，一二三等奖为商厦内部工作人员所得。

请思考

该商厦的做法是否违反有关反不正当竞争法律、法规的规定？若违反，应如何处理？

第一节　反不正当竞争法

一、不正当竞争的概念和不正当竞争行为的特征

1. 不正当竞争的概念

市场经济离不开竞争,竞争是市场经济最基本的运行机制。有竞争就有正当的竞争和不正当的竞争。

反不正当竞争法,是调整和制止不正当竞争过程中发生的社会关系的法律规范的总称。为保障社会主义市场经济健康发展,鼓励和保护公平竞争,制止不正当竞争行为,保护经营者和消费者的合法权益。《中华人民共和国反不正当竞争法》(以下简称《反不正当竞争法》)已由 2017 年 11 月 4 日中华人民共和国第十二届全国人民代表大会常务委员会第三十次会议修订通过,自 2018 年 1 月 1 日起施行。根据 2019 年 4 月 23 日第十三届全国人民代表大会常务委员会第十次会议《关于修改〈中华人民共和国建筑法〉第八部法律的决定》修正。

不正当竞争行为是指经营者在生产经营活动中,违反《反不正当竞争法》规定,扰乱市场竞争秩序,损害其他经营者或者消费者的合法权益的行为。

我国《反不正当竞争法》规定的经营者,是指从事商品生产、经营或者提供服务的自然人、法人和非法人组织。

法律驿站 4-1

巴黎公约

最早对不正当竞争行为进行定义的是 1883 年的《巴黎公约》,该公约第十条规定,"凡在工业商业活动中违反诚实信用的竞争行为即构成不正当竞争的行为",首次对这种行为进行概括式描述。

2. 不正当竞争行为的特征

(1) 不正当竞争行为的主体是经营者。一般来说,非经营者不是竞争行为的主体,也不是不正当竞争行为的主体。但是,非经营者的某些行为有时也会妨碍经营者的合法权益,政府及其所属部门滥用权力妨碍经营者的正当竞争行为即属此类,因此我国《反不正当竞争法》也将这类行为列入其调整范围。

(2) 不正当竞争行为是违反《反不正当竞争法》保护的、为不正当竞争者而所损害和扰乱的市场竞争秩序和社会秩序关系。

(3) 不正当竞争者在客观上必须有实施违反《反不正当竞争法》规定的不正当竞争行为的客观事实。

（4）实施不正当竞争的行为人主观上有不遵循自愿、平等、公平、诚实信用的原则，不遵守公认的商业道德的过错。

二、反不正当竞争法的原则

《反不正当竞争法》规定，经营者在市场交易中，应当遵循自愿、平等、公平、诚实信用的原则，遵守公认的商业道德。因此，自愿、平等、公平、诚信、遵守公认的商业道德是市场竞争必须遵循的基本原则。

法律驿站 4-2

1896 年，德国制定了世界上第一部《反不正当竞争法》，标志着系统的反不正当竞争法的开端，它对许多国家反不正当竞争的立法都有很大的影响。之后，奥地利、瑞士、匈牙利、日本等国相继制定了具有自身特点的反不正当竞争法。对各自的经济发展均起到了积极的作用。

三、不正当竞争的行为的类型

我国《反不正当竞争法》第二章规定的不正当竞争行为的种类有以下各项。

1. 欺骗性交易行为

欺骗性交易行为是指行为人采用假冒、仿冒、伪造等混淆手段，欺骗消费者与之交易，从而损害竞争对手和消费者权益的行为。根据我国《反不正当竞争法》第六条规定，属于这类不正当竞争行为的有：

（1）擅自使用与他人有一定影响的商品名称、包装、装潢等相同或者近似的标识。

（2）擅自使用他人有一定影响的企业名称（包括简称、字号等）、社会组织名称（包括简称等）、姓名（包括笔名、艺名、译名等）。

（3）擅自使用他人有一定影响的域名主体部分、网站名称、网页等。

（4）其他足以引人误认为是他人商品或者与他人存在特定联系的混淆行为。

小思考 4-1

请同学们上网查询：
知名商品、驰名商标、著名商标有何区别？

2. 商业贿赂行为

商业贿赂行为是指经营者在经营活动中为销售或购买商品，采取秘密手段，向客户或有关工作人员给付财物或其他报酬，以取得交易或经营上的便利的行为。

我国《反不正当竞争法》第七条规定，"经营者不得采用财物或者其他手段贿赂交易相对方的工作人员；受交易相对方委托办理相关事务的单位或个人；利用职权或者影响力影响交易的单位或个人，以谋取交易机会或者竞争优势。在账外暗中给予对方单位或者个人回扣的,以行贿论处。对方单位或者个人在账外暗中收受回扣的,以受贿论处。"另外,《反不正当竞争法》还规定了回扣与折扣、佣金的区别。即经营者在交易活动中可以以明示方式给交易相对方支付折扣,可以向中间人支付佣金。经营者给交易相对方折扣,向中间人支付佣金的,应当如实入账,接受折扣、佣金的经营者也应当如实入账。

3. 引人误解的虚假宣传行为

我国的《反不正当竞争法》第八条明确规定:"经营者不得对其商品的性能、功能、质量、销售状况、用户评价、曾获荣誉等作虚假或者引人误解的商业宣传,欺骗、误导消费者。经营者不得通过组织虚假交易等方式,帮助其他经营者进行虚假或者引人误解的商业宣传。"所谓虚假宣传是指以广告等其他方法,对商品或服务作与实际情况不相符的宣传,使消费者误解从而误买的行为。

 案例分析 4-1

某公开发行的晚报刊登了"青少年助长的特效良药——张灵助长晶"的广告。广告称"本药品为经过多位医学专家多年的努力研制成功的助长新药,采用中外各种名贵药材,经特殊工艺精制而成,对人体骨骼增长有奇效。美国医学家对万名服用本药的矮个青少年观察后发现,用药者明显增高。实践证明,本药对青少年发育有显著功效。本药品还荣获 2020 年优秀产品奖。本药品两盒起邮,每盒只售 240 元,款到寄货"。然而,很多青少年服药后,不仅没有发生广告中所说的效果,有的还产生了严重的副作用。经市场监管部门调查属实。

请问

(1)上述案例中,广告主和报社的行为属于什么性质?为什么?

(2)你若是其中的一名消费者,该如何处理这个事情?

4. 侵犯商业秘密的行为

所谓商业秘密,根据《反不正当竞争法》第九条第四款规定,是指不为公众所知悉,具有商业价值并经权利人采取相应保密措施的技术信息、经营信息等商业信息。在实际中,技术信息包括工艺流程、技术秘诀、设计图纸、化学配方等;经营信息如管理方法、产销策略、货源情报、客户名单,等等。

《反不正当竞争法》第九条规定,侵犯商业秘密的行为具体包括以下几种:

(1)以盗窃、贿赂、欺诈、胁迫、电子侵入或者其他不正当手段获取权利人的商业秘密。

(2)披露、使用或者允许他人使用以前项手段获取的权利人的商业秘密。

(3)违反保密义务或者违反权利人有关保守商业秘密的要求,披露、使用或者允许他人使用其所掌握的商业秘密。

(4)教唆、引诱、帮助他人违反保密义务或者违反权利人有关保守商业秘密的要求,获取、披露、使用或者允许他人使用权利人的商业秘密。

经营者以外的其他自然人、法人和非法人组织实施前款所列违法行为的,视为侵犯商业秘密。

案例分析 4-2

黛美化妆品公司新近研制开发了一种润肤美白化妆品,该化妆品的配方由 23 个公式和 170 个相关数据材料组成。公司采取了严格的保密措施,一般人无法单独接触这一资料。刘某是公司董事长曹某的秘书。某日,曹某叫刘某帮助收拾办公室,刘某在曹某在场的情况下无意间看到曹某桌上放置的有关资料。刘某凭借其惊人的记忆力将所有资料记了下来。两日后,刘某回老家探亲,酒后炫耀自己的记忆力并将记下的资料全部转述给了在另一化妆品公司工作的妹夫李某。不久后,李某所在的娜佳公司对黛美化妆品公司的配方稍加改良,生产出了质量更好的同类化妆品,抢占了黛美化妆品公司的销售市场。曹某得知真相后,将刘某诉至法院,要追究刘某侵犯商业秘密的法律责任。刘某辩称:

一、自己没有采取不正当手段窃取商业秘密,仅仅在曹某在场的情况下看了一眼。

二、自己不是专业技术人员,不负有保守商业秘密之义务。

三、娜佳公司不是采用这一配方,而是采用娜佳公司自己的技术,因此自己没有责任。

请问

(1) 刘某辩解之理由是否成立?

(2) 请提出你对本案的认定和处理意见。

5. 不正当有奖销售行为

有奖销售是指经营者以提供奖品或奖金的手段进行销售,主要包括附赠式有奖销售和抽奖式有奖销售。有奖销售作为一种促销手段,可以提高产品销售量,给经营者带来经济利益,但若超过一定限度滥用有奖销售,不仅会损害消费者利益,还会扰乱市场秩序,破坏公平竞争。因此,我国《反不正当竞争法》禁止三种不正当有奖销售:

(1) 所设奖的种类、兑奖条件、奖金金额或者奖品等有奖销售信息不明确,影响兑奖。

(2) 采用谎称有奖或者故意让内定人员中奖的欺骗方式进行有奖销售。

(3) 抽奖式的有奖销售,最高奖的金额超过五万元。

 案例分析 4-3

A 公司在北京某超市开展某品牌保洁用品有奖促销活动,活动内容为:"凡购买某产品满 58 元即可参加抽奖一次,奖品为某品牌全自动洗衣机一台。"但 A 公司在举办上述有奖销售活动时,未明示中奖概率、兑奖时间和兑奖方式。

请问

A 公司的行为是否合法? 若不合法,A 公司应受何种处置?

6. 商业诽谤行为

所谓商业诽谤是指经营者捏造、散布虚假事实,损害竞争对手的商业信誉、商品声誉的行为。《反不正当竞争法》第十一条规定："经营者不得编造、传播虚假信息或者误导性信息，损害竞争对手的商业信誉、商品声誉。"商业信誉、商品声誉是经营者的无形资产，是长期努力经营和活动得来的，能为经营者带来经济利益和市场竞争中的优势地位。为此，法律禁止损害他人商业信誉、商品声誉的不正当竞争行为。

A公司生产的冷冻牌电冰箱样式好、质量高，很受消费者的欢迎，很快占了市场大部分份额。B公司生产的海鸥牌电冰箱由于质量存在问题，销售情况很差。为了打开销路开拓市场，B公司在当地报纸上发表一篇"郑重声明"。该声明称："最近市场上出现的冷冻牌电冰箱由于存在质量问题受到很多消费者的投诉，不少消费者找到我厂要求退换。我厂郑重声明，此种电冰箱不是我厂产品，请消费者认准我厂海鸥牌商标，以免误购而遭受损失。"此声明刊登后，A公司电冰箱销售量直线下降，同时很多已购买的消费者纷纷要求退货。为了维护自己的权益，A公司向法院提起了诉讼。

请问

（1）B公司的行为属于哪类不正当竞争行为？

（2）人民法院应如何处理本案？

7. 经营者利用网络从事不正当的生产经营活动

《反不正当竞争法》第十二条规定，经营者不得利用技术手段，通过影响用户选择或者其他方式，实施下列妨碍、破坏其他经营者合法提供的网络产品或者服务正常运行的行为：

（1）未经其他经营者同意，在其合法提供的网络产品或者服务中，插入链接、强制进行目标跳转。

（2）误导、欺骗、强迫用户修改、关闭、卸载其他经营者合法提供的网络产品或者服务。

（3）恶意对其他经营者合法提供的网络产品或者服务实施不兼容。

（4）其他妨碍、破坏其他经营者合法提供的网络产品或者服务正常运行的行为。

金山公司的猎豹浏览器具有"页面广告过滤功能"，可将优酷网上的视频广告过滤。这一功能可使网络用户在访问优酷网时，过滤掉该网站中合法投放的视频广告。作为优酷网的经营方，合一公司认为该行为构成不正当竞争，将金山公司起诉至法院。在一审法院判决金山公司赔偿30万元后，金山公司提起上诉，称金山公司认为其与合一公司之间并不存在竞争关系，要求法院驳回合一公司的诉讼请求。

请问

一审法院的判决是否符合法律的规定？为什么？

案例分析 4-6

深圳腾讯科技有限公司(原告)和北京搜狗科技发展有限公司(被告)均为互联网企业,分别拥有 QQ 拼音输入法和搜狗拼音输入法。原告诉称,被告搜狗拼音输入法软件通过弹出窗口方式,诱导用户在"修复"输入法时删除 QQ 拼音输入法在语言栏上的快捷方式,构成不正当竞争,被告辩称其行为是针对原告在先不正当竞争行为的"正当防卫"。

请问

(1) 被告是否属于"正当防卫"？为什么？

(2) 被告是否构成不正当竞争行为？为什么？

四、不正当竞争行为的监督检查及法律责任

(一) 不正当竞争行为的监督机关及职权

1. 监督机关

《反不正当竞争法》第三条第一款明确规定:"各级人民政府应当采取措施,制止不正当竞争行为,为公平竞争创造良好的环境和条件。"

国务院建立反不正当竞争工作协调机制,研究决定反不正当竞争重大政策,协调处理维护市场竞争秩序的重大问题。

县级以上人民政府履行工商行政管理职责的部门对不正当竞争行为进行查处;法律、行政法规规定由其他部门查处的,依照其规定。

国家鼓励、支持和保护一切组织和个人对不正当竞争行为进行社会监督。国家机关及其工作人员不得支持、包庇不正当竞争行为。

行业组织应当加强行业自律,引导、规范会员依法竞争,维护市场竞争秩序。

2. 监督机关职权

《反不正当竞争法》第十三条规定,监督检查部门调查涉嫌不正当竞争行为,可以采取下列措施:

(1) 进入涉嫌不正当竞争行为的经营场所进行检查。

(2) 询问被调查的经营者、利害关系人及其他有关单位、个人,要求其说明有关情况或者提供与被调查行为有关的其他资料。

(3) 查询、复制与涉嫌不正当竞争行为有关的协议、账簿、单据、文件、记录、业务函电和其他资料。

(4) 查封、扣押与涉嫌不正当竞争行为有关的财物。

(5) 查询涉嫌不正当竞争行为的经营者的银行账户。

采取前款规定的措施,应当向监督检查部门主要负责人书面报告,并经批准。采取前款第四项、第五项规定的措施,应当向设区的市级以上人民政府监督检查部门主要负责人书面报告,并经批准。

监督检查部门调查涉嫌不正当竞争行为,应当遵守《中华人民共和国行政强制法》和其

他有关法律、行政法规的规定,并应当将查处结果及时向社会公开。

监督检查部门调查涉嫌不正当竞争行为,被调查的经营者、利害关系人及其他有关单位、个人应当如实提供有关资料或者情况。监督检查部门及其工作人员对调查过程中知悉的商业秘密负有保密义务。

对涉嫌不正当竞争行为,任何单位和个人有权向监督检查部门举报,监督检查部门接到举报后应当依法及时处理。

监督检查部门应当向社会公开受理举报的电话、信箱或者电子邮件地址,并为举报人保密。对实名举报并提供相关事实和证据的,监督检查部门应当将处理结果告知举报人。

（二）不正当竞争行为的法律责任

《反不正当竞争法》主要规定了民事责任、行政责任和刑事责任。

1. 民事责任

经营者违反《反不正当竞争法》第十七条规定,给他人造成损害的,应当依法承担民事责任。经营者的合法权益受到不正当竞争行为损害的,可以向人民法院提起诉讼。因不正当竞争行为受到损害的经营者的赔偿数额,按照其因被侵权所受到的实际损失确定;实际损失难以计算的,按照侵权人因侵权所获得的利益确定。经营者恶意实施侵犯商业秘密行为,情节严重的,可以在按照上述方法确定数额的一倍以上五倍以下确定赔偿数额。赔偿数额还应当包括经营者为制止侵权行为所支付的合理开支。

2. 行政责任

（1）经营者实施混淆或误认为是他人商品或与他人存在特定联系的行为,以及实施侵犯商业秘密的行为,致使权利人因被侵权而受到实际损失、侵权人因侵权所获得的利益难以确定的,由人民法院 根据侵权行为的情节判决给予权利人 300 万元以下的赔偿。

（2）经营者贿赂他人的,由监督检查部门没收违法所得,处 10 万元以上 300 万元以下的罚款。情节严重的,吊销营业执照。

（3）经营者对其商品作虚假或者引人误解的商业宣传,或者通过组织虚假交易等方式帮助其他经营者进行虚假或者引人误解的商业宣传的,由监督检查部门责令停止违法行为,处 20 万元以上 100 万元以下的罚款;情节严重的,处 100 万元以上 200 万元以下的罚款,可以吊销营业执照。经营者属于发布虚假广告的,依照《中华人民共和国广告法》的规定处罚。

（4）经营者侵犯商业秘密的,由监督检查部门责令停止违法行为,处 10 万元以上 100 万元以下的罚款;情节严重的,处 50 万元以上 500 万元以下的罚款。

（5）经营者进行不正当的有奖销售的,由监督检查部门责令停止违法行为,处 5 万元以上 50 万元以下的罚款。

（6）经营者损害竞争对手商业信誉、商品声誉的,由监督检查部门责令停止违法行为、消除影响,处 10 万元以上 50 万元以下的罚款;情节严重的,处 50 万元以上 300 万元以下的罚款。

（7）经营者妨碍、破坏其他经营者合法提供的网络产品或者服务正常运行的,由监督检查部门责令停止违法行为,处 10 万元以上 50 万元以下的罚款;情节严重的,处 50 万元以上 300 万元以下的罚款。

（8）经营者从事不正当竞争,有主动消除或者减轻违法行为危害后果等法定情形的,依法从轻或者减轻行政处罚;违法行为轻微并及时纠正,没有造成危害后果的,不予行政处罚。

（9）经营者从事不正当竞争,受到行政处罚的,由监督检查部门记入信用记录,并依照有关法律、行政法规的规定予以公示。

经营者违反《反不正当竞争法》规定，应当承担民事责任、行政责任和刑事责任，其财产不足以支付的，优先用于承担民事责任。妨害监督检查部门履行职责，拒绝、阻碍调查的，由监督检查部门责令改正，对个人可以处 5 千元以下的罚款，对单位可以处 5 万元以下的罚款，并可以由公安机关依法给予治安管理处罚。当事人对监督检查部门作出的决定不服的，可以依法申请行政复议或者提起行政诉讼。监督检查部门的工作人员滥用职权、玩忽职守、徇私舞弊或者泄露调查过程中知悉的商业秘密的，依法给予处分。

3．刑事责任

违反《反不正当竞争法》规定，构成犯罪的，依法追究刑事责任。

案例分析 4-7

某厂生产的白酒一直知名度不高，为打开销路，该厂于 2023 年 11 月 18 日举办了"G牌"白酒新闻发布会，邀请省内有关负责人及各界人士对"G牌"和另两种白酒进行品尝评级，还请了市公证处在现场监督检查。事后，该厂大肆宣传其生产的"G牌"白酒名列第一。但事实是，该发布会邀请的评比人员并无评比并授予名次的资格，参评产品之采样也无合法监督程序，评委中很多人是该厂经销商和关系单位人员，该厂为他们提供了价格昂贵的纪念品。

请问

（1）该厂的行为构成哪些不正当竞争行为？

（2）该厂应该承担什么样的责任？

第二节　消费者权益保护法

为保护消费者的合法权益，维护公平竞争和社会经济秩序，促进社会主义市场经济健康发展，2013 年 10 月 25 日，第十二届全国人民代表大会常务委员会第五次会议通过了《关于修改〈中华人民共和国消费者权益保护法〉的决定》，这第二次修正，进一步完善了对中国消费者权益的保障。

一、消费者权益保护法概述

（一）消费者的概念及保护原则

1．消费者的概念

消费者权益是消费者依法享有的权利以及该权利受到法律保护时给消费者带来的利益。保护消费者权益，首先要明确消费者的概念。

消费者是指为了满足生活需要而购买、使用商品或者接受服务的个人和单位。消费者权益保护法有广义和狭义之分,狭义的消费者权益保护法仅指《中华人民共和国消费者权益保护法》(以下简称《消费者权益保护法》)。广义的消费者权益保护法是调整在保护消费者权益过程中发生的经济关系的法律规范的总称,即除《消费者权益保护法》外,还包括其他保护消费者权益的法律、法规。

国际标准化组织把消费者定义为以个人消费为目的而购买或使用商品和服务的个体社会成员。

消费的含义包括如下几项:

(1) 消费的性质专指生活消费,不包括生产消费;消费的方式包括购买、使用商品和接受服务。

(2) 消费者对商品和服务的消费既包括自己出钱获得的消费,也包括他人出钱获得的消费。

(3) 消费的主体包括公民个人和单位。

(4) 消费的客体是商品和服务。

2. 消费者权益保护法的概念及适用范围

1) 消费者权益保护法的概念

消费者权益保护法是调整在保护消费者权益过程中发生的经济关系的法律规范的总称。

2) 消费者权益保护法的适用范围

根据《消费者权益保护法》的规定,消费者为满足生活消费需要购买、使用商品或者接受服务,其权益受《消费者权益保护法》的保护,该法未作规定的,受其他有关法律、法规保护。农民购买、使用直接用于农业生产的生产资料,参照《消费者权益保护法》执行。经营者为消费者提供生产、销售的商品或者提供服务,应当遵守《消费者权益保护法》,《消费者权益保护法》未作规定的,应当遵守其他有关法律、法规。

3. 消费者权益保护法的原则

(1) 经营者应当依法提供商品或者服务。

(2) 经营者与消费者进行交易,应当遵循自愿、平等、公平、诚实信用的原则。

(3) 国家保护消费者合法权益不受侵害。

(4) 国家鼓励、支持一切组织和个人对损害消费者合法权益的行为进行社会监督。

法律驿站 4-1

最早提出消费者权利的人

世界上最早提出消费者权利的人是美国第 35 任总统肯尼迪,时间是 1962 年 3 月 15 日。他在向国会提交的(消费者权利咨文)中提出了消费者的四大权利:①消费者有获得安全的权利;②消费者有获得真实情况的权利;③消费者有选择商品的权利;④消费者有自由发表意见并要求政府予以参酌的权利。1969 年,美国第 37 任总统尼克松又提出第五项权利,即消费者有求偿权(我国《消费者权益保护法》规定消费者的权利有九项);国际消费者联盟在 1983 年根据美国第 35 任总统肯尼迪首次提出消费者权利之日,确定 3 月 15 日为国际消费者权益日。

(二) 消费者的权利和经营者的义务

1．消费者的权利

在消费者权益保护制度中,消费者的权利作为消费者权益在法律上的体现,是各国消费者权益保护法的核心。我国《消费者权益保护法》第二章专门规定了消费者有以下权利。

1) 安全保障权

安全保障权是消费者最基本的权利,指消费者在购买、使用商品和接受服务时所享有的保障其人身、财产安全不受损害的权利。消费者依法有权要求经营者提供的商品和服务必须符合保障人身、财产安全的要求。

2) 知悉真情权

知悉真情权指消费者享有知悉其购买、使用的商品或者接受服务的真实情况的权利。具体地说,消费者有权根据商品或服务的不同情况,要求经营者提供商品的价格、产地、生产者、用途、性能、规格等级、主要成分、生产日期、有效期限、检验合格证明、使用方法说明书、售后服务,或者服务的内容、规格、费用等有关情况。

3) 自主选择权

自主选择权指消费者享有自主选择商品或者服务的权利。该权利包括以下几个方面。

(1) 自主选择经营者。

(2) 自主选择商品品种或服务方式。

(3) 自主决定是否购买商品和接受服务。

(4) 在选择商品和服务时,有权进行比较、鉴别和挑选。

 案例分析 4-8

> 某市农民姚某到本市金丝家具公司购买家具,他在一套标价 25 万元的红木家具中的一把椅子上坐了一下。不料,椅子背忽然向后掉落到地上,上半截处断裂。马上,这家公司有多人将姚某围住。公司一位负责人先是要求他出 25 万元把全套家具拿走,在姚某的连声哀求下,这家公司便提出要他赔 1 万元。姚某一再喊冤叫屈,最后赔付 5 000 元了结此事。
>
> **请问**
>
> (1) 金丝家具公司的要求合法吗?
>
> (2) 若假设你是姚某该如何处理这件事?

4) 公平交易权

公平交易权指消费者购买商品或者接受服务时,有权获得质量保障、价格合理和计量准确等公平交易条件的权利,有权拒绝经营者的强制交易行为。

5) 依法求偿权

依法求偿权指消费者因购买、使用商品或者接受服务而受到人身、财产损害时依法,享有依法获得赔偿的权利。求偿权是弥补消费者所受损害的必不可少的救济性权利。

案例分析 4-9

李某与女友元旦在某花园大酒店举行婚礼,宴请各方宾朋。肖某乘兴与同桌划拳斗酒,因拳技不佳,频频输酒,肖某只好将瓶中酒一饮而尽,他顿时觉得喉咙被一硬物卡住,并不时感到阵阵刺痛。肖某马上到附近医院就诊,医生经过仔细观察,诊断证明肖某喉咙被一细铁丝卡住。肖某于当天动了手术,并在医院躺了一个星期,前后共花去各项费用3 200元。肖某原本尽兴而去却是心痛而归,肖某认为都是酒中铁丝惹的祸,于是就到酒店讨说法,要求赔偿损失。酒店以酒水免费为由拒绝赔偿。无奈,肖某只好诉至法院,请求法院判决酒店赔偿其损失3 200元。

请问

酒店应否承担赔偿责任?

6)依法结社权

依法结社权指消费者依法享有成立维护自身合法权益的社会组织的权利。

从法律上看,经营者和消费者是平等的,但在实践中,消费者始终处于弱者地位。消费者依法结社可以使消费者能够从分散、弱小走向集中、强大,通过集体的力量来改变自己的弱者地位,从而能够与实力雄厚的经营者相抗衡。1984年12月26日,作为全国性消费者组织的中国消费者协会成立。

7)获取知识权

获取知识权指消费者享有获得有关消费和消费者权益保护方面知识的权利。法律设置这一权利的目的是使消费者更好掌握所需商品(或服务)的知识和使用技能,使消费者正确使用商品,提高自我保护意识。

8)受尊重权

受尊重权是指消费者在购买、使用商品和接受服务时,享有人格尊严、民族风俗习惯得到尊重的权利,享有个人信息依法得到保护的权利。人格尊严不允许别人侮辱、诽谤;民族风俗习惯应得到尊重。

9)监督权

监督权是指消费者有权检举、控告侵害消费者权益的行为和国家机关及其工作人员在保护消费者权益工作中的违法失职行为,有权对保护消费者权益工作提出批评、建议。

法律驿站 4-2

消费者你会保留证据吗

一是注意妥善保管收据凭证等消费证据。如索要发票或其他有效凭证(保修卡、合格证及产品说明书)。

二是用随身携带的手机、相机等及时拍下现场情况的图片等。

三是可让经营场所负责人当场在事情经过上签字,作出赔偿承诺。伤情较重的,

（续上）

还可打 110 报警,出警记录也可作为将来认定责任的依据。

四是找到与自己无直接利害关系的旁证,比如请身边的目击者留下电话,必要时为自己作证。

但是,由于消费者与经营者相比,通常处于弱势地位,仅明确消费者的权利还不够,我国《消费者权益保护法》第三章还专门规定了经营者的义务。

2. 经营者的义务

1) 遵守法律,履行合同

经营者向消费者提供商品或者服务,应当恪守社会公德,诚信经营,保障消费者的合法权益;不得设定不公平、不合理的交易条件,不得强制交易。经营者和消费者有约定的,应当按照约定履行义务,但双方的约定不得违背法律、法规的规定。

2) 听取意见,接受监督

经营者应当听取消费者对其提供的商品或服务的意见,接受消费者的监督。这是与消费者的监督权相对应的经营者的义务,对此加以法律规定,有利于改善消费者的地位。

3) 保障人身和财产安全

经营者应当保证其提供的商品或者服务符合保障人身、财产安全的要求。对可能危及人身、财产安全的商品和服务,应当向消费者作出真实的说明和明确的警示,并说明和标明正确使用商品或者接受服务的方法以及防止危害发生的方法。宾馆、商场、餐馆、银行、机场、车站、港口、影剧院等经营场所的经营者,应当对消费者尽到安全保障的义务。

经营者发现其提供的商品或者服务存在缺陷,有危及人身、财产安全危险的,应当立即向有关行政部门报告和告知消费者,并采取停止销售、警示、召回、无害化处理、销毁、停止生产或者服务等措施。采取召回措施的,经营者应当承担消费者因商品被召回支出的必要费用。

4) 提供真实信息

经营者应当向消费者提供有关商品或服务的真实信息,不得作引人误解的虚假宣传。经营者对消费者就其提供的商品或者服务的质量和使用方法等问题的询问,应当作出真实、明确的答复。经营者提供商品或者服务应当明码标价。商店提供的商品应当明码标价。

采用网络、电视、电话、邮购等方式提供商品或者服务的经营者,以及提供证券、保险、银行等金融服务的经营者,应当向消费者提供经营地址、联系方式、商品或者服务的数量和质量、价款或者费用、履行期限和方式、安全注意事项和风险警示、售后服务、民事责任等信息。

5) 出具购物凭证或服务单据

经营者提供商品或者服务,应按照国家有关规定或商业惯例向消费者出具购货凭证或者服务单据;消费者索要购货凭证或者服务单据的,经营者必须出具。

6) 标明真实名称和标记

经营者不得使用未经核准登记的企业名称;不得擅自改动经核准的企业名称;不得假冒他人企业名称和他人持有的营业标记,不得使用与他人企业名称或营业标记相近似、足以造成消费者误认的企业名称和营业标记等。近年来,租赁柜台或场地经营中因不标明真实名称而侵害消费者权益的行为屡见不鲜,《消费者权益保护法》规定:租赁他人柜台或场地的经营者,应当标明其真实名称和标记。

7) 保证商品或服务的质量

经营者应当保证在正常使用商品或者接受服务的情况下其提供的商品或者服务应当具有的质量、性能、用途和有效期限;但消费者在购买该商品或者接受该服务前已经知道其存在瑕疵,且存在该瑕疵不违反法律强制性规定的除外。

经营者以广告、产品说明、实物样品或者其他方式表明商品或者服务的质量状况的,应当保证其提供的商品或者服务的实际质量与表明的质量状况相符。

经营者提供的机动车、计算机、电视机、电冰箱、空调器、洗衣机等耐用商品或者装饰装修等服务,消费者自接受商品或者服务之日起 6 个月内发现瑕疵,发生争议的,由经营者承担有关瑕疵的举证责任。

案例分析 4-10

张先生在某商场促销活动中购买了一台迷你小冰箱,但使用两个月后,小冰箱内壁便出现了裂痕。张先生拿着发票找到商场,但商场认为小冰箱系张先生人为损坏,不同意帮张先生免费修理,除非张先生有证据证明小冰箱不是被人为损坏。

请问

商场的说法正确吗? 为什么?

8) 按规定或约定承担"三包"责任或其他责任

经营者提供的商品或者服务不符合质量要求的,消费者可以依照国家规定、当事人约定退货,或者要求经营者履行更换、修理等义务。没有国家规定和当事人约定的,消费者可以自收到商品之日起 7 日内退货;7 日后符合法定解除合同条件的,消费者可以及时退货,不符合法定解除合同条件的,可以要求经营者履行更换、修理等义务。

依照规定进行退货、更换、修理的,经营者应当承担运输等必要费用。

9) 不得以格式合同等方式作出对消费者不公平、不合理的规定

经营者在经营活动中使用格式条款的,应当以显著方式提请消费者注意商品或者服务的数量和质量、价款或者费用、履行期限和方式、安全注意事项和风险警示、售后服务、民事责任等与消费者有重大利害关系的内容,并按照消费者的要求予以说明。

经营者不得以格式条款、通知、声明、店堂告示等方式,作出排除或者限制消费者权利、减轻或者免除经营者责任、加重消费者责任等对消费者不公平、不合理的规定,不得利用格式条款并借助技术手段强制交易。

案例分析 4-11

夏某到附近的一家超市购买生活用品。一进超市的大门,一块鲜艳的告示牌就映入眼帘,上面赫然写着"谨慎购买,概不退换"八个大字。夏某在食品柜挑选了一袋奶粉,然

（续上）

后又挑选了其他一些日常生活用品。当天下午,夏某在冲奶粉的时候,发现这袋奶粉已经过了保质期。夏某立刻来到这家超市要求退货。值班经理认为不能退货,因为商店已经以告示牌的形式向广大顾客声明,请大家谨慎购买商品,一旦购买一概不予退换;而且告示牌放在十分显眼的地方,每位顾客一进门就会发现。双方争执不下,夏某便投诉到市场监管部门,坚决要求这家超市退货,并且向她赔礼道歉。

请问

(1) 本案中的这家超市侵犯了消费者的何种权利?

(2) 超市打出的"谨慎购买,概不退换"的告示牌的效力如何? 为什么?

10) 不得侵犯消费者的人身权

消费者的人身权是其基本人权,消费者的人身自由、人格尊严受到法律保护。经营者不得对消费者进行侮辱、诽谤,不得搜查消费者的身体及其携带的物品,不得侵犯消费者的人身自由。

11) 依规定保障消费者的无理由退货

经营者采用网络、电视、电话、邮购等方式销售商品,消费者有权自收到商品之日起7日内退货,且无需说明理由,但下列商品除外:①消费者定作的;②鲜活易腐的;③在线下载或者消费者拆封的音像制品、计算机软件等数字化商品;④交付的报纸、期刊。除所列商品外,其他根据商品性质并经消费者在购买时确认不宜退货的商品,不适用无理由退货。

消费者退货的商品应当完好。经营者应当自收到退回商品之日起7日内返还消费者支付的商品价款。退回商品的运费由消费者承担;经营者和消费者另有约定的,按照约定。

案例分析 4-12

"双十一"购物节时,王小姐在某大型购物网站上看到一双高跟鞋,款式新颖,价格也很便宜,王小姐毫不犹豫点击了购买,并支付了货款。收到货后,王小姐觉得这双高跟鞋虽然新颖,但颜色跟网页上的图片出入很大,于是便联系网店店主,要求退货,并愿意承担来往的运费,但遭到店主的拒绝。

请问

根据你所学的相关法律,你认为王小姐应当如何维权?

12) 严格保护消费者的个人信息

经营者收集、使用消费者个人信息,应当遵循合法、正当、必要的原则,明示收集、使用信息的目的、方式和范围,并经消费者同意。经营者收集、使用消费者个人信息,应当公开其收集、使用规则,不得违反法律、法规的规定和双方的约定收集、使用信息。

经营者及其工作人员对收集的消费者个人信息必须严格保密,不得泄露、出售或者非法向他人提供。经营者应当采取技术措施和其他必要措施,确保信息安全,防止消费者个人信息泄露、丢失。在发生或者可能发生信息泄露、丢失的情况时,应当立即采取补救措施。

经营者未经消费者同意或者请求,或者消费者明确表示拒绝的,不得向其发送商业性信息。

案例分析 4-13

吴先生在某大酒店预订了婚宴,并留了电话。可是不久,婚庆、旅游等公司的电话便接踵而至,吴先生不堪其扰。吴先生发觉,在操办婚礼的过程中,唯一留号码的环节是订酒席环节。于是他找到酒店,但酒店告诉他,打电话的婚庆公司都是酒店的合作方,这是酒店为方便新人而免费提供的一项增值服务,新人在这些公司可以享受到相应的折扣优惠。吴先生听了后非常气愤。

请问

酒店是否具有保密消费者个人信息的义务?为什么?

二、损害赔偿责任的主体的确定

1. 由生产者、销售者、服务者承担

(1)消费者在购买、使用商品时,其合法权益受到损害的,可以向销售者要求赔偿。销售者赔偿后,属于生产者的责任或者属于向销售者提供商品的其他销售者的责任的,销售者有权向生产者或者其他销售者追偿。

(2)消费者或者其他受害人因商品缺陷造成人身、财产损害的,可以向销售者要求赔偿,也可以向生产者要求赔偿;属于生产者责任的,销售者赔偿后,有权向生产者追偿;属于销售者责任的,生产者赔偿后,有权向销售者追偿。

(3)消费者在接受服务时,其合法权益受到损害的,可以向服务者要求赔偿。

(4)消费者在展销会、租赁柜台购买商品或者接受服务,其合法权益受到损害的,可以向销售者或者服务者要求赔偿;展销会结束或者柜台租赁期满后,也可以向展销会的举办者、柜台的出租者要求赔偿;展销会的举办者、柜台的出租者赔偿后,有权向销售者或者服务者追偿。

案例分析 4-14

吴某一家人于 2023 年 12 月 1 日到某商场购物,见商场一皮衣柜台推出"买一赠一"促销活动,遂购买了一件皮衣,挑选了一件赠品"纯羊毛衫"。吴某当时对挂有纯羊毛标志的毛衣材质是否为纯羊毛表示怀疑,售货员明确回答是纯羊毛,并说本商场出售的商品,绝无假冒。吴某回家穿后,发觉羊毛衫不是纯羊毛的(经检测,赠品羊毛衫的羊毛含量仅为 10%),于是 10 天后到商场要求退货或更换一件纯羊毛的羊毛衫。吴某到商场找到出售皮衣的柜台时,发现经营者已经换了人,原来出售皮衣搞"买一赠一"活动的是承租柜台

（续上）

的个体户,该个体户已在3天前因租赁期满离开商场。吴某向商场提出退货或换货要求,商场提出,有关出租柜台商场有内部规定,即因购买出租柜台的商品出现纠纷,商场概不负责,并向吴某出示了这一规定。

请问

（1）本案中出租者商场是否有违反法律规定的行为?

（2）赠品的质量问题是否应由经营者承担责任?

（3）可否认定以挂纯羊毛标志但销售的却是非纯羊毛羊毛衫的行为为欺诈? 对欺诈行为应适用什么规定?

2. 由变更后的企业承担

消费者在购买、使用商品或者接受服务时,其合法权益受到损害,因原企业分立、合并的,可以向变更后承受其权利和义务的企业要求赔偿。

3. 由营业执照的使用人或持有人承担

使用他人营业执照的违法经营者提供商品或者服务,损害消费者合法权益的,消费者可以向其要求赔偿,也可以向营业执照的持有人要求赔偿。

4. 由从事虚假广告行为的经营者和广告的经营者承担

消费者因经营者利用虚假广告或者其他虚假宣传方式提供商品或者服务,其合法权益受到损害的,可以向经营者要求赔偿。广告经营者、发布者发布虚假广告的,消费者可以请求行政主管部门予以惩处。广告经营者、发布者不能提供经营者的真实名称、地址和有效联系方式的,应当承担赔偿责任。广告经营者、发布者设计、制作、发布关系消费者生命健康商品或者服务的虚假广告,造成消费者损害的,应当与提供该商品或者服务的经营者承担连带责任。社会团体或者其他组织、个人在关系消费者生命健康商品或者服务的虚假广告或者其他虚假宣传中向消费者推荐商品或者服务,造成消费者损害的,应当与提供该商品或者服务的经营者承担连带责任。

5. 消费者通过网络交易平台购买商品或者接受服务,其合法权益受到损害的,可以向销售者或者服务者要求赔偿

网络交易平台提供者不能提供销售者或者服务者的真实名称、地址和有效联系方式的,消费者也可以向网络交易平台提供者要求赔偿;网络交易平台提供者作出更有利于消费者的承诺的,应当履行承诺。网络交易平台提供者赔偿后,有权向销售者或者服务者追偿。

网络交易平台提供者明知或者应知销售者或者服务者利用其平台侵害消费者合法权益,未采取必要措施的,依法与该销售者或者服务者承担连带责任。

案例分析 4-15

吴女士在某大型网购平台上的一家手表网店中购买了一款某知名进口品牌手表。实际收到货后,吴女士发现自己购买的手表并非正品。于是便联系卖家退货,但通过网店中

（续上）

所留的电话、邮件等均无法联系上。吴女士向网购平台工作人员反映,工作人员在核实后表示,对方当时提供验证的身份证件系假冒,目前他们做的只能是将这家网店关闭,吴女士所遭受的损失只能自己承担。

请问

网购平台工作人员的说法正确吗？为什么？

三、消费者权益争议的解决途径和责任承担

（一）消费者权益争议的解决途径及经营者的民事责任

1. 消费者权益争议的解决途径

根据我国《消费者权益保护法》的规定,消费者和经营者发生消费者权益争议的,可以通过下列途径解决:

（1）与经营者协商和解。

（2）请求消费者协会或者依法成立的其他调解组织调解。

（3）向有关行政部门申诉。

（4）根据与经营者达成的仲裁协议提请仲裁机构仲裁。

（5）向人民法院提起诉讼。

2. 经营者的民事责任

经营者提供商品或者服务有下列情形之一的,应当依照其他有关法律、法规的规定,承担民事责任:

（1）商品或者服务存在缺陷的。

（2）不具备商品应当具备的使用性能而出售时未作说明的。

（3）不符合在商品或者其包装上注明采用的商品标准的。

（4）不符合商品说明、实物样品等方式表明的质量状况的。

（5）生产国家明令淘汰的商品或者销售失效、变质的商品的。

（6）销售的商品数量不足的。

（7）服务的内容和费用违反约定的。

（8）对消费者提出的修理、重作、更换、退货、补足商品数量、退还货款和服务费用或者赔偿损失的要求,故意拖延或者无理拒绝的。

（9）法律、法规规定的其他损害消费者权益的情形。

3. 对经营者的处罚规定

经营者有下列情形之一,除承担相应的民事责任外,其他有关法律、法规对处罚机关和处罚方式有规定的,依照法律、法规的规定执行;法律、法规未作规定的,由工商行政管理部门或者其他有关行政部门责令改正,可以根据情节单处或者并处警告、没收违法所得、处以违法所得1倍以上10倍以下的罚款,没有违法所得的,处以50万元以下的罚款;情节严重的,责令停业整顿、吊销营业执照:

（1）提供的商品或者服务不符合保障人身、财产安全要求的。

（2）在商品中掺杂、掺假，以假充真，以次充好，或者以不合格的商品冒充合格商品的。

（3）生产国家明令淘汰的商品或者销售失效、变质的商品的。

（4）伪造商品的产地，伪造或者冒用他人的厂名、厂址，篡改生产日期，伪造或者冒用认证标志等质量标志的。

（5）销售的商品应当检验、检疫而未检验、检疫或者伪造检验、检疫结果的。

（6）对商品或者服务作虚假或者引人误解的宣传的。

（7）拒绝或者拖延有关行政部门责令对缺陷商品或者服务采取停止销售、警示、召回、无害化处理、销毁、停止生产或者服务等措施的。

（8）对消费者提出的修理、重作、更换、退货、补足商品数量、退还货款和服务费用或者赔偿损失的要求，故意拖延或者无理拒绝的。

（9）侵害消费者人格尊严、侵犯消费者人身自由或者侵害消费者个人信息依法得到保护的权利的。

（10）法律、法规规定的对损害消费者权益应当予以处罚的其他情形。

经营者有前款规定情形的，除依照法律、法规规定予以处罚外，处罚机关应当记入信用档案，向社会公布。

（二）消费者权益争议的损害责任承担

1. 补偿性损害赔偿

1）财产损害赔偿

经营者提供的商品或服务，如果不符合法律规定或合同约定，应当按照消费者的要求予以修理、更换、退货或者折价赔偿等，受害人因此遭受其他重大损失的，侵害人应当赔偿损失。

2）人身损害赔偿

经营者提供的商品或服务导致受害人人身伤害的，侵害人应当赔偿其医疗费、因误工减少的收入、残疾人生活补助费等费用，导致消费者或者其他受害人死亡的，应当支付丧葬费、抚恤费、死者生前抚养的人必要的生活费及精神损害赔偿等费用。

3）人格尊严的赔偿

经营者侵害消费者的人格尊严、侵犯消费者人身自由或者侵害消费者个人信息依法得到保护的权利的，应当停止侵害、恢复名誉、消除影响、赔礼道歉，并赔偿损失。

4）精神损害的赔偿

经营者有侮辱诽谤、搜查身体、侵犯人身自由等侵害消费者或者其他受害人人身权益的行为，造成严重精神损害的，受害人可以要求精神损害赔偿。

2. 惩罚性损害赔偿

《消费者权益保护法》第五十五条规定：经营者提供商品或者服务有欺诈行为的，应当按照消费者的要求增加赔偿其受到的损失，增加赔偿的金额为消费者购买商品的价款或者接受服务的费用的 3 倍；增加赔偿的金额不足 500 元的，为 500 元。法律另有规定的，依照其规定。

经营者明知商品或者服务存在缺陷，仍然向消费者提供，造成消费者或者其他受害人死亡或者健康严重损害的或经营者有侮辱诽谤、搜查身体、侵犯人身自由等侵害消费者或者其他受害人人身权益的行为，造成严重精神损害的，受害人可以要求精神损害赔偿。并有权要求所受损失 2 倍以下的惩罚性赔偿。

案例分析 4-16

孙小姐在某超市购物时,看到一款促销的泰国大米,原价为 10.5 元/千克,促销价为 6.2 元/千克。孙小姐觉得挺便宜,便买了 1 千克泰国大米。后来,孙小姐又买了 1 千克苹果,苹果原价为 15.5 元/千克,促销价为 10.1 元/千克。结账回家后,孙小姐发现超市在结账时,均是按大米和苹果的原价进行结算的,于是她找到超市要求赔偿。经查,超市存在欺诈消费者的行为。

请问

超市应当如何向孙小姐承担赔偿责任?

(三)消费者合法权益的保护

保护消费者的合法权益主要通过国家、社会团体和消费者个人三方面。

(1)消费者权益的国家保护主要包括:通过立法及行政手段和司法手段来保护消费者的合法权益。

(2)消费者权益的社会保护主要包括:社会舆论监督以及消费者协会的监督。

(3)消费者权益的自我保护。自我保护是指消费者依法维护自身合法权益的活动。一个人的衣食住行,每时每刻都离不开消费,其合法权益随时都会被侵害。作为消费者,要切实保护自己的合法权益,必须做到两点:一是要深入地学习和了解消费者有哪些权利;二是在合法权益受到侵害后要正确、及时地保全证据,并向消费者协会或相关国家机关进行申诉。

案例分析 4-17

王宏看了王海打假的相关报道后,深受启发,想作"王海第二"。他听说某商场的"逍遥"牌电视机经常出现问题,便前往购买了一台。把电视机搬回家后,他的妻子告诉他,其购物不以消费为目的,不算消费者,即使受到损害也不能得到赔偿。于是,王宏将电视机退掉。几天后,王宏的弟弟王山结婚,王宏和妻子到市供销大厦购买了附有市消费者协会质量保证书的本地名牌电视机"美好"牌电视机一台,作为贺礼送给其弟。岂料,2023 年 5 月 1 日,王山新婚之夜,该电视机发生爆炸(经查,显像管存在明显的质量问题),王山和闹洞房的李化、赵伟被炸伤,电视柜被炸毁。王山由于受伤严重,在医院住了 9 个月才出院。2024 年 5 月 10 日,王山与供销大厦进行交涉,要求其承担自己的医疗费及因此造成的损失。

请问

(1)王宏购买"逍遥"牌电视机后,其妻子的观点是否正确?为什么?

(2)供销大厦认为,王山并非是电视机的购买者,与自己并没有合同关系,因而自己不应该承担赔偿责任,请问这种说法是否正确?

（续上）

（3）如果供销大厦在诉讼中提出王山的诉讼请求已经过了1年的诉讼时效，人民法院是否会支持此主张？为什么？

（4）该品牌电视机属于市消费者协会推荐的商品，王山能否要求市消费者协会承担赔偿责任？

（5）如果该电视机是王宏从租用供销大厦摊位的钱江处购买的，钱江听说该电视机发生了爆炸事件，趁王山住院，提前解除了租赁合同，逃往外地，不知所终。那么，王山该如何保护自己的权利？

第三节　产品质量法

一、产品质量法的概念、基本原则和适用范围

（一）产品质量法的概念

产品质量法是指调整国家在产品质量管理过程中形成的产品质量监督管理关系，以及因产品缺陷而引起的生产者、销售者与消费者之间侵权损害赔偿关系，即产品责任关系的法律规范的总称。

《中华人民共和国产品质量法》（以下简称《产品质量法》）主要调整两种关系：第一，产品质量的监督管理关系，是国家、政府与生产者、销售者在质量监督管理过程中形成的法律关系；第二，因产品质量缺陷而在国家、消费者及用户、生产者、销售者之间产生的关系，是由生产者、销售者的产品责任义务、产品质量损害赔偿、产品质量的处罚等法律规范所组成的体系。

（二）我国产品质量法的基本原则

1. "质量第一"的原则

严格保证产品质量，保证产品的安全性、可靠性和适用性。国家采取四种措施贯彻这一原则：其一，加强对产品质量的行政监督管理；其二，推行先进的企业质量体系认证制度和产品质量认证制度；其三，全面具体地规定生产者、销售者在保证产品质量方面所承担的义务；其四，对不履行产品质量义务的责任人员予以法律制裁。

2. 保护消费者合法权益原则

在我国，生产的目的是最大限度地满足人们日益增长的物质和文化生活的需求，即要不断满足广大消费者的要求。要实现这一目的，首先必须使消费者的合法权益得以保障。对此，我国《产品质量法》也有明确的规定。

3. 过错责任与严格责任并行原则

过错责任与严格责任是指法律的归责原则，即依据什么要求主体来承担法律责任。

我国《产品质量法》对生产者采用严格责任原则，即缺陷产品如果造成了他人人身、财产损

害,生产者即使没有过错,也要承担民事侵权赔偿责任。而对销售者,则采用过错责任原则。

4. 全额赔偿原则

因产品缺陷造成消费者损失,损失多少就应赔偿多少。

(三)我国产品质量法的适用范围

根据我国《产品质量法》的规定,产品是指经过加工、制作,用于销售的产品。建筑工程不适用该法;但是,建设工程使用的建筑材料、建筑构配件和设备,属于前面规定的产品范围的,适用该法规定。我国《产品质量法》第七十三条第一款规定:军工产品质量监督管理办法,由国务院、中央军事委员会另行制定。从法律的规定中可见,初级农产品、不动产、军工产品不适用该法。

二、产品责任制度

产品责任是指产品的生产者、销售者因其生产或销售的产品有缺陷,造成消费者、使用者或者其他人人身、财产损害而应承担的一种民事赔偿责任。

产品责任的成立,须同时具备以下条件:①产品存在质量缺陷;②缺陷在生产或销售环节已经存在;③损害事实客观存在;④产品缺陷是损害发生的原因。

法律驿站 4-3

你知道产品责任与产品质量责任的区别吗

产品质量责任与产品责任不是同一概念,这两者有着明显的区别:首先,性质不同。产品责任是一种特殊的民事侵权;产品质量责任是生产者、销售者以及对产品质量有直接责任的人违反了法律、行政法规规定的质量要求,对其作为或者不作为所应当承担的法律后果。它包括相应的行政责任、产品瑕疵担保责任(合同责任)、产品侵权赔偿责任以及刑事责任,是一种综合责任。其次,责任主体不同。产品责任的主体只限于生产者和销售者;但产品质量责任的责任主体除了生产者和销售者外,还包括对产品质量有直接责任的个人。再次,两者的责任范围不同。产品责任是一种民事责任,生产者和销售者只承担侵权的损害赔偿责任;而产品质量责任除侵权损害赔偿责任以外,其责任形式还有合同责任、行政责任和刑事责任。最后,责任产生的时间不同。产品责任只能产生于损害结果发生之后,没有损害的事实就不可能产生产品责任;而产品质量责任则产生于产品的生产、销售、管理、使用、消费等任何一个环节,只要上述任何一个环节出现违反《产品质量法》规定的产品质量义务的行为或者存在损害的事实,就有可能产生产品质量责任,并不一定在产品使用中有损害事实作为承担责任的要件。

可以说,产品质量责任是包含产品责任概念在内的一个大的综合的责任概念,产品责任是产品质量责任的内容之一。

三、生产者的产品质量义务

我国《产品质量法》对生产者的产品质量义务作了如下规定。

（一）生产者保证产品内在质量的义务

《产品质量法》规定：生产者应当对其生产的产品质量负责。产品质量应当符合下列要求：

（1）不存在危及人身、财产安全的不合理的危险，有保障人体健康和人身、财产安全的国家标准、行业标准的，应当符合该标准。

（2）具备产品应当具备的使用性能，但是，对产品存在使用性能的瑕疵作出说明的除外。

（3）符合在产品或者其包装上注明采用的产品标准，符合以产品说明、实物样品等方式表明的质量状况。

（二）生产者的产品标识应当符合法律要求

产品标识是表明产品的名称、产地、质量状况等信息的表述和标示。产品标识可以标注在产品上，也可以标注在产品的包装上。《产品质量法》规定：产品或者其包装上的标识必须真实，并符合下列要求：

（1）有产品质量检验合格证明。

（2）有中文标明的产品名称、生产厂厂名和厂址。

（3）根据产品的特点和使用要求，需要标明产品规格、等级、所含主要成分名称和含量的，用中文相应予以标明；需要事先让消费者知晓的，应当在外包装上标明，或者预先向消费者提供有关资料。

（4）限期使用的产品，应当在显著位置清晰地标明生产日期和安全使用期或者失效日期。

（5）使用不当，容易造成产品本身损坏或者可能危及人身、财产安全的产品，应当有警示标志或中文警示说明。

警示标志是一种易为大众所识别的图案或符号。如剧毒的警示标志可以是人头骷髅图案，易燃的警示标志可以是火焰图案。警示说明是以文字形式提出警告。警示说明应当使用中文，内容应当明确。

另外，根据《产品质量法》的规定，裸装的食品和其他根据产品的特点难以附加标识的裸装产品，可以不附加产品标识。

法律驿站 4-4

可以不实行"三包"的情况

你知道吗？下列情况之一者，不实行"三包"，但可以实行收费修理。

（1）消费者因使用、维护、保管不当造成损坏的。

（2）非承担三包修理者拆动造成损坏的。

（3）无三包凭证及有效发票的。

（4）三包凭证型号与修理产品型号不符或者涂改的。

（5）因不可抗拒力造成损坏的。

（三）特定产品的包装质量符合要求

易碎、易燃、有毒、有腐蚀性、有放射性等危险物品以及在储运中不能倒置和其他有特殊要求的产品,其包装质量必须符合相应要求,依据国家有关规定作出警示标志或者中文警示说明,标明储运注意事项。

法律驿站 4-5

你了解商品包装上的警示标志或者中文警示说明吗

警示标志是指用文字、数字、图形、符号等形式组合而成的,代表着特定含义的标记,如剧毒、易碎、怕压、需要防潮、不准倒置等要求,并有对应的图形标志,表示上述含义。例如,画一个黑三角,内有一个火焰图形,表示易燃;画一个黑三角,里面有一个爆炸图形,表示危险易爆;画一个玻璃高脚杯,表示易碎;画一组向上的箭头,表示不准倒置;画一个雨伞且有雨点,表示防雨、防潮等,这些均是警示标志。

警示说明是指一种明确告知的注意事项,一般标注在产品包装上,或者在产品说明书中。例如,在产品外包装上标注的"吸烟有害健康""小心轻放""避光""放置阴凉处""请在医生指导下服用"等。针对目前在产品或包装上没有中文,容易欺骗消费者的现象,法律特别强调应用中文标明警示说明,以保证消费者的健康与安全。

(四)产品生产的禁止性规定

根据《产品质量法》的规定,对产品生产作出的禁止性规定主要有以下各项:

(1)生产者不得生产国家明令淘汰的产品。

(2)生产者不得伪造产地、不得伪造或者冒用他人的厂名、厂址。

(3)生产者不得伪造或者冒用认证标志等质量标志。

(4)生产产品,不得掺杂、掺假,不得以假充真、以次充好,不得以不合格产品冒充合格产品。

四、销售者的产品质量义务

《产品质量法》对销售者的产品质量义务作了专门规定。这些义务有以下各项:

(1)销售者应当认真执行进货检查验收制度,验明产品合格证明和其他标识。

(2)销售者应当采取措施,保持销售产品的质量。

(3)销售者不得销售国家明令淘汰并停止销售的产品和失效、变质的产品。

(4)销售者销售的产品的标识应当符合《产品质量法》的有关规定。

(5)销售者不得伪造产地,不得伪造或冒用他人的厂名、厂址。

(6)销售者不得伪造或者冒用认证标志等质量标志。

(7)销售者销售产品,不得掺杂、掺假、不得以假充真、以次充好,不得以不合格产品冒充合格产品。

案例分析 4-18

江某从甲贸易公司购买了一台电冰箱,回家后安装完毕准备试试怎么样,谁料刚接上

（续上）

电源,冰箱便漏电,将江某击倒在地。江某当即不省人事,经奋力抢救终于脱离危险,但他因此住院一个多月。江某要求甲贸易公司和电冰箱厂赔偿其经济损失,但贸易公司说自己只负责电冰箱的销售,商品质量问题与己无关,电冰箱厂则说电冰箱出厂时有合格证,表明当时商品没有质量问题,既是贸易公司卖出去的,责任应在贸易公司。江某无奈只能诉至法院。法院受理后查明,电冰箱确实存在质量问题。

请问

江某的损失应由谁来承担?

五、产品质量的监督管理

(一)产品质量管理体制

国务院市场监督管理部门,主管全国产品质量监督工作。县级以上地方人民政府管理产品质量监督工作的部门,主管本行政区域内的产品质量监督管理工作。国务院和县级以上地方人民政府设置的有关行业主管部门,其主要职责是按照同级人民政府赋予的职权,负责本行政区、本行业关于产品质量的行政监督工作。如卫生部门对仪器质量进行监督管理;工商部门对产品商标进行管理;标准化部门对质量标准进行管理;等等。

法律对产品质量的监督部门另有规定的,依照有关法律的规定执行。

(二)产品质量的宏观管理

1. 企业质量体系认证制度

企业质量体系认证制度是指国务院产品质量监督管理部门或者由它授权的部门认可的认证机构,依据国际通用的"质量管理和质量保证"系列标准,对企业的质量体系和质量保证能力进行审核,颁发给合格企业质量体系认证证书,以兹证明的制度。

开展企业质量体系认证的目的是,在有合同的条件下,提高供方的质量信誉,向需方提供质量担保,以增强企业在市场上的竞争能力;在没有合同的条件下,加强企业内部的质量管理,实现质量方针和质量目标。目前,企业质量体系认证采取自愿原则。

2. 产品质量认证制度

产品质量认证制度是指依据具有国际水平的产品标准和技术要求,经过认证机构确认,并通过颁发认证证书和产品质量认证标志的形式,证明产品符合相应标准和技术要求的制度。产品质量认证标准的种类按照层级不同可以分为:国际标准、区域性或国家集团标准、国家标准、行业标准、地方标准、企业标准。按照实施强制的程度不同可以分为:强制性标准和推荐性标准。

产品质量认证种类有:安全认证和合格认证。产品质量认证标志为:①方圆标志分为合格认证标志和安全认证标志;②长城标志为电工产品专用认证标志;③PRC标志为电子元器件专用认证标志。

产品质量认证制度采取强制和自愿相结合的原则。对于涉及人体健康和人身、财产安全的工业产品,以及重要的工业产品实行强制认证,未经认证的产品不能销售。

3. 工业产品许可证制度

国家对于具备生产条件并且产品检验合格的工业企业,发给其许可生产该项产品的凭证。其适用范围是重要的工业产品,特别是可能危及人体健康,人身、财产安全和公共利益的工业产品。

4. 产品质量抽查制度

国家对产品质量实行以抽查为主要方式的监督检查制度,对可能危及人体健康和人身、财产安全的产品,影响国计民生的重要工业产品,以及用户、消费者和有关组织反映质量问题的产品进行抽查。监督抽查工作由产品质量监督管理部门规划和组织,抽查的结果应当公布,接受社会监督。

法律驿站 4-6

你知道条形码吗

人们在购买的商品中,经常会发现在一些商品或者其包装上印有粗细不同、黑白相间的标志,这种标志叫条形码。它是由一组粗细不同的线条和线条下的 13 位阿拉伯数字组成,因此,它又称为"13 位条形码"。条形码也叫国际物品编码,它是一种将表示商品信息的数字代码转换成由一组黑白相间的平行线条构成的特殊符号。

中国的条形码分为 4 个编码段:第一段的 3 位数"690"代表中国;第二段是 4 位数,代表生产厂家,也叫厂商代码;第三段是 5 位数,表示商品品种;第四段是 1 位数,是电脑校验码,它的作用是方便扫描器核对 13 位数码。几个主要国家和地区的国别编码如下:英国为 50,美国为 00-09,德国为 40-44,法国为 30-37,日本为 49,意大利为 80-83,韩国为 88,新加坡为 888,我国香港地区为 489,我国台湾地区为 471。

六、产品责任的责任主体

(一) 生产者

《产品质量法》第四十一条规定:因产品存在缺陷造成人身以及其他财产损害的,生产者应当承担赔偿责任。但生产者能够证明有下列情形之一的,不承担赔偿责任:

(1) 未将产品投入流通的。

(2) 产品投入流通时,引起损害的缺陷尚不存在的。

(3) 将产品投入流通时的科学技术水平不能发现缺陷的存在的。

刘某与某机械厂的王某是好朋友,一日,刘某到机械厂办事,顺便找王某聊天。刘某走时发现自行车没气了,就问王某有无气筒,王某顺手拿起一个气筒递给刘某说:"这是我们厂新出的一批气筒的样品,你用吧。"当刘某拿起气筒打气时,气筒栓塞脱落,栓塞飞到刘某脸上造成伤害,刘某花费医疗费 1 600 元,要求机械厂予以赔偿。

（续上）

请问

机械厂是否应当承担《产品质量法》规定的损害赔偿责任？

（二）销售者

由于销售者的过错使产品存在缺陷，造成人身、他人财产损害的，销售者应当承担赔偿责任。销售者不能指明缺陷产品的，生产者也不能指明缺陷产品的供货者的，销售者应当承担赔偿责任。

因产品存在缺陷造成人身、他人财产损害的，受害人可以向产品的生产者要求赔偿，也可以向产品的销售者要求赔偿。属于产品的生产者的责任，产品的销售者赔偿的，产品的销售者有权向产品的生产者追偿。属于产品的销售者的责任，产品的生产者赔偿的，产品的生产者有权向产品的销售者追偿。

（三）连带责任人

产品质量认证机构违反《产品质量法》的规定，对不符合认证标准而使用认证标志的产品，未依法要求其改正或者取消其使用认证标志资格的，对因产品不符合认证标准给消费者造成的损失，与产品的生产者、销售者承担连带责任。

社会团体、社会中介机构对产品质量作出承诺、保证，而该产品又不符合其承诺、保证的质量要求，给消费者造成损失的，与产品的生产者、销售者承担连带责任。

在广告中对产品质量作虚假宣传、欺骗和误导消费者，使购买商品或者接受服务的消费者的合法权益受到损害的，由广告主依法承担民事责任；广告经营者、广告发布者明知或者应知广告虚假仍设计、制作、发布的，应当依法承担连带责任；广告经营者、广告发布者不能提供广告主的真实名称、地址的，应当承担全部民事责任。

社会团体或者其他组织，在虚假广告中向消费者推荐商品或者服务，使消费者的合法权益受到损害的，应当依法承担连带责任。

宋某在商场购买一台彩色电视机，并附有产品合格证。宋某使用电视机两个多月后，电视机出现图像不清的现象，后来音像全无。宋某去找商场要求更换，商场称电视机不是他们生产的，让宋某找电视机厂交涉。

请问

商场应当承担怎样的责任？

七、产品责任的损害赔偿及产品责任诉讼

（一）产品缺陷的类型

产品缺陷按照导致产生缺陷的原因，分为以下几类：

一是产品设计上的缺陷,即由于设计上的原因,导致产品存在危及人身、财产安全的不合理危险。例如,使用瓦斯炉的火锅,因结构或安全系数设计上的不合理,有可能导致在正常使用中爆炸的,该产品即为存在设计缺陷的产品。

二是产品制造上的缺陷,即由于产品加工、制作、装配等制造上的原因,导致产品存在危及人身、财产安全的不合理危险。例如,生产的幼儿玩具制品,未按照设计要求采用安全的软性材料,而是使用了金属材料并带有锐角,危及幼儿人身安全。该产品即存在制造上的缺陷。

三是因未告知而存在的警示缺陷(也称指示缺陷或说明缺陷),即因对产品的使用风险和使用方法未进行适当的警告或提示,从而使产品具有不合理的危险。对这类产品,生产者应当在产品或者包装上,或者在产品说明书中,加注必要的警示标志或警示说明,告知使用注意事项。如果生产者未能加注警示标志或者警示说明,标明使用注意事项,导致产品产生危及人身、财产安全的危险的,该产品即属于存在警示缺陷的产品。例如,燃气热水器在一定条件下对使用者有一定的危险性,生产者应当采用适当的方式告知安全使用注意事项,如必须将热水器安装在浴室外空气流通的地方等。如果生产者没有明确告知,就可认为该产品存在不合理的危险。

产品存在上述任何一种缺陷,造成他人人身、财产损害的,生产者都要依法承担赔偿责任。

法律驿站 4-7

产品缺陷与产品瑕疵的区别

产品缺陷与产品瑕疵的不同主要表现在以下几个方面。

(1)构成要素不同:产品瑕疵不含有危及人身、财产安全的不合理的危险;产品缺陷则含有危及人身、财产安全的不合理的危险。

(2)主观归责原则不同:产品瑕疵主要适用过错责任原则;产品缺陷则实行过错责任和严格责任两种原则。

(3)赔偿顺序不同:产品瑕疵的赔偿责任是先由销售者负责修理、更换、退货、赔偿损失;而产品缺陷的赔偿责任则无先后顺序,受害人既可以向产品的生产者要求赔偿,也可以向产品的销售者要求赔偿。

(4)适用责任不同:产品瑕疵主要是适用违约责任;产品缺陷则是既可以适用违约责任,又可以适用侵权责任,由受害的消费者选择其中之一。

(5)诉讼时效不同:产品瑕疵适用《民法典》第一百八十八条规定,诉讼时效为3年。《产品质量法》第四十五条第一款规定,因产品缺陷造成损害要求赔偿的,诉讼时效期间为2年,自当事人知道或者应当知道其权益受到损害时起计算。

(二)产品责任的损害赔偿范围

在产品侵权责任中,因产品存在缺陷导致受害人人身伤害的,侵害人应当赔偿其医疗费、因误工减少的收入、残疾人生活补助费等费用;造成受害人死亡的,应当支付丧葬费、抚恤费、死者生前抚养的人必要的生活费及精神损害赔偿等费用;因产品存在缺陷造成受害人财产损失的,侵害人应当恢复原状或者折价赔偿。受害人因此遭受其他重大损失的,侵害人应当赔偿损失。这里的财产损失是指缺陷产品以外的损失,而不包括缺陷产品本身。

(三) 产品责任诉讼

因产品责任而发生的纠纷,当事人可以通过协商、调解、仲裁与诉讼等形式解决。其中,诉讼是最有效的方式。

产品质量责任诉讼由侵权行为地或者被告居住地的人民法院管辖。这里的侵权行为地包括侵权行为发生地和侵权行为结果地。侵权行为发生地一般是指缺陷产品被投放市场的地点,侵权行为结果地是指缺陷产品给消费者造成实际损害的地点。原告可以在侵权行为发生地、侵权行为结果地或被告居住所在地中任选一个法院管辖。

在产品责任诉讼中,原告应是因缺陷产品的使用或消费而遭受人身伤害或财产损失的人;被告应是产品的生产者或销售者。到底起诉谁,由消费者自己决定,消费者可以选择对自己方便的生产者作为被告。原告应对缺陷产品给自己造成的人身伤害或财产损失承担举证责任。

受害人因产品存在缺陷造成损害,要求赔偿的诉讼时效为 2 年,自当事人知道或者应当知道权利被侵害时起计算。同时,生产者和销售者对自己的产品承担责任时间为 10 年,自把产品交付给最初用户时起计算。

 案例分析 4-21

2024 年 6 月 9 日,石某从某商品批发店购买了 40 箱啤酒,并且用卡车将啤酒拉回家中。当石某卸货至第 36 箱时,其中一瓶啤酒突然爆炸,致使石某右眼球受伤,后因医治无效,石某右眼失明。石某在运输和搬运啤酒的过程中没有任何过错,于是他向某商品批发店要求赔偿,但商店称啤酒瓶的爆炸可能是厂家生产时质量不合格,自己并没有过错,因此要石某向厂家索赔,石某遂诉至法院。

请问

(1) 生产厂家能满足石某的诉讼请求吗?

(2) 石某能否直接向该出售啤酒的商品批发店请求赔偿?

 导读案例分析

王某、宋某两人有权向商场要求索赔。

根据《消费者权益保护法》第七条第二款规定:"消费者有权要求经营者提供的商品和服务,符合保障人身、财产安全的要求。"《消费者权益保护法》第二十六条规定:"经营者不得以格式条款、通知、声明、店堂告示等方式,作出排除或者限制消费者权利、减轻或者免除经营者责任、加重消费者责任等对消费者不公平、不合理的规定,不得利用格式条款并借助技术手段强制交易。"因此,消费者有权要求赔偿。

课后测试

一、判断题

1. 学生王鹏在某电器商店购得索尼随身听一台,使用 3 天后,出现故障,经反复修理后仍无法正常使用,经鉴定,该随身听为假冒产品。王鹏感到非常气愤,然后向商店三倍索要货款,王鹏的做法符合《消费者权益保护法》的规定。 （ ）

2. 自我保护是指消费者依据我国相关法律维护自身合法权益的活动。 （ ）

3. 超市经营者有权对怀疑有偷盗行为的消费者进行搜查,包括消费者的身体及其携带的物品。 （ ）

4. 消费者对商品和服务的消费只包括自己出钱获得的消费,不包括他人出钱获得的消费。 （ ）

5. "售出商品概不退换"侵犯了消费者的自主选择权。 （ ）

二、单项选择题

1. 当顾客询问某一商品的情况时,售货员不愿也不回答,这种行为侵犯了消费者的（ ）。

   A. 名誉权 B. 知情权 C. 选择权 D. 人格权

2. 消费者因经营者利用虚假广告提供商品或者服务,其合法权益受到损害的,可以向（ ）要求赔偿。

   A. 销售者 B. 经营者

   C. 广告的经营者 D. 广告的制作者

3. 某商店内部规定,顾客购买热水器的同时必须购买某热水管线,此规定侵犯了消费者的（ ）。

   A. 知悉真情权 B. 公平交易权

   C. 自主选择权 D. 获知权

4. 张某在商场 A 购买了热水瓶,在使用时热水瓶爆炸,烫伤其儿子张平,后查明该不合格热水瓶由厂家 B 生产,则张平（ ）。

   A. 可通过其父向厂家 B 要求赔偿

   B. 可通过其父向商场 A 要求赔偿

   C. 可直接向厂家 B 要求赔偿

   D. 可直接向厂家 B 或商场 A 要求赔偿

5. 消费者协会属于（ ）。

   A. 国家行政机关 B. 国家检察机关

   C. 国家司法机关 D. 社会团体

三、多项选择题

1. 下列属于《消费者权益保护法》赋予消费者的权利的有（ ）。

   A. 人身财产不受损害的权利

   B. 自主选择服务的权利

   C. 确定获得赔偿数额的权利

D. 公平交易的权利

2. 消费者公平交易权的表现主要有(　　)。

　　A. 消费者有权要求商品应当具备公众普遍认为其应当具备的功能

　　B. 消费者有权要求商品或者服务的定价合理

　　C. 消费者有权要求商品的计量正确,不得克扣

　　D. 交易必须在自愿的基础上发生

3. 对消费者的选择权的理解正确的有(　　)。

　　A. 消费者享有自主选择商品或者服务的权利

　　B. 消费者有权自主选择提供商品或服务的经营者

　　C. 消费者自主选择商品的品种或服务方式

　　D. 自主的决定购买或不购买任何一种商品

4. 对消费者的知悉权的理解中,错误的有(　　)。

　　A. 消费者有了解商品或服务真实情况的权利

　　B. 只能了解包装上披露信息的真实情况的权利

　　C. 消费者有充分了解有关情况的权利

　　D. 消费者有充分了解所有经营情况的权利

5. 某公司生产销售一款新车,该车在有些新设计上不够成熟,导致部分车辆在驾驶中出现故障,甚至因此造成交通事故。事后,该公司拒绝就故障原因作出说明,也拒绝对受害人提供赔偿。该公司的行为侵犯了消费者的(　　)。

　　A. 安全保障权　　　　　　　　　　　B. 知悉真情权

　　C. 公平交易权　　　　　　　　　　　D. 获取赔偿权

四、实训题

实训一

旅客赵某 2023 年 4 月外出旅游,于当月 8 日搭乘市客运公司客车并购买加快车票,在购买车票时,赵某发现除了票价,还加收了 2 元的"人身保险费"和 2 元的"空调费",但候车室内根本就没有打开空调,客车上路后,多次发生机械故障,走走停停,到达目的地时已晚点七个多小时,影响了赵某的行程安排。赵某要求客运公司作出合理解释,赔礼道歉,并返还加快车票与普通车票的差价。

请问:

1. 客运部门是否有权强行收取"人身保险费"?

2. 赵某的要求是否合理? 赵某可否要求退回"空调费"?

实训二

张某与刘某至某商场首饰自选柜台选购首饰。两人在此挑选、试用一条项链约 30 分钟,终因未曾选中而离开商场。两人走到店门口时,首饰自选柜台的营业员和一位保安人员追了上来,指控两人偷了柜台陈列的货物,两人坚决否认,双方相持不下。这时,另一位商场保安人员上来对张、刘两人说:"请你们到商场保卫科把事情说清楚。"到保卫科后,商场保安人员要求检查刘、张两人随身所带的皮包,遭到两人的拒绝。保安人员对刘、张说:"如果你们确实没有偷窃商场的货物,就应该接受我们的检查来证明你们的清白。"迫于无奈,刘、张两人交出了自己的皮包。经检查,未发现任何商场的货物。此后,保安人员进一步提出要对

两人进行搜身检查并立即找来两位女营业员对刘、张两人强行进行搜身检查,仍然没有找到任何商场的东西。事后,刘、张两人愤然离开了这家百货商场。随后,刘、张两人以该百货商场损害了自己的人格尊严为由提起诉讼,要求该商场赔礼道歉,为其恢复名誉并赔偿精神损失费 3 000 元。

请问:

1. 法院应支持刘、张的诉讼吗? 为什么?

2. 本案中,商场保安应当如何正确处理此事?

实训三

你会写投诉状吗? 根据实训一、实训二,您可任选其中一个先试写一份投诉状,然后再由老师作出评判。

五、思考题

1. 什么是不正当竞争? 其有哪些特征?

2. 简述我国不正当竞争行为主要有哪些类型。

3. 简述侵犯消费者权益保护法应承担的法律责任。

4. 消费者依法享有哪些权利?

5. 我国《产品质量法》中规定产品的生产者、销售者对产品质量有哪些义务?

第五章
合同法律制度

知识目标

1. 理解《民法典》中合同的概念、特征以及合同的分类。
2. 掌握合同的订立、履行、变更、转让和终止的法律制度。
3. 掌握合同生效的要件，能判断合同的效力。
4. 理解和掌握合同的违约责任的基本制度。
5. 了解《民法典》修改后几类主要的典型合同。

能力目标

1. 能应用所学的合同法的有关规定，独立起草常用的合同文本。
2. 能根据合同法知识分析具体的合同法案例。
3. 能应用所学的合同法的有关规定和知识，分析和解决民事活动中遇到的简单法律问题。

导读案例

王某承租赵某私房两间。租期届满前，王向赵提出愿以 50 万元购买该房，赵表示同意。王当即交给赵 40 万元，并讲好另外 1 万元于 1 个月内清偿，双方约定 3 天后共同到房管部门办理房屋过户手续。第二天王某雇请个体户李某将事先托其制作的家具搬到家中，并答应两天后办理房屋过户手续时一并给付加工定作费和搬运费用。不料，当天夜里，该房因受雷电击而起火，房屋和家具均因此毁损。事故发生后，王某向赵某索还自己已交付的 40 万元房款。但赵某不仅不返还已收的 40 万元，而且要求王某给付所欠的另外 10 万元。李某闻讯也前来追索其加工费和搬运费用，遭到王某拒绝。3 人争执不下，诉至法院。

请思考

（1）本案中房屋灭失的损失由谁承担？
（2）王、赵两人的房款纠纷应如何解决？
（3）本案中所述的家具灭失的损失应由谁承担？为什么？

第一节 合同法概述

2020年5月28日,第十三届全国人大第三次会议通过了自2021年1月1日起施行的《民法典》,其中《民法典》合同篇第三编合同在原《合同法》的基础上完善了合同法律制度。合同编共三个分编、29章、526条。新合同法的制定,对于更好地适应建立社会主义市场经济体制的需要,规范市场交易,保障市场经济统一、有序健康的发展,更好地维护合同当事人的合法权益具有十分重要的意义。

一、合同的概念与特征

《民法典》规定,合同是民事主体之间设立、变更、终止民事法律关系的协议。但是,涉及婚姻、收养、监护等有关身份关系的协议,不属于合同法调整的范围。中华人民共和国境内的企业、个体经济组织、民办非企业单位等组织(以下称用人单位)与劳动者之间,以及国家机关、事业单位、社会团体和与其建立劳动关系的劳动者之间建立劳动关系,订立、履行、变更、解除或者终止劳动合同,适用《中华人民共和国劳动合同法》(以下简称《劳动合同法》)。

据此,合同具有如下法律特征:

(1) 合同是平等主体的自然人、法人和其他组织所实施的一种民事法律行为。

(2) 合同是两个或者两个以上的当事人之间的协议。两个或者两个以上民事主体就合同内容进行协商,意见取得一致才能达成协议,单方行为形不成协议,合同行为是双方或者多方法律行为。

(3) 合同当事人的法律地位平等。合同当事人无论是自然人还是法人或其他组织,在法律上都具有独立、平等的地位,任何一方都不得对他方加以限制或强迫。合同当事人的法律地位平等,才能保证他们在订立合同时,真正做到自愿协商,平等互利。

(4) 合同依法成立,即具有法律效力。依法成立的合同对当事人具有法律约束,受法律保护。当事人依法享有合同权利,同时也应当按照约定履行自己的义务,不得擅自变更或解除合同。

法律驿站 5-1

你知道什么是法人吗

法人是具有民事权利能力和民事行为能力,依法独立享有民事权利和承担民事义务的组织。法人的本质是法人能够与自然人同样具有民事权利能力,成为享有权利、负担义务的民事主体。

《民法典》以法人成立目的的不同为标准,将法人分为营利法人、非营利法人和特别法人。

二、合同的分类

合同根据不同的分类标准可以划分为：

1. 双务合同与单务合同

双务合同即缔约双方相互负担义务，双方的义务与权利相互关联、互为因果的合同，如买卖合同、承揽合同等。单务合同指仅由当事人一方负担义务，而他方只享有权利的合同。例如，赠与、无息借贷、无偿保管等合同为典型的单务合同。

2. 有偿合同与无偿合同

有偿合同为合同当事人一方因取得权利需向对方偿付一定代价的合同。无偿合同即当事人一方只取得权利而不偿付代价的合同，故又称恩惠合同。前者如买卖、互易合同等，后者如赠与、使用合同等。

3. 诺成合同与实践合同

以当事人双方意思表示一致，合同即告成立的，为诺成合同。除双方当事人意思表示一致外，尚须实物给付，合同始能成立，为实践合同，亦称要物合同。

4. 要式合同与非要式合同

凡合同成立须依特定形式始为有效的，为要式合同；反之，为非要式合同。《民法典》规定，当事人订立合同，可以采用书面形式、口头形式或者其他形式。

5. 主合同与从合同

凡不依他种合同的存在为前提而能独立成立的合同，称为主合同。凡必须以他种合同的存在为前提始能成立的合同，称为从合同。例如债权合同为主合同，保证该合同债务之履行的保证合同为从合同。从合同以主合同的存在为前提，故主合同消灭时，从合同原则上亦随之消灭。反之，从合同的消灭，并不影响主合同的效力。

法律驿站 5-2

你知道公民订立合同的行为能力吗

根据我国《民法典》的规定：①不满 8 周岁的未成年人或不能辨认自己行为的成年人是无民事行为能力人，由他的法定代理人代理民事活动。②8 周岁以上的未成年人和不能完全辨认自己行为的成年人是限制行为能力人，只能订立纯获利益的合同以及与其年龄、智力、精神健康状况相适应的合同，否则只有经其法定代理人同意、追认后，方可生效。③年满 18 周岁且精神正常的成年人（包括 16 周岁以上不满18 周岁，以自己的劳动收入为主要生活来源的，视同成人）可以在法律许可的范围内独立地订立合同。

第二节 合同的订立

一、合同的订立程序

《民法典》规定：当事人订立合同，可以采取要约、承诺方式或者其他方式。

（一）要约

要约指希望和他人订立合同的意思表示。发出要约的当事人称为要约人，要约所指向的对方当事人称为受要约人。

1. 要约应具备的条件

（1）内容具体确定。即表达出订立合同的意思，并包括一经承诺合同即足以成立的必须条款。若要约内容含糊不清或不具备合同必须条款，即使受要约人承诺，也会使合同无法成立。

（2）表明经受要约人承诺，要约人即受该意思表示约束。

（3）要约必须向相对人发出。要约必须是要约人向相对人发出的意思表示。相对人一般为特定人，但在特殊情况下，对不特定人作出的意思表示亦可能构成要约。

根据《民法典》规定，要约的生效时间根据作出方式的不同而有所不同。具体规定如下：

以对话方式作出的意思表示，当相对人知道其内容时生效。

以非对话方式作出的意思表示，到达相对人时生效。以非对话方式作出的采用数据电文形式的意思表示，相对人指定特定系统接收数据电文的，该数据电文进入该特定系统时生效；未指定特定系统的，相对人知道或应当知道该数据电文进入其系统时生效。当事人对采用数据电文形式的意思表示的生效时间另有约定的，按照其约定。

案例分析 5-1

> 甲公司因建楼急需水泥，遂向乙水泥厂发函，称："我公司愿购贵厂××型水泥50吨，每吨单价300元，货到付款。"第二天，乙水泥厂即向甲公司发出货物。
>
> **请问**
> 甲公司的发函行为是否构成要约？

2. 要约邀请

要约邀请是希望他人向自己发出要约的表示。拍卖公告、招标公告、招股说明书、债券募集办法、基金招募说明书、商业广告和宣传、寄送的价目表等为要约邀请。

商业广告和宣传的内容符合要约条件的，构成要约，如悬赏广告。

3. 要约的撤回、撤销与失效

（1）要约撤回是指要约发出后、生效前，要约人使要约不发生法律效力的意思表示。撤回要约的通知应当在要约到达受要约人之前，或者与要约同时到达受要约人时有效。

（2）要约撤销是指要约人在要约生效后、受要约人承诺前,使要约丧失法律效力的意思表示。撤销要约的意思表示以对话方式作出的,该意思表示的内容应当在受要约人作出承诺之前为受要约人所知道;撤销要约的意思表示以非对话方式作出的,应当在受要约人作出承诺之前到达受要约人。

但有下列情形之一的,要约不得撤销:①要约人以确定承诺期限或者其他形式明示要约不可撤销;②受要约人有理由认为要约是不可撤销的,并已经为履行合同作了准备工作。

小思考5-1

如果要约人撤销要约的行为造成了受要约人的损失,受要约人能要求要约人承担什么责任?

（3）要约失效是指要约丧失法律效力,要约人和受要约人都不再受要约约束。《民法典》第四百七十八条规定,有下列情形之一的,要约失效:要约被拒绝;要约被依法撤销;承诺期限届满,受要约人未作出承诺;受要约人对要约的内容作出实质性变更。

（二）承诺

承诺是受要约人同意要约的意思表示。

1. 承诺的方式

承诺应当以通知的方式作出;但是,根据交易习惯或者要约表明可以通过行为作出承诺的除外。

《民法典》第四百八十一条规定,承诺应当在要约确定的期限内到达要约人。要约没有确定承诺期限的,承诺应当依照下列规定到达:①要约以对话方式作出的,应当即时作出承诺;②要约以非对话方式作出的,承诺应当在合理期限内到达。

承诺生效时合同成立,但是法律另有规定或者当事人另有约定的除外。

案例分析5-2

某百货公司因建造一栋大楼,急需钢材,遂向本省的甲、乙、丙钢材厂发出传真,传真中称:"我公司急需标号为01型号的钢材200吨,如贵厂有货,请速来传真,我公司愿派人前往购买。"三家钢材厂在收到传真以后,都先后向百货公司回复了传真,在传真中告知它们备有现货,且告知了钢材的价格。而甲钢材厂在发出传真的同时,便派车给百货公司送去了100吨钢材。在该批钢材送达之前,百货公司得知丙钢材厂生产的钢材质量较好,且价格合理,因此,向丙钢材厂发去传真,称:"我公司愿购买贵厂200吨01型号钢材,盼速送货,运费由我公司负责。"在发出传真后第二天上午,丙钢材厂发函称已准备发货。下午,甲钢材厂将100吨钢材送到百货公司,被告知,他们已决定购买丙钢材厂的钢材,因此不能接受其送来的钢材。甲钢材厂认为,百货公司拒收货物已构成违约,因双方协商不成,甲钢材厂遂向法院提起诉讼。

请问

百货公司拒收货物是否构成违约?

2. 承诺的生效

我国《民法典》第四百八十三条规定:承诺生效时合同成立,但是法律另有规定或者当事人另有约定的除外。承诺自通知到达要约人时生效。承诺不需要通知的,根据交易习惯或者要约的要求作出承诺的行为时生效。当事人采用信件、数据电文形式订立合同要求签订确认书的,签订确认书时合同成立。

《民法典》第四百八十九条承诺的内容应当与要约的内容一致。受要约人对要约的内容作出实质性变更的,为新要约。有关合同标的、数量、质量、价款或者报酬、履行期限、履行地点和方式、违约责任和解决争议方法等的变更,是对要约内容的实质性变更。

小思考5-2

甲在车站月台销售食品,乘客乙坐在火车里,乙问甲:啤酒每瓶4元卖吗?(甲出售的啤酒5元),甲只是点了点头。

请问

你认为甲、乙间的合同成立了吗?

3. 承诺的撤回

承诺可以撤回,且承诺的撤回应满足一定条件。即撤回承诺的通知应当在承诺到达相对人前或者与承诺同时到达相对人。这意味着,如果承诺人希望撤回其承诺,必须及时向要约人发出撤回通知,并且该通知应当在承诺送达要约人之前或与之同时到达,以确保撤回承诺的有效性。

案例分析5-3

甲商场是一家主要经营电器的商场。2019年1月20日,某电视机厂向甲商场发函称:愿以每台电视机2 400元的价格卖给甲商场300台某型号的电视机。甲商场回函:要以每台2 100元的价格买200台。电视机厂收到商场函后又发一函称:愿以每台2 200元的价格卖给甲商场200台电视,且函到发货。甲商场因对条件不满意,未予理睬。1月30日,该电视机厂将200台电视运至商场,商场拒绝接收。后该电视机厂到法院起诉甲商场。

请问

甲商场与某电视机厂是否存在买卖电视机的合同?为什么?

(三)合同成立的时间与地点

1. 合同成立的时间

一般情况下,合同于承诺生效时成立。

当事人采用合同书形式订立合同的,自当事人均签名、盖章或者按指印时合同成立。在签名、盖章或者按指印之前,当事人一方已经履行至要义务,对方接受时,该合同成立。

当事人采用信件、数据电文等形式订立合同要求签订确认书的,签订确认书时合同成立。

如果法律、行政法规规定或当事人约定合同应当采用书面形式订立,当事人未采用书面形式,但是一方已经履行主要义务,对方接受时,该合同成立。

2. 合同成立的地点

承诺生效的地点为合同成立的地点。

采用数据电文形式订立合同的,收件人的主营业地为合同成立的地点;如果没有主营业地,则其住所地为合同成立的地点。当事人另有规定的,按照其约定。

当事人采用书面合同书形式订立合同的,双方当事人最后签名、盖章或者按指印的地点为合同成立的地点,但是当事人另有约定的除外。

(四) 缔约过失责任

缔约过失责任是指在合同订立过程中,一方因违反诚实信用原则和法律规定所承担的义务,导致另一方信赖利益遭受损失时,应承担的损害赔偿责任。

根据《民法典》的规定,当事人在订立合同过程中有下列情形之一,造成对方损失的,应当承担赔偿责任:

①假借订立合同,恶意进行磋商;②故意隐瞒与订立合同有关的重要事实或者提供虚假情况;③有其他违背诚实信用原则的行为。

法律驿站 5-3

你知道缔约过失责任与违约责任的区别吗

一是发生时间不同:缔约过失责任发生在合同订立过程中,而违约责任发生在合同成立以后。

二是性质不同:缔约过失责任是一种法定的责任,而违约责任是当事人约定的责任。

三是赔偿范围不同:缔约过失责任赔偿的是信赖利益损失,而违约责任包括支付违约金、赔偿损失和实际履行等。

根据我国《民法典》第五百零一条规定:"当事人在订立合同过程中知悉的商业秘密或者其他应当保密的信息,无论合同是否成立,不得泄露或者不正当地使用;泄露、不正当地使用该商业秘密或者信息,造成对方损失的,应当承担赔偿责任。"

被告崔某为一个体户,长期在外经商。2021年5月初,被告返回家乡时发现原告(某街道幼儿园)房屋年久失修,拥挤不堪,便主动提出愿捐款100万元为原告盖一栋小楼,但原告同时必须为此投入一笔配套资金。原告当即表示同意。同年月25日,原告又与被告协商确定资金到位时间和开工时间,被告提出其捐款将在9月底到位,在此之前请原告做好开工准备,包括准备必要的配套资金。同年7月初,原告开始将其原有的5间平房拆

（续上）

除，并于7月找到一家信用社贷款50万元，期限为1年。同年9月初，原告找到被告催要捐款，被告提出因其生意亏本暂时无力捐款。原告提出可减少捐款，但被告表示仅能捐出数万元。双方不能达成协议，原告遂向法院提起诉讼，要求被告履行诺言，否则赔偿原告遭受的全部损失。被告辩称双方并没有签订书面合同，他没有义务必须捐款，原告遭受的损失是其自己原因造成，他不应承担任何责任。

请问

被告的说法正确吗？

二、合同的主要条款与形式

（一）合同的主要条款

合同条款即合同的内容，是权利和义务的具体规定。合同条款的确定是当事人之间协商订立合同的过程，因此，总体上说应服从合同当事人的意思自由。依据我国《民法典》的规定，合同的主要条款包括：

（1）当事人的姓名或者名称和住所。其用于明确合同双方的主体身份。

（2）标的。其用于确定合同双方交易的对象，如买卖合同中的商品或服务。

（3）数量。其用于规定交易对象的数量，确保双方对交易规模有明确认识。

（4）质量。其用于定义交易对象的质量标准，确保双方对产品质量有共同的认识。

（5）价款或者报酬。其用于明确交易的价格或报酬，是双方达成交易的基础。

（6）履行期限、地点和方式。其用于规定交易的具体执行时间、地点和方法。

（7）违约责任。其用于规定一方违约时应承担的责任，保障合同双方的权益。

（8）解决争议的方法。其用于规定当双方发生争议时的解决方式，如协商、仲裁或诉讼等。

此外，当事人可以参照各类合同的示范文本订立合同，以确保合同的合法性和有效性。

法律驿站 5-4

按《民法典》的规定，自然人以户籍登记或者其他有效身份登记记载的居所为住所；经常居所与住所不一致的，经常居所视为住所。法人以其主要办事机构所在地为其住所地。

小思考 5-3

如果双方当事人签订的买卖合同中没有约定违约责任和合同履行地点，请问这样的合同是否无效？

（二）格式条款的法律规定

1. 格式条款概念

格式条款是当事人为了重复使用而预先拟定，并在订立合同时未与对方协商的条款。这些条款应当遵循公平原则确定当事人之间的权利和义务。

法律驿站 5-5

> 格式条款是自 19 世纪以来发展起来的，是在某些行业进行频繁地、重复性地交易的过程中为了简化合同订立的程序而形成的。这些行业一般是发展较大的具有一定规模的企业，往往具有垄断性。如水、电、热力、燃气、邮电、电信、保险、铁路、航空、公路、海运等行业。

（1）提供格式条款的一方的义务。提供格式条款的一方应当遵循公平原则确定当事人之间的权利和义务，并采取合理的方式提示对方注意免除或者减轻其责任等与对方有重大利害关系的条款，按照对方的要求，对该条款予以说明。如果提供格式条款的一方未履行提示或者说明义务，致使对方没有注意或者理解与其有重大利害关系的条款的，对方可以主张该条款不成为合同的内容。同时，也规定了格式条款无效的情形。

（2）格式条款的解释规则。对格式条款的理解发生争议的，应当按照通常理解予以解释。对格式条款有两种以上解释的，应当作出不利于提供格式条款一方的解释。格式条款和非格式条款不一致的，应当采用非格式条款。

这些规定旨在确保合同双方的权益得到公平对待，防止一方利用其优势地位制定不公平的合同条款。

案例分析 5-5

> 2018 年 9 月 3 日，原告肖某与新婚妻子刘某将其在婚礼上拍摄的一卷富士胶卷交由被告某彩扩部冲洗，约定第二天取照，原告肖某依惯例预交了 108 元的冲洗费，彩扩部开出了一张取照用的冲印单。第二天，原告肖某来到彩扩部要求领取冲洗好的照片，被告称其胶卷找不到，原告因此要求赔偿，被告只愿赔偿胶卷和退还预收费。肖某遂于 2019 年 4 月 4 日向某市某区人民法院起诉，以被告将原告拍有结婚内容的胶卷遗失，给原告带来无法弥补的精神损失为由，要求被告赔礼道歉并赔偿精神损失 5 000 元。
>
> 被告辩称：胶卷确实由于自己的原因被遗失，愿意为此赔礼道歉，但原告所提出的精神损失费 5 000 元我们不能接受。据某市摄影行业协会的统一行业规定，"如遇意外损坏或遗失，只赔同类同号胶卷"，由于该行业规定的文本已悬挂于营业场所的显眼位置，原告肯定看到，既然原告在看到该行规后仍然愿意将胶卷交由我们冲洗，那就等于同意将该规定作为合同格式条款之一。所谓约定必须信守，原告只能按照合同约定得到同类胶卷的赔偿和预交款的返还。
>
> **请问**
>
> 被告的辩称是否成立？

(三) 合同的形式

1. 书面形式

书面形式是指合同书、信件和可以随时调取查用的数据电文(包括电报、电传、传真、电子数据交换和电子邮件)等可以有形地表现所载内容的形式。法律、行政法规规定采用书面形式的,应当采用书面形式。当事人约定采用书面形式的,应当采用书面形式。

法律驿站 5-6

在日常生活中,口头合同简便易行,但在当事人发生纠纷时难以取证,不易分清责任,所以对不及时结清的和较重要的合同不宜采用口头形式。

书面合同较口头合同复杂,但在当事人发生纠纷时举证方便,容易分清责任,也便于主管机关和合同管理机关监督、检查。书面形式是当事人最为普遍采用的一种合同形式。

2. 口头形式

口头形式是指双方当事人通过交谈达成协议。因其发生纠纷后取证较难,所以仅适用于即时清结和不重要的合同。

3. 其他形式

合同除了书面和口头形式外,还可以采取公证、鉴证、批准、登记、行为默示等形式。行为默示形式,指当事人以某种表明法律意图的行为间接地表明合同内容的合同形式。

第三节 合同的效力

一、合同效力的概念

合同的效力即指合同的法律效力,它是指已成立的合同在当事人之间产生的法律约束力。合同的成立与合同的生效不同,合同的成立是指当事人就合同的主要条款达成合意,它只是表明当事人之间存在合意的事实。合同的生效则是指一个有效的合同在当事人之间产生法律约束力,国家法律对其予以保护。根据合同的效力可将合同分为四大类,即有效合同,无效合同,效力待定合同,可变更、可撤销合同。

二、合同生效的要件

有效合同必须具备以下生效要件。

(一) 签订合同的当事人缔约时有相应的缔约能力

所谓相应的缔约能力包括三个方面的含义:一是缔约人缔约时要有相应的行为能力;二是缔约人缔约时要有相应的缔约资格,如代理人代理订立合同,要有代理权;三是缔约人缔约时要有对其所处分的财产权利的相应的处分能力,如买卖合同的出卖人对其出卖的财产要有处分权。

小明今年 15 周岁。他有一个远房表舅在美国,非常富有,但是没有子女。这个表舅自从见过小明后,就非常喜欢他,于是表舅决定从自己的财产中拿出 500 万美元赠送给小明,作为小明将来的就学费用和创业费用。小明与表舅就此签订了一份赠与合同。

请问

小明有没有资格亲自签订一份赠与合同? 为什么?

(二) 合同签订以及合同内容是当事人的真实意思表示

真实意思表示也就是合同签订的,行为人的表示行为应当真实反映其内心的效果意思,即当事人的内在意志和外在意思一致时为真实。

(三) 合同不违反法律、行政法规的强制性规定,也不违背公序良俗

合同不违反法律是指合同不得违反法律、法规的强制性规定,也包括当事人应当遵守法律对合同形式的强制性要求,《民法典》第五百零二条第二款规定:"依照法律、行政法规的规定,合同应当办理批准等手续的,依照其规定。"所谓不违反社会公序良俗原则,亦即不违反社会公共利益原则。

李某自幼习武,自认为武功高强,遂与好友刘某外出卖艺赚钱,刘某担心表演时误伤李某,遂与李某签订一份协议书:若李某表演时受伤,后果自负,与刘某无关。李某签字表示同意。后在一次表演中李某受重伤,一直昏迷不醒,李某家人要求刘某负责,刘某以协议在先为由拒不负责,李某家人将刘某告上法庭。

请问

本案中李某与刘某订立的免责条款有效吗? 为什么?

三、合同生效的时间

合同生效的时间,是指合同发生法律效力的时间。《民法典》第五百零二条第一款规定"依法成立的合同,自成立时生效,但是法律另有规定或者当事人另有约定的除外。"

然而,存在一些特殊情况需要考虑:

(1) 特定手续要求:如果法律或行政法规规定合同需要办理批准、登记等手续后方能生效,那么合同在依法办理这些手续后方才生效。

(2) 附条件或附期限的合同:当事人可以约定合同附生效条件或期限。附生效条件的合同,在条件成就时生效;附解除条件的合同,在条件成就时失效。

(3) 特殊规定:虽然一般情况下合同成立时即生效,但如果法律有特别规定或者当事人

有特别约定,那么合同的生效时间可能会受到这些特别规定的影响。

小思考 5-4

请同学们议一议某物业管理规定对吗?

某物业公司有关物业管理规定:在停车场停放自行车的每月每户 10 元,停放摩托车的每月每户 20 元,事故轿车的每月每户 200 元。车辆损坏或丢失及车内物品丢失或损坏均由车主自己承担责任。理由是物业公司只负责提供车位,不负责看管车辆。

四、无效、可撤销和效力待定合同

(一) 无效合同

无效合同是指虽已成立,但因不具备合同的生效要件,没有法律约束力的合同。无效合同没有法律约束力,法律不予承认和保护。合同内容如果仅属于部分无效,不影响其他部分效力的,其他部分仍然有效。合同无效、被撤销或者终止的,不影响合同中独立存在的有关解决争议方法的条款的效力。

《民法典》规定了以下 7 种无效合同:

1. 主体不适格签订的合同

《民法典》第四十四条规定:"无民事行为能力人实施的民事法律行为无效。"《民法典》第二十条及第二十一条规定,不能辨认自己行为的八周岁以上未成年人、成年人和不满八周岁的人为无民事行为能力人。根据《民法典》的上述规定,前述人员实施的诸如订立合同等民事行为无效。

2. 意思表示不真实签订的合同

《民法典》第一百四十六条规定:"行为人与相对人以虚假的意思表示实施的民事法律行为无效。以虚假的意思表示隐藏的民事法律行为的效力,依照有关法律规定处理。"

3. 签订违法违规的合同

《民法典》第一百五十三条第一款规定:"违反法律、行政法规的强制性规定的民事法律行为无效。但是,该强制性规定不导致该民事法律行为无效的除外。"

4. 违背公序良俗的合同

《民法典》第一百五十三条第二款规定:"违背公序良俗的民事法律行为无效"。

5. 恶意串通损害他人利益的合同

《民法典》第一百五十四条规定:"行为人与相对人恶意串通,损害他人合法权益的民事法律行为无效。"

6. 格式条款无效的情形

《民法典》第四百九十七条条款无效的情形。

7. 免责条款无效的情形

《民法典》第五百零六条规定:"合同中的下列免责条款无效:(一)造成对方人身损害的;(二)因故意或者重大过失造成对方财产损失的"。

一已婚男甲与一未婚女乙订立一合同:只要乙愿意与甲婚外同居 2 年,甲即付给乙 20 万元人民币。乙与甲同居 2 年后,甲不付钱给乙,乙起诉甲违约,甲以该合同属于无效合同来抗辩。

请问

该合同是无效合同吗? 为什么?

(二) 可撤销合同

1. 可撤销合同的概念

可撤销合同又称为相对无效合同,是指欠缺合同生效要件,存在法定撤销事由,合同一方当事人可请求人民法院或者仲裁机构撤销的合同。

2. 可撤销合同的类型

(1) 基于重大误解签订的合同。基于重大误解签订的合同是指行为人对于合同的重要内容产生错误的认识,并且基于错误认识而订立的合同。重大误解多因自己的过错,对行为的性质、对方当事人、标的物的品种、质量、规格和数量等合同的内容发生错误的认识,从而导致行为的后果与自己的意思相悖。一般而言,因重大误解而签订的合同,直接影响到当事人享有权利、承担义务以及合同目的的实现,或合同一旦履行会导致误解方遭受重大损失等。

吴女士到商场购物,见一大筐中有许多衬衫,筐上标价每件 50 元,吴女士见价格便宜则从筐中挑了一件买回家。到家整理发票时发现那件衬衫的价格成了 150 元,吴女士立即持发票及衬衫返回商场询问。工作人员调查后发现原来是其他顾客将价值 150 元的衬衫随手放到了大筐中,被吴女士买走。

请问

本案如何处理? 为什么?

(2) 一方以欺诈手段、使对方违背真实意愿签订的合同。在合同订立过程中,欺诈主要表现为合同当事人一方为了获取非法利益,故意捏造虚假情况,或歪曲、掩盖真实情况,使相对人陷入错误认识,并因此作出不合真意的意思表示而订立合同。

(3) 受第三人欺诈,一方违背真实意愿签订的合同。第三人实施欺诈行为,使一方在违背真实意思的情况下实施的民事法律行为,对方知道或者应当知道该欺诈行为的,受欺诈方有权请求人民法院或者仲裁机构予以撤销。该情形下的撤销权行使,需要基于合同的另一方知道或者应当知道第三方实施的欺诈行为,也即合同相对方"非善意"。

（4）以胁迫手段,使对方违背真实意愿签订的合同。一方或者第三人以胁迫手段,使对方在违背真实意思的情况下实施的民事法律行为,受胁迫方有权请求人民法院或者仲裁机构予以撤销。

该情形下的胁迫既包括合同签订的一方实施的,也包括第三人实施的胁迫行为。

（5）乘人之危,致使成立时显失公平的合同。一方利用对方处于危困状态、缺乏判断能力等情形,致使民事法律行为成立时显失公平的,受损害方有权请求人民法院或者仲裁机构予以撤销。

该情形下的乘人之危可以理解为签订合同的一方利用另一方处于现实紧迫的需要,从而使其暂时性的缺乏对签订合同后果的理性评估,致使合同的权利义务显著不对等。

甲18岁的女儿生了急病,医生说要马上在一两天内动手术,否则会有生命危险,手术费用要25万元左右。而甲自己家只有10万元左右的储蓄,还差15万元的缺口,正当他着急的时候,他碰到了一个朋友乙。乙得知了他的情况后,想了想就对他表示,愿意出15万元买他的一个祖传玉佩。甲很犹豫,因为前几年专家对该玉佩的估价为50万元左右,而现在卖15万元,甲有点不甘心。看到这种情况,乙就对甲说:"是身外物重要,还是你女儿的生命重要!"甲想想也对,就以这个价格将玉佩卖给了乙。

请问

如果甲反悔,是否可以可请求人民法院或者仲裁机构撤销该合同?

（三）效力待定合同

1. 效力待定合同的概念

效力待定合同,是指已成立的合同因欠缺一定的生效要件,其生效与否尚未确定,须经过补正方可生效,在一定的期限内不予补正则视为无效的合同。

2. 效力待定合同的情形

根据民法典规定,效力待定合同有以下三种情况:

（1）限制民事行为能力订立的合同。《民法典》规定,限制民事行为能力人订立的合同,经法定代理人追认后,该合同有效,但纯获利益的合同或者与其年龄、智力、精神健康状况相适应而订立的合同,不必经法定代理人追认。

小雨的父母热衷于购买彩票,15岁的小雨深受影响,平时也比较关注彩票的中奖情况。一天,小雨放学途经一家彩吧,花10元钱买了5张福利彩票,后得知其中1张中奖1万元。第二天,小雨拿着有效证件到彩吧领奖时,工作人员以小雨未成年为由,拒绝支

（续上）

付,并认为小雨作为未成年人,购买彩票的行为无效。小雨的父母知道后,与彩吧发生纠纷,后以小雨的名义把彩吧告上法庭。

请问

小雨购买彩票的行为性质如何? 彩吧是否应当支付奖金?

（2）无权代理签订的合同。《民法典》规定,行为人没有代理权、超越代理权或代理权终止后以被代理人名义订立的合同,未经被代理人追认,对被代理人不发生效力,由行为人承担责任。此类合同因为行为人没有代订合同的资格,在被代理人未追认前处于效力待定状态。

（3）无处分权的人处分他人财产的合同。这种合同经权利人追认或者无处分权的人订立合同后取得处分权的,该合同有效。如果无处分权的人订立合同后未能取得处分权并且权利人拒绝追认的,该合同无效,但权利人的拒绝追认不得对抗善意的第三人。

五、合同撤销和无效的法律后果

无效的合同或者被撤销的合同自始没有法律约束力。但合同无效或者被撤销后会产生一定的法律后果,主要有以下几项:

1. 返还财产

《民法典》规定,民事法律行为无效、被撤销或者确定不发生效力后,行为人因该行为取得的财产应当予以返还。这是因为在无效的民事行为中,当事人所获得的财产没有法律基础,应当恢复到原始状态,即返还给原所有人。

2. 赔偿损失

民事法律行为无效后,有过错的一方应当赔偿对方由此所受到的损失。如果双方都有过错,则应当各自承担相应的责任。这意味着,当民事行为被确认无效时,过错方需要对其行为造成的损失承担赔偿责任,以弥补对方因此受到的损害。

3. 追缴财产

对于违反国家利益和社会公共利益的无效民事行为,如果双方当事人都是故意的,则应当将双方已经取得或者约定取得的财产收归国家所有。这一措施旨在维护国家利益和社会公共利益,防止通过无效民事行为获取不法利益。然而,需要注意的是,追缴财产并不适用于所有无效民事行为,而仅限于特定情形下的严重违法行为。

法律驿站 5-7

哪些机构有权确认合同无效

确认合同无效的机构具有法定性。对无效合同的确认,应采取慎重态度。因此,法律规定,无效合同的确认归人民法院和仲裁机构,其他任何组织和个人均无此项权利。

第四节 合同的履行

一、合同履行的概念和规则

（一）合同履行的概念

合同的履行指合同生效后,双方当事人完成合同中规定的各项义务的行为。在合同的履行中,当事人应当遵循诚实信用原则完成合同中规定的各项义务,同时还要根据合同的性质、目的和交易习惯履行通知、协助、保密等义务。

（二）合同履行的规则

合同生效后,当事人就质量、价款或者报酬、履行地点等内容没有约定或者约定不明确的,可以协议补充;不能达成补充协议的,按照合同相关条款或者交易习惯确定。若仍不能确定的,适用《民法典》的下列规定:

（1）质量要求不明确的,按照强制性国家标准履行;没有强制性国家标准的,按照推荐性国家标准履行;没有推荐性国家标准的,按照行业标准履行;没有国家标准、行业标准的,按照通常标准或者符合合同目的的特定标准履行。

（2）价款或者报酬不明确的,按照订立合同时履行地的市场价格履行;依法应当执行政府定价或者政府指导价的,按照规定履行。

（3）履行地点不明确的,给付货币的,在接受货币一方所在地履行;交付不动产的,在不动产所在地履行;其他标的在履行义务一方所在地履行。

（4）履行期限不明确的,债务人可以随时履行,债权人也可以随时请求履行,但应当给对方必要的准备时间。

（5）履行方式不明确的,按照有利于实现合同目的的方式履行。

（6）履行费用的负担不明确的,由履行义务一方负担;因债权人原因增加的履行费用,由债权人负担。

（7）通过互联网等信息网络订立的电子合同的标的为交付商品并采用快递物流方式交付的,收货人的签收时间为交付时间。电子合同的标的为提供服务的,生成的电子凭证或者实物凭证中载明的时间为提供服务时间;前述凭证没有载明时间或者载明时间与实际提供服务时间不一致的,以实际提供服务的时间为准。

电子合同当事人对交付商品或者提供服务的方式、时间另有约定的,按照其约定。

案例分析 5-12

河北某县的马某系养牛专业户,为了引进良种乳牛,与该县的畜牧站签订了良种乳牛引进合同。合同约定,良种乳牛款共 10 万元,马某预付定金 2 万元,违约金按照合同总额

（续上）

的 10% 计算。合同没有明确约定合同的履行地点。后马某从畜牧站将良种乳牛拉回，为此支付运费 1 000 元。马某拉回乳牛后，在饲养中发生了一些无法预料的事情，导致乳牛无法产奶，马某预计的收入落空，无法及时偿还购牛款。畜牧站遂诉至法院，要求马某偿还购牛款；马某也提出自己的主张，即因发生了不可抗力，致使自己无法偿还购牛款，应予免责，并要求畜牧站支付运输乳牛的运费。

请问

（1）马某要求畜牧站支付运费，该请求能否得到法院支持？为什么？

（2）针对畜牧站要求付款的请求，马某以不可抗力要求免责的主张，能否成立？为什么？

（3）如果马某的行为构成违约，合同中规定的定金与违约金条款能否同时适用？为什么？

二、合同履行中的几种权利

（一）同时履行抗辩权

根据《民法典》的相关规定，当事人双方互负债务并且没有先后履行顺序的，应当同时履行。一方在对方履行之前有权拒绝其履行请求。此外，一方在对方履行债务不符合约定时，也有权拒绝其相应的履行请求。这一规定旨在保障合同双方的权益，确保公平交易，避免因一方不履行或不当履行而损害另一方的利益。

（二）后履行抗辩权

根据《民法典》的相关规定，后履行抗辩权是指当事人互负债务，有先后履行顺序，先履行一方未履行或履行债务不符合约定的，后履行一方有权拒绝其履行要求或相应的履行要求。

（三）不安抗辩权

不安抗辩权是指，在有先后履行顺序的双务合同中，应先履行义务的一方有确切证据证明对方当事人难以给付时，在对方当事人未履行或未为合同履行提供担保之前，有暂时中止履行合同的权利。

根据《民法典》规定，应当先履行债务的当事人有确切证据证明对方有下列情形之一的，可以中止履行：①经营状况严重恶化；②转移财产、抽逃资金以逃避债务；③丧失商业信誉；④有丧失或者可能丧失履行债务能力的其他情形。但当事人没有确切证据而中止履行合同的，应当承担违约责任。

行使不安抗辩权后，法律效果包括：①中止履行：先履行义务人可以暂时停止履行其义务，直到对方提供适当的担保或恢复履行能力；②通知对方：行使不安抗辩权时，应当及时通知对方，以便对方有机会提供担保或改善其履行能力；③解除合同：如果对方在合理期限内未恢复履行能力且未提供适当担保，先履行义务人可以解除合同，并可以请求对方承担违约责任。

案例分析 5-13

　　甲与乙订立合同,双方约定:甲应于2023年9月1日向乙交付货物,乙则应于同年9月8日向甲支付货款。7月月底,甲发现乙经营状况严重恶化,并有确切证据可以证明。

请问

在9月1日到来前甲可以如何应对?

三、合同的保全

　　合同的保全是指合同在履行过程中,由于债务人的财产状况会直接影响债权人的债权实现,为保护债权人的债权免受债务人财产不当减少带来的危害,允许债权人对债务人的不当行为作出积极反映的法律制度。

　　合同的保全主要包括代位权与撤销权两种形式。

(一) 代位权

　　代位权是指因债务人怠于行使其债权或者与该债权有关的从权利,影响债权人的到期债权实现的。债权人可以向人民法院请求以自己的名义代位行使债务人的债权。但该债权专属于债务人自身的除外。代位权的行使范围以债权人的债权为限。债权人行使代位权的必要费用,由债务人负担。

　　代位权的行使应同时符合下列条件:

　　(1) 债权人对债务人的债权合法。

　　(2) 债务人怠于行使其到期债权,对债权人造成损害。

　　(3) 债务人的债权已到期。

　　(4) 债务人的债权不是专属于债务人自身的债权。专属于债务人自身的债权,是指基于扶养关系、抚养关系、赡养关系、继承关系产生的给付请求权和劳动报酬、退休金、养老金、抚恤金、安置费、人寿保险、人身伤害赔偿请求权等权利。

案例分析 5-14

　　乙厂欠甲公司10万元货款,丙单位欠乙厂8万元货款,两笔欠款均已到期,乙厂无力偿还甲公司,又不向丙单位讨还欠款。此时,甲公司向人民法院申请代位乙厂向丙单位讨还欠款。

请问

甲公司可以向丙单位讨还欠款吗?为什么?

（二）撤销权

1. 概念

债权人的撤销权,是指因债务人实施减少其财产的行为对债权人造成损害的,债权人可以请求人民法院撤销该行为的权利。

2. 债权人撤销权的构成要件

1）债权人对债务人享有债权

债权人对债务人的债权,应当在影响债权实现的行为实施前已经存在。债权存在前债务人处分的财产,本不属于债务人的责任财产。

2）债务人实施了处分财产的行为

《民法典》规定了债务人放弃其债权、放弃债权担保、无偿转让财产等无偿处分财产情形。此外,以明显不合理的低价转让财产、以明显不合理的高价受让他人财产,恶意延长其到期债权的履行期限、也属于撤销对象。

3）债务人实施的财产行为影响债权人的债权实现

若债务人实施的财产行为未影响债权人的债权实现,则无须债权人撤销权提供救济。"影响"的判断标准为,债务人处分财产后,其剩余财产是否足以清偿债务。

（三）债权人撤销权的行使

债权人应以自己的名义,且以诉讼的方式请求人民法院撤销债务人的行为。撤销权的行使范围以债权人的债权为限。债权人行使撤销权的必要费用,由债务人负担。债权人的撤销权成立,债务人的行为被人民法院撤销的,债务人的行为自始没有法律约束力。

第五节　合同的担保

一、合同担保的概念

合同担保是指依据法律规定或者当事人的约定,为保证合同履行或债权实现而采取的法律保障措施。我国合同担保制度由保证、抵押、质押、留置和定金五种担保方式组成。

二、保证

保证是指由债务人以外的第三人为债务人的债务履行作担保,当债务人不履行债务时,由第三人按照约定履行债务或者承担责任的行为。其中,为债务人的债务履行作担保的第三人称为保证人;被担保的债务人称为被保证人。

（一）保证人的资格

我国《民法典》规定,机关法人不得为保证人,但是经国务院批准为使用外国政府或者国际经济组织贷款进行转贷的除外;以公益为目的的非营利法人、非法人组织不得为保证人。

某发展公司向银行贷款经营,银行要求发展公司提供担保,发展公司的法定代表人找到其担任公立医院院长的表兄,要求医院提供担保,表兄答应为其担保。

请问

医院可以为其担保吗?

(二) 保证的方式

我国《民法典》规定,保证合同的方式有两种:一般保证和连带责任保证。

1. 一般保证

《民法典》第六百八十七条规定,当事人在保证合同中约定,债务人不能履行债务时,由保证人承担保证责任的,为一般保证。

一般保证的保证人在主合同纠纷未经审判或者仲裁,并就债务人财产依法强制执行仍不能履行债务前,有权拒绝向债权人承担保证责任。但是有下列情形之一的除外:①债务人下落不明,且无财产可供执行;②人民法院已经受理债务人破产案件;③债权人有证据证明债务人的财产不足以履行全部债务或者丧失履行债务能力;④保证人书面表示放弃本款规定的权利。

2. 连带责任保证

当事人在保证合同中约定保证人与债务人对债务承担连带责任的,为连带责任保证。连带责任保证的债务人在主合同规定的债务履行期限届满时没有履行债务的,债权人可以直接要求保证人在其保证范围内承担保证责任。

当事人如果在保证合同中,对保证方式没有约定或者约定不明确的,则推定为一般保证。

3. 保证期间

保证期间指保证人承担保证责任的时间范围。超过保证期限的,保证人不承担保证责任。保证合同约定了保证期间的,按照约定的保证期间认定。但是约定不得早于或等于主债务履行期限;没有约定的,保证期间为主债务履行期届满之日起 6 个月。

甲、乙两厂签订了一份租赁合同,约定由甲厂为乙厂提供先进生产线一条,租期 3 年,租金为 150 万元。丙厂为乙厂提供了担保,合同未约定担保是一般保证还是连带责任保证。合同期满后,乙厂未按规定支付 150 万元租金,仅支付了 80 万元租金。

请问

在未经审判或者仲裁的情况下,丙厂有权拒绝支付甲厂其余的 70 万元租金吗?

三、抵押和质押

(一) 抵押

1. 抵押的概念

抵押是指抵押人和债权人(也叫"抵押权人")以书面形式订立约定,不转移抵押财产的占有,将该财产作为债权的担保。当债务人不履行债务时,债权人有权依法以该财产折价或者以拍卖、变卖该财产的价款优先受偿。抵押人可以是债务人,也可以是第三方。

通常情况下双方达成合意抵押权即设立,但不动产抵押采取"登记主义",需进行合法有效的登记手续抵押权才有效设立。

2. 抵押物

根据《民法典》规定,债务人或者第三人有权处分的下列财产可以抵押:①建筑物和其他土地附着物;②建设用地使用权;③海域使用权;④生产设备、原材料、半成品、产品;⑤正在建造的建筑物、船舶、航空器;⑥交通运输工具;⑦法律、行政法规未禁止抵押的其他财产。

根据我国《民法典》规定,下列财产不得抵押:①土地所有权;②宅基地、自留地、自留山等集体所有土地的使用权,但是法律规定可以抵押的除外;③学校、幼儿园、医疗机构等为公益目的成立的非营利法人的教育设施、医疗卫生设施和其他公益设施;④所有权、使用权不明或者有争议的财产;⑤依法被查封、扣押、监管的财产;⑥法律、行政法规规定不得抵押的其他财产。

抵押人所担保的债权不得超出其抵押物的价值。财产抵押后,该财产的价值大于所担保债权的余额部分,可以再次抵押。

案例分析 5-17

2022 年 6 月,某乡村民钟某为提高家庭经营能力,打算向乡农村信用社贷款 4 万元购买 2 辆农用车,信用社要求其提供相应的担保。钟某提出以自家承包经营的 3.33 公顷荒山作抵押,并说明已在所承包的荒山种上了果树,很快就有收成。但信用社以承包土地不能用于抵押为由,不同意以此作贷款担保。

请问

钟某能以自己所承包的荒山作贷款抵押吗? 为什么?

3. 抵押物登记

当事人以法律规定的需要办理抵押物登记的财产抵押的,应当向有关部门办理抵押物登记,抵押合同自登记之日起生效。

4. 抵押担保债权的清偿顺序

债务履行期限届满,抵押权人未受清偿的,可以与抵押人协议以抵押物折价或者以拍卖、变卖该抵押物所得的价款受偿;协议不成的,抵押权人可以向人民法院提起诉讼。抵押物折价或者拍卖、变卖后,其价款超过债权数额的部分归抵押人所有,不足部分由债务人清偿。

若同一财产向 2 个以上债权人抵押的,《民法典》中关于抵押债权的清偿顺序规定如下:

（1）抵押权已经登记的,按照登记的时间先后确定清偿顺序。这意味着,如果多个债权人对于同一财产设置了抵押权,并且这些抵押权已经进行了登记,那么清偿的顺序将根据登记的时间先后进行。

（2）抵押权已经登记的先于未登记的受偿。

（3）抵押权未登记的,按照债权比例清偿。

这些规定确保了在存在多个抵押权的情况下,通过明确的清偿顺序来保障各债权人的权益。

 案例分析 5-18

> 某电机厂经营管理不善,产品质量不合格,因违约欠某农机公司货款 90 万元。为扭亏为盈,电机厂决定进口新设备,生产新型产品。为此,电机厂以本厂一辆价值约 150 万元的轿车为抵押物从银行贷款 100 万元,后又以一辆价值 20 万元的汽车为抵押物向某土产公司借款 15 万元。新设备进来后,因缺乏技术人员,电机厂又以抵押给银行的那辆轿车为抵押物,从某供销公司借款 40 万元(上述抵押物均在借款当天进行了登记)。新产品投产后,并未收到预期效果。不巧,该电机厂抵押给土产公司的汽车因车库一次失火事故被烧成废铁。抵押给银行和供销公司的轿车在一次外出中被撞毁。因轿车已入了保险,几家公司为谁先受偿发生了争执。
>
> **请问**
> 谁的债权应优先受偿?

（二）质押

质押是指债务人或者第三人将其动产或权利移交债权人占有,将该动产或权利作为债权的担保的法律行为。当债务人不履行债务时,债权人有权依照法律规定,以其占有的财产优先受偿。其中,债务人或第三人为出质人,债权人为质权人,移交的动产或权利为质物。

1. 质权人的权利和义务

1）质权人享有的权利

根据我国《民法典》规定,质权人享有的权利包括以下几项:

（1）留置质物的权利。质权人在债务人未清偿债务之前有权留置质物,并有收取留置质物所产生的孳息的权利。

（2）请求担保权。如果质物有损坏或者价值有明显减少的可能,足以危害质权人权利的,质权人可以要求出质人提供相应的担保。出质人不提供的,质权人可以拍卖或者变卖质物,并与出质人协议将拍卖或者变卖所得的价款用于提前清偿所担保的债权或者向与出质人约定的第三人提存。

（3）优先受偿权。债务履行期限届满时质权人未受清偿的可以与出质人协议以质物折价,也可以依法拍卖、变卖质物。质物折价或者拍卖、变卖后,其价款优先清偿债务,其价款超过债权数额的部分归出质人所有,不足部分由债务人清偿。

2）质权人的义务

（1）质权人负有妥善保管质物的义务。因保管不善致使质物灭失或者毁损的,质权人应当承担民事赔偿责任。质权人在质权存续期间,未经出质人同意,擅自使用、出租、处分质物的,如果因此给出质人造成损失的,由质权人承担赔偿责任。

（2）质权人返还质物的义务。债务履行期限届满,债务人履行债务或者出质人提前清偿所担保的债权的,质权人应当返还质物。

2. 权利质押

权利质押是指以所有权以外的财产为标的物而设置的债权担保。

根据我国《民法典》规定,债务人或者第三人有权处分的下列权利可以出质:

（1）汇票、本票、支票。

（2）债券、存款单。

（3）仓单、提单。

（4）可以转让的基金份额、股权。

（5）可以转让的注册商标专用权、专利权、著作权等知识产权中的财产权。

（6）现有的以及将有的应收账款。

（7）法律、行政法规规定可以出质的其他财产权利。

权利质押合同因出质标的不同,合同生效时间也有以下不同:

（1）以汇票、本票、支票、债券、存款单、仓单、提单出质的,质权自权利凭证交付质权人时设立;没有权利凭证的,质权自办理出质登记时设立。法律另有规定的,依照其规定。汇票、本票、支票、债券、存款单、仓单、提单的兑现日期或者提货日期先于主债权到期的,质权人可以兑现或者提货,并与出质人协议将兑现的价款或者提取的货物提前清偿债务或者提存。

（2）以基金份额、股权出质的,质权自办理出质登记时设立。基金份额、股权出质后,不得转让,但是出质人与质权人协商同意的除外。出质人转让基金份额、股权所得的价款,应当向质权人提前清偿债务或者提存。

（3）以注册商标专用权、专利权、著作权等知识产权中的财产权出质的,质权自办理出质登记时设立。知识产权中的财产权出质后,出质人不得转让或者许可他人使用,但是出质人与质权人协商同意的除外。出质人转让或者许可他人使用出质的知识产权中的财产权所得的价款,应当向质权人提前清偿债务或者提存。

（4）以应收账款出质的,质权自办理出质登记时设立。应收账款出质后,不得转让,但是出质人与质权人协商同意的除外。出质人转让应收账款所得的价款,应当向质权人提前清偿债务或者提存。

小思考 5-5

股票能否设定为抵押物?

兰天股份公司(上市公司)的董事长甲,因单位房改急需款项,遂将其个人所有的兰天股份股票质押给乙,借款 10 万元。

四、留置

留置指债权人按照合同约定占有债务人的动产,债务人不按照合同约定的期限履行债务的,债权人有权扣留该动产,以该动产折价或者以拍卖、变卖该动产的价款优先受偿的一种债权担保方式。

因保管合同、建筑安装承包合同、财产租赁合同、运输合同、加工承揽合同、委托合同和信托合同的法律规定,债务人不履行债务的,债权人有留置权。债权人与债务人应当在合同中约定,债权人留置动产后,债务人应当在不少于 2 个月的期限内履行债务。债权人与债务人在合同中未约定的,债权人留置债务人动产后,应当确定 2 个月以上的期限,通知债务人在该期限内履行债务。债务人逾期仍不履行债务,债权人可以与债务人协议以折价或依法拍卖、变卖留置物来偿还债务。债权人未通知债务人履行偿债义务,直接变价处分留置物的,应当对此造成的损失承担赔偿责任。留置担保的范围包括主债权及利息、违约金、损害赔偿金、留置物保管费用和实现留置权的费用。留置物折价或者拍卖、变卖后,其价款超过债权数额的部分归债务人所有,不足部分由债务人清偿。

案例分析 5-19

甲因电视机出现故障将电视机送至乙处修理。由于甲逾期未支付修理费,乙将电视机留置,并通知甲应在 30 日内支付其应付的费用,但甲仍未能按期交付,乙遂将该电视机变价受偿。

请问

乙的做法是否有法律依据?

案例分析 5-20

甲雇佣乙为其打扫卫生,当乙正在擦拭最后一件水晶饰品时,甲表示乙打扫得不干净,不准备付钱了。乙听了之后,就将拿在手中擦拭的水晶饰品往自己口袋里一放,声称自己将该物留置了,直至甲付款为止。

请问

乙的行为能否构成留置?为什么?

五、定金

(一)定金的概念

定金是指合同当事人一方为保证合同的履行,在合同成立后、履行前预先向对方当事人交付一定数额的货币。定金合同自实际交付定金时成立。

《民法典》规定,定金的数额由当事人约定;但是,不得超过主合同标的额的20%。超过部分不产生定金的效力。实际交付的定金数额多于或者少于约定数额的,视为变更约定的定金数额。

(二) 定金罚则

债务人履行债务的,定金应当抵作价款或者收回。给付定金的一方不履行债务或者履行债务不符合约定,致使不能实现合同目的的,无权请求返还定金;收受定金的一方不履行债务或者履行债务不符合约定,致使不能实现合同目的的,应当双倍返还定金。

当事人既约定违约金,又约定定金的,一方违约时,对方可以选择适用违约金或者定金条款。定金不足以弥补一方违约造成的损失的,对方可以请求赔偿超过定金数额的损失。

法律驿站 5-8

预付款和定金是一回事吗

预付款和定金不是同一个概念。定金具有合同的担保性质。在合同履行后定金可以折抵价款或者收回。若给付定金的一方不履行约定的债务,无权要求返还定金;收受一方不履行债务的,应当双倍返还定金。可见定金具有一定的惩罚性;而预付款是合同一方当事人在合同成立后履行前在合同规定的价款内向另一方当事人支付一定数额的货币,具有提前预付的性质,合同履行后可以抵付价款,不具有惩罚性。

第六节　合同的变更与转让

一、合同的变更

合同的变更指生效的合同在未履行或未履行完毕之前,由于主、客观情况的变化而使合同的内容发生变化。

合同的变更是指在合同成立后,当事人在原合同的基础上对合同的内容进行修改或者补充。这种变更可以是合同标的的变更、数量的增加或减少、履行地点的变化、履行方式的改变、履行期限的调整或违约责任的重新约定等。合同变更的目的是适应新的情况,对双方的权利义务关系进行重新调整和规定。

《民法典》第五百四十三条规定:"当事人协商一致,可以变更合同。"只要双方当事人就变更事项达成一致意见,就可以对原合同的内容进行修改或补充,变更后的内容将取代原合同的内容,当事人应当按照变更后的内容履行合同。如果一方未经对方当事人同意擅自改变合同内容,这种行为不仅对另一方没有约束力,而且构成违约,应当承担违约责任。

此外,《民法典》第五百四十四条规定:"如果当事人对合同变更的内容约定不明确的,推定为未变更。"这表明,如果双方在协商变更合同时没有明确约定变更的内容,那么变更不成立,原合同的内容仍然有效。

需要注意的是,当事人协商变更合同后,未依法办理批准等手续的,变更的内容不发生法律效力。

二、合同的转让

合同的转让指合同的当事人将其合同的权利和义务全部或者部分转让给第三人。合同的转让分为权利转让、义务转移及权利和义务一并转让三种情形。

1. 权利转让

权利转让是指不改变合同的内容,权利人将其合同的权利全部或部分转让给第三人。其中,权利人称为让与人,第三人称为受让人。

根据我国《民法典》的规定,债权人可以将债权全部或者部分转让给第三人,但有下列情形之一的除外:

(1)根据债权性质不得转让。这主要指合同是基于当事人身份关系而订立的合同,合同权利转让给第三人,会使合同的内容发生变化,违反了订立合同的目的。

(2)按照当事人约定不得转让。合同当事人在订立合同时,对权利的转让作出特别的约定,只要意思表示真实并且不违反法律规定,那么禁止合同权利转让的特别约定就具有法律约束力。

(3)依照法律规定不得转让。当事人约定非金钱债权不得转让的,不得对抗善意第三人。当事人约定金钱债权不得转让的,不得对抗第三人。另外,某些合同的债权涉及国家及社会的公共利益,因而法律禁止该合同的债权转让或债权转让须经国家有关部门批准。

必须指出的是,债权人转让权利的,无须债务人同意,但应当通知债务人。未经通知,该转让对债务人不发生效力。债权人转让权利不得损害债务人的利益,不应影响债务人的权利。债务人对债权人享有的抵消权,不受债权转让的影响。

案例分析 5-21

刘某向某财务公司借款购买了一辆平头大货车,偿还借款后,又以该车为抵押向该财务公司贷款 15 万元,约定 2 年还清。2 年后,刘某未偿还贷款本息,财务公司将其诉至法院。法院判决刘某败诉,应偿还贷款本息,财务公司享有货车的抵押权。由于刘某在外地搞运输无法实现抵押权,财务公司与某运输公司签订了转让该债权和抵押权的合同,运输公司支付给财务公司 16 万元转让费。随后,财务公司通知刘某家人转告其债权转让一事。刘某得知后,不同意财务公司的转让行为,拒绝向运输公司履行债务。运输公司只好向法院起诉,要求刘某偿还债务。

请问

法院应如何处理此案?

2. 义务转移

义务转移是指不改变合同的内容,债务人将其合同的义务全部或部分转移给第三人。义务转移分为以下两种情况:

（1）合同义务的全部转移,新债务人取代了合同原债务人的地位,原债务人脱离合同的债务关系。

（2）合同义务的部分转移,即第三人加入债务关系与原债务人共同负担合同债务,原债务人并未脱离合同的债务关系。

我国《民法典》规定:债务人将债务全部或者部分转移给第三人的,应当经债权人同意。债务人转移债务的,新债务人可以主张原债务人对债权人的抗辩,原债务人对债权人享有债权的,新债务人不得向债权人主张抵销。新债务人应当承担与主债务有关的从债务,但该从债务专属于原债务人自身的除外。

3. 权利和义务一并转让

权利和义务一并转让是指当事人与第三人协议,将其合同的权利和义务一并转让给第三人。当事人将合同的权利、义务一并转让,除了取得第三人同意以外,还应该遵守以下法律规定:不得转让依照法律规定禁止转让的权利;转让合同权利和义务时,从权利和从义务一并转让,但该从权利或从义务专属于当事人自身的除外;法律、行政法规规定转让权利或者转移义务应当办理批准、登记等手续的,应依照其规定办理相应手续。当事人订立合同后合并的,由合并后的法人或者其他组织行使合同权利,履行合同义务。当事人订立合同后分立的,除债权人和债务人另有约定的以外,由分立的法人或者其他组织对合同的权利和义务享有连带债权,承担连带债务。

第七节　合同的解除与终止

一、合同的解除

合同的解除指合同成立生效后,因发生了法定、约定情况或当事人协商一致,而使合同关系消灭的行为。合同的解除分为约定解除和法定解除两种情况。

（一）约定解除

约定解除是指当事人在订立合同时,可以约定一方或双方在特定条件下享有解除合同的权利。当约定的条件成就时,享有解除权的当事人可以行使解除权,从而终止合同。这包括两种情况:协商解除和行使约定解除权的解除。协商解除是当事人就解除合同进行协商,达成一致意见后解除合同;而行使约定解除权的解除则是在合同中预先约定了解除条件,当条件满足时,一方当事人可以行使解除权来终止合同。

（二）法定解除

法定解除是指合同成立生效后,当事人根据法律规定解除合同。我国《民法典》规定,有下列情形之一的,当事人可以解除合同:

（1）因不可抗力致使不能实现合同目的。

（2）在履行期限届满之前,当事人一方明确表示或者以自己的行为表明不履行主要债务。

（3）当事人一方迟延履行主要债务,经催告后在合理期限内仍未履行。

（4）当事人一方迟延履行债务或者有其他违约行为致使不能实现合同目的。

（5）法律规定的其他情形。

关于解除权的行使，《民法典》规定：

（1）当事人一方主张解除合同的，应当通知对方。合同自通知到达对方时解除；通知载明债务人在一定期限内不履行债务则合同自动解除，债务人在该期限内未履行债务的，合同自通知载明的期限届满时解除。对方对解除合同有异议的，任何一方当事人均可以请求人民法院或者仲裁机构确认解除行为的效力。

（2）当事人一方未通知对方，直接以提起诉讼或者申请仲裁的方式依法主张解除合同，人民法院或者仲裁机构确认该主张的，合同自起诉状副本或者仲裁申请书副本送达对方时解除。

二、合同的终止

合同的权利和义务终止指由于某种法律事实的发生，使当事人之间的权利和义务关系消灭，即合同关系消灭。

《民法典》第五百五十七条规定，有下列情形之一的，债权债务终止：①债务已经履行；②债务相互抵销；③债务人依法将标的物提存；④债权人免除债务；⑤债权债务同归于一人；⑥法律规定或者当事人约定终止的其他情形。合同解除的，该合同的权利义务关系终止。

其中，提存是指债务人因债权人原因将无法清偿的标的物提交给提存机关保存以消灭合同的行为。我国的提存机关为公证机关。《民法典》第五百七十条规定，有下列情形之一，难以履行债务的，债务人可以将标的物提存：①债权人无正当理由拒绝受领；②债权人下落不明；③债权人死亡未确定继承人、遗产管理人或者丧失民事行为能力未确定监护人；④法律规定的其他情形。

合同的权利和义务终止后，当事人有时还负有后合同义务，即合同终止后，当事人应当遵循诚实信用原则，根据交易习惯履行通知、协助、保密等义务。

 小思考 5-6

对于不能存放的鲜活物品，提存机构应如何处理？

第八节　违约责任

一、违约责任的概念

违约责任指当事人一方不履行合同义务或者履行合同义务不符合约定的，应当承担继续履行、采取补救措施或者赔偿损失等违约责任。违约责任是民事责任的一种，主要表现为财产责任。

二、违约责任的构成要件

违约责任的构成要件有以下两项：

（1）有违约行为。违约行为是指当事人一方不履行合同义务或者履行合同义务不符合约定条件的行为。

（2）无免责事由。免责事由也称免责条件，是指当事人对其违约行为免于承担违约责任的事由。合同法上的免责事由可分为两大类，即法定免责事由和约定免责事由。法定免责事由是指由法律直接规定、不需要当事人约定即可援用的免责事由，主要指不可抗力；约定免责事由是指当事人约定的免责条款。

三、违约责任的形态

（一）实际违约

实际违约，即实际发生的违约行为。实际违约的具体形态包括以下几项：

（1）不履行。不履行包括履行不能和拒绝履行。履行不能是指债务人在客观上已经没有履行能力。例如，在提供劳务的合同中，债务人丧失了劳动能力；在以特定物为标的的合同中，该特定物灭失。拒绝履行是指合同履行期到来后，一方当事人能够履行而故意不履行合同规定的全部义务。

（2）迟延履行。迟延履行是指合同债务已经到期，债务人能够履行而未履行。

（3）不适当履行。不适当履行是指债务人虽然履行了债务，但其履行不符合合同的约定，包括瑕疵给付（即履行有瑕疵，侵害对方履行利益，如给付数量不完全、给付质量不符合约定、给付时间和地点不当等）和加害给付（即因不适当履行造成对方履行利益之外的其他损失，如出售不合格产品导致买受人的损害）。

案例分析 5-22

> 　　某县种子供应站（以下简称供种站）从本省种子研究所原种场购进一批西瓜种子，分别销售给当地 500 户农民。他们按照原种场提供的技术资料对种植的西瓜种子实施了田间管理，但西瓜的生长情况却与资料介绍的数据不符，出现了大量减产的现象。供种站多次电告原种场派人处理，原种场均以各种借口推卸责任。经市农业局的高级农艺师核实，用户的西瓜产量无法达到原种场技术资料提供的数据，总损失达 15 余万元。后经查明，该种子在批量生产时，由于操作人员疏忽，致使种子的品质无法达到试种的技术水平。村民向供种站要求索赔，供种站以不知种子存在质量问题进行抗辩，拒绝赔偿，村民遂起诉到人民法院。
>
> **请问**
> 本案例应如何处理？

（二）预期违约

预期违约也称先期违约，是指在合同履行期限到来之前，一方无正当理由但明确表示其在履行期到来后将不履行合同，或者其行为表明其在履行期到来后将不可能履行合同。

预期违约包括两种形态，即明示预期违约（明示毁约）和默示预期违约（默示毁约）。

（1）明示预期毁约是指一方当事人无正当理由，明确地向对方表示将在履行期届至时不履行合同。

（2）默示预期毁约是指在履行期到来之前，一方以自己的行为表明其将在履行期届至后不履行合同。其特点为：债务人虽然没有表示不履行合同，但其行为表明将不履行合同或不能履行合同。例如，特定物买卖合同的出卖人在合同履行期届至前将标的物转卖给第三人，或买受人在付款期到来之前转移财产和存款以逃避债务。

四、承担违约责任的主要形式

我国《民法典》规定，违约的当事人承担违约责任的方式主要有以下几种：继续履行、采取补救措施、赔偿损失、支付违约金、给付或双倍返还定金等。

（一）支付违约金

违约金是指合同当事人在合同中约定，一方当事人不履行合同义务或履行合同义务不符合约定时应当根据情况向对方支付一定数额的货币。

《民法典》第五百八十五条第一款及第二款规定："当事人可以约定一方违约时应当根据违约情况向对方支付一定数额的违约金，也可以约定因违约产生的损失赔偿额的计算方法。约定的违约金低于造成的损失的，当事人可以请求人民法院或者仲裁机构予以增加；约定的违约金过分高于造成的损失的，当事人可以请求人民法院或者仲裁机构予以适当减少。"

案例分析 5-23

> 甲与乙订立了一份苹果购销合同，约定：甲向乙交付 20 万千克苹果，货款为 40 万元，乙向甲支付定金 4 万元；如任何一方不履行合同应支付违约金 6 万元。甲因将苹果卖予丙而无法向乙交付苹果。
>
> **请问**
> 假如你是乙，如何既能最大限度地保护自己的利益，又能获得法院支持？

（二）赔偿损失

当事人一方不履行合同义务或者履行合同义务不符合约定的，在履行义务或者采取补救措施后，对方还有其他损失的，应当赔偿损失。损失赔偿额应当相当于因违约所造成的损失，包括合同履行后可以获得的利益，但不得超过违反合同一方订立合同时预见到或者应当预见到的因违反合同可能造成的损失。

当事人一方违约后，对方应当采取适当措施防止损失的扩大；没有采取适当措施致使损失扩大的，不得就扩大的损失要求赔偿。当事人因防止损失扩大而支出的合理费用由违约方承担。

（三）继续履行

继续履行是指债权人在债务人不履行合同义务时，可请求人民法院或者仲裁机构强制债务人实际履行合同义务。继续履行虽然是一种承担违约责任的方式，但其实质是为了实现合同的目的，所以对违约方来说并不具有惩罚性。

依据《民法典》的规定,当事人一方未支付价款、报酬、租金、利息,或者不履行其他金钱债务的,对方可以请求其支付。当事人一方不履行非金钱债务或者履行非金钱债务不符合约定的,对方可以要求履行,但有下列情形之一的除外:

①法律上或者事实上不能履行;②债务的标的不适于强制履行或者履行费用过高;③债权人在合理期限内未要求履行。

（四）采取补救措施

《民法典》第五百八十二条规定:"履行不符合约定的,应当按照当事人的约定承担违约责任。对违约责任没有约定或者约定不明确,依据本法第五百一十条的规定仍不能确定的,受损害方根据标的的性质以及损失的大小,可以合理选择要求对方承担修理、更换、重作、退货、减少价款或者报酬等违约责任。"

（五）给付或双倍返还定金

《民法典》规定,当事人可以约定一方向对方给付定金作为债权的担保。给付定金的一方不履行债务或者履行债务不符合约定,致使不能实现合同目的的,无权请求返还定金;收受定金的一方不履行债务或者履行债务不符合约定,致使不能实现合同目的的,应当双倍返还定金。

法律驿站 5-9

定金、违约金与损害赔偿金能同时使用吗

定金、违约金与损害赔偿金是三种不同的责任形式。依据我国《民法典》的规定,针对同一违约行为既约定定金又约定违约金的,可以且也只能由非违约方选择一种对自己最有利的责任形式。这从法律上明确了针对同一违约行为的定金与违约金竞合时不能同时使用。同时《民法典》规定了违约金可以与损害赔偿并用,并有一定的限制,但没有规定定金与损害赔偿金能否同时使用的问题。从理论上讲,因为定金具有非补偿性的特点,其适用不以实际损害的发生为前提,是独立于损害赔偿责任的,故两者可并用。

五、违约责任的免除

如果当事人的违约是由于免责事由的出现而造成的,可根据情况免除违约方的违约责任。《民法典》规定了三种免责事由:不可抗力、免责条款、法律的特殊规定。

（一）不可抗力

不可抗力是指不能预见、不能避免并不能克服的客观情况。例如自然灾害、战争等。不可抗力是违约责任免除的法定事由。

《民法典》第一百八十条第一款规定:"因不可抗力不能履行合同的,根据不可抗力的影响,部分或者全部免除责任,但法律另有规定的除外。"当事人迟延履行后发生不可抗力的,不能免除责任。当事人一方因不可抗力不能履行合同的,应当及时通知对方,以减轻可能给对方造成的损失,并应当在合理期限内提供证明。

案例分析 5-24

刘某在某摩托车经销部购买了一辆 X 型号的电动车,该型号的电动车销路很好,刘某预先交了购车款,并与店主约定第二天中午准时来提车,店主为其开具了领车单。第二天,刘某因突然出差而未能准时提车,出差回来后听说该摩托车经销部近日因仓库起火而停业,遂立即找到该摩托车经销部店主,要求提车,店主称电动车已被烧毁,刘某又要求返还车款,被店主拒绝。刘某将店主起诉至人民法院,要求店主返还车款。

请问

刘某的请求是否合理?为什么?

(二)免责条款

免责条款是合同双方当事人在合同中约定的,当出现指定的事由或条件时,可免除违约方违约责任的规定。但是免责条款须符合法律规定的有效条件。

(三)法律的特殊规定

在法律有特殊规定时,可以免除违约方的违约责任。如《民法典》第八百三十二条规定:"承运人对运输过程中货物的毁损、灭失承担赔偿责任。但是,承运人证明货物的毁损、灭失是因不可抗力、货物本身的自然性质或合理损耗以及托运人、收货人的过错造成的,不承担赔偿责任。"

第九节　几类主要的典型合同

《民法典》中主要的典型合同(有明确法律规定)包括:买卖合同,供用电、水、气、热力合同,赠与合同,借款合同,保证合同,租赁合同,融资租赁合同,保理合同,承揽合同,建设工程合同,运输合同,技术合同,保管合同,仓储合同,委托合同,物业服务合同,行纪合同,中介合同和合伙合同。本书就主要的几类典型合同予以介绍。

一、买卖合同

(一)买卖合同的概念

买卖合同是一方转移标的物的所有权于另一方,另一方支付价款的合同。转移所有权的一方为出卖人或卖方,支付价款而取得所有权的一方为买受人或者买方的合同。

法律驿站 5-10

你知道什么可以成为买卖合同的标的物吗

买卖合同的标的物是指能满足人们实际生活需要,能为人力独立支配的财产。除法律予以禁止或限制外,任何标的物,无论是动产或不动产,种类物还是特定物,

（续上）

消费物还是非消费物,均可作为买卖合同的标的物。在我国,土地、山脉、河流、海洋只能由国家依法确定使用主体,不能作为买卖合同的标的物。

（二）买卖双方当事人的权利义务

1. 出卖人权责

（1）出卖人应当履行向买受人交付标的物或者交付提取标的物的单证,并转移标的物所有权的义务。

（2）出卖人应当按照约定的期限交付标的物。没有约定标的物的交付期限或者约定不明确的,当事人可以协商达成补充协议;不能达成补充协议的,按照合同有关条款或交易习惯确定;如仍不能确定,出卖人就可以随时履行,买受人也可以随时要求出卖人履行,但应当给对方必要的准备时间。

（3）出卖人应当按照约定的地点交付标的物。没有约定交付地点或者约定不明确,可以协商达成补充协议;不能达成补充协议的,按照合同有关条款或交易习惯确定。

（4）出卖人应当按照约定的质量要求交付标的物。出卖人交付的标的物不符合质量要求的,买受人可以依照合同约定要求出卖人承担违约责任。

（5）出卖人应当按照约定的包装方式交付标的物。对包装方式没有约定或者约定不明确的,依照《民法典》第五百十一条的规定,仍不能确定的,应当按照通用的方式包装;没有通用方式的,应当采取足以保护标的物且有利于节约资源、保护生态环境的包装方式。

（6）出卖人应保证标的物的价值或使用效果。

（7）买受人在检验期间、质量保证期间、合理期间内提出质量异议,出卖人未按要求予以修理或者因情况紧急,买受人自行或者通过第三人修理标的物后,主张出卖人负担因此发生的合理费用的,人民法院应予支持。

（8）出卖人没有履行或者不当履行从给付义务,致使买受人不能实现合同目的,买受人主张解除合同的,人民法院应予支持。

（9）合同约定减轻或者免除出卖人对标的物的瑕疵担保责任,但出卖人故意或者因重大过失不告知买受人标的物的瑕疵,出卖人主张依约减轻或者免除瑕疵担保责任的,人民法院不予支持。

（10）买受人在缔约时知道或者应当知道标的物质量存在瑕疵,主张出卖人承担瑕疵担保责任的,人民法院不予支持,但买受人在缔约时不知道该瑕疵会导致标的物的基本效用显著降低的除外。

2. 买受人权责

（1）买卖合同中买受人应当按照约定的数额和支付方式支付价款(标的物在交付之前产生的孳息归出卖人所有,交付之后产生的孳息归买受人所有。当事人另有约定的除外)。

（2）买受人应当按照约定的地点支付价款。对支付地点没有约定或者约定不明确的,可以协议补充;不能达成补充协议的,买受人应当在出卖人的营业地支付。但约定支付价款以交付标的物或者交付提取标的物单证为条件的,在交付标的物或者交付提取标的物单证的所在地支付。

（3）买受人应当按照约定的时间支付价款。对支付时间没有约定或者约定不明确的,可以协议补充;不能达成协议的,买受人应当在收到标的物或者提取标的物单证的同时支付。

（4）分期付款的买受人未支付到期价款的金额达到全部价款的 1/5 的,经催告后在合理期限内仍未支付到期价款的,出卖人可以请求买受人支付全部价款或者解除合同。出卖人解除合同的,可以向买受人要求支付该标的物的使用费。

（5）标的物质量不符合约定,买受人要求减少价款的,人民法院应予支持。当事人主张以符合约定的标的物和实际交付的标的物按交付时的市场价值计算差价的,人民法院应予支持。价款已经支付,买受人主张返还减价后多出部分价款的,人民法院应予支持。

二、赠与合同

（一）赠与合同的概念

赠与合同是指赠与人将自己的财产无偿给予受赠人,受赠人表示接受该赠与的合同。其中,转让财产的一方为赠与人,接受财产的一方为受赠人。

（二）赠与合同当事人的权利义务

1. 赠与人的权责

（1）移转赠与标的物。赠与人应按约定将赠与物之所有权交付给受赠人,在赠与物为不动产时,还应协助办理有关登记手续。

（2）瑕疵担保责任。在附义务的赠与中,赠与的财产有瑕疵的,赠与人在附义务的限度内承担与出卖人相同的责任。赠与人故意不告知瑕疵或保证无瑕疵,造成受赠人损失的,应当承担损害赔偿责任。

（3）任意撤销权。赠与人在赠与财产的权利转移之前可以撤销赠与,但经过公证的赠与合同或具有救灾、扶贫等社会公益、道德义务性质的赠与合同不得任意撤销。

2. 受赠人的权责

（1）无偿取得赠与物的权利。受赠人可以无偿取得赠与物,但若赠与合同约定负担义务的,受赠人需按约定履行义务。

（2）请求交付权利。在具有救灾、扶贫等社会公益、道德义务性质的赠与合同或经过公证的赠与合同中,若赠与人不交付赠与物,受赠人可以请求交付。

（3）履行赠与合同的义务。若赠与合同附有义务,受赠人应按约定履行相关义务。在附义务赠与中履行所附义务。受赠人应在赠与物的价值限度内履行所附义务,若不履行,赠与人有权请求履行或撤销赠与。

 案例分析 5-25

丈夫赠房给情人,赠与合同有效吗

郑某与朱某是夫妻关系,但郑某与陈某发生了婚外情。为了讨好陈某,郑某将其与朱某共同购买的房屋赠与陈某作为补偿。朱某得知后,要求陈某返还房屋。

请问

丈夫郑某赠房给情人赠与合同有效吗?

三、借款合同

(一)借款合同的概念

借款合同是指借款人向贷款人借款,到期返还借款并支付利息的合同。借款合同应当采用书面形式,但是自然人之间借款另有约定的除外。

(二)借款合同的权利和义务

1. 借款人需要履行的义务

(1)信息披露义务,即借款人需要提供真实的个人信息和财务状况。

(2)使用借款的约定,即借款人应按照合同约定的用途使用借款资金,并接受贷款人的监督检查。

(3)支付利息,即借款人需要按照合同约定支付利息。

(4)归还本金,即借款人需要按期归还借款本金。

2. 贷款人享有的权利

(1)请求返还本金和利息,即贷款人有权要求借款人归还借款本金和利息。

(2)监督检查权,即贷款人有权监督检查借款的使用情况。

(3)暂停或提前收回贷款,即如果借款人未按约定使用借款,贷款人有权暂停发放贷款或提前收回贷款。

(4)解除合同权,即在特定情况下,贷款人有权解除合同。

此外,根据法律规定,出借人不得利用优势地位预先在本金中扣除利息,否则应按实际借款数额返还借款并计算利息。出借人还应保守借款人的商业机密,不得泄露给第三方。

四、租赁合同

(一)租赁合同的概念

租赁合同是指出租人将租赁物交付给承租人使用、收益,承租人支付租金的合同。在当事人中,提供物的使用或收益权的一方为出租人;对租赁物有使用或收益权的一方为承租人。租赁物须为法律允许流通的动产和不动产。

(二)借款合同的权利和义务

1. 出租人的权责

(1)交付出租物。出租人应依照合同的约定的时间和方式交付租赁物。物的使用以交付占有为必要的,出租人应按照约定交付承租人实际占有使用。物的使用不以交付占有为必要的,出租人应使之处于承租人得以使用的状态。如果合同成立时租赁物已经为承租人直接占有,从合同约定的交付时间时起承租人即对租赁物享有使用收益权。

(2)在租赁期间保持租赁物符合约定用途。租赁合同是继续性合同,在其存续期间,出租人有继续保持租赁物的法定或者约定品质的义务,使租赁物合于约定的使用收益状态。倘发生品质降低而害及承租人使用收益或其他权利时,则应维护修缮,恢复原状。但是,租赁物的损坏因承租人过错所致的除外。

(3)权利的瑕疵担保义务。出租人应担保不因第三人对承租人主张租赁物上的权利而使承租人无法依约对租赁物进行使用收益。

2. 承租人的权责

（1）支付租金。《民法典》规定，承租人应当按照约定的期限支付租金。承租人无正当理由未支付或者迟延支付租金的，出租人可以请求承租人在合理期限内支付；承租人逾期不支付的，出租人可以解除合同。

（2）按照约定的方法使用租赁物。承租人按照约定的方法或者按租赁物的性质使用致使租赁物受到损耗的，因属于正常损耗，不承担损害赔偿责任。承租人不按照约定的方法或者按租赁物的性质使用致使租赁物受到损耗的，实为承租人违约，出租人可以解除合同并要求赔偿损失。

（3）妥善保管租赁物。承租人应以善良管理人的注意义务妥善保管租赁物，未尽妥善保管义务，造成租赁物毁损灭失的，应当承担损害赔偿责任。

（4）不得擅自改善和增设他物。承租人经出租人同意，可以对租赁物进行改善和增设他物。承租人未经出租人同意对租赁物进行改善和增设他物的，出租人可以请求承租人恢复原状或赔偿损失。

（5）通知义务。在租赁关系存续期间，租赁物有修理、防止危害的必要应该通知的事由。承租人怠于通知，致出租人不能及时救济而受到损害的，承租人应负赔偿责任。

（6）返还租赁物。租赁合同终止时，承租人应将租赁物返还出租人。逾期不返还，即构成违约，承租人须给付违约金或逾期租金，并须负担逾期中的风险。

案例分析 5-26

　　李某与王某签订了一份房屋租赁合同，约定李某将其房屋租给王某居住，租期为一年。在租赁期间，王某未经李某同意，擅自将房屋转租给了他人。李某发现后，要求王某停止转租行为，并支付违约金。

请问

李某的要求是否合法？为什么？

五、运输合同

（一）运输合同的概念

运输合同又称运送合同，是指承运人将旅客或者货物从起运地点运输到约定地点，旅客、托运人或者收货人支付票款或者运输费用的合同。

以运输的对象为标准，可将运输合同分为旅客运输合同和货物运输合同。前者是指承运人将旅客从起点运送到约定的目的地的合同；而货物运输合同是指承运人将所交运的货物从起点运送到约定目的地的合同。

（二）运输合同的权利和义务

1. 承运人的主要权责

（1）承运人在约定期间或者合理期间内将旅客、货物安全运到约定地点。此为承运人的主合同义务，即在约定期限或者合理期限内将旅客、货物安全运输到约定地点。其中，"约定期限"可以根据双方当事人的合意确定,而如何确定将旅客、货物安全运输到约定地点的"合理期限"成为实践难点。期限是否合理,需要结合案件的具体情况,从通常的管理等角度,衡量承运人所最终耗费的运输期限是否"合理"。

（2）承运人应当按照约定的或者通常的运输路线运送旅客、货物。运输路线是承运人承担运输业务所需经过的路线。就承运人在运输中路线的选择而言,其可以按照双方当事人的约定,也可以按照"通常的运输路线"。实践中,在铁路、公路、航空、水运等领域,运输主管部门和运输企业为了运输安全、便利和快捷,对运输路线往往都有统筹的计划和安排。运输路线的选择,影响着客货的运输时间,故承运人负有按通常的运输路线将旅客、货物运输到约定地点的义务。

2. 旅客、托运人的主要权责

（1）旅客、托运人或者收货人应当按照约定支付票款或者运费。旅客、托运人或者收货人的主要义务就是支付票款或者运输费用,这一费用通常在事前已由其与承运人协商一致,或其接受承运人所公示的收费标准。但是,如果承运人未按照约定路线或者通常路线运输,导致票款或者运输费用额外增加的,旅客、托运人或者收货人可以拒绝支付增加部分的票款或者运输费用。如双方对运输线路约定不明,承运人必须按照"通常线路"来完成其运输义务。此种情况下,承运人所遵循的运输路线是否是"通常路线"、是否存在"绕道"等现象,同样要根据行业惯例等因素予以判断。

（2）如实申报的义务。托运人办理货物运输,应当向承运人准确表明收货人的姓名、名称或者凭指示的收货人,货物的名称、性质、重量、数量,收货地点等有关货物运输的必要情况。因托运人申报不实或者遗漏重要情况,造成承运人损失的,托运人应当承担赔偿责任。

（3）配合义务。旅客、托运人对承运人及运输货物为安全运输所作的合理安排应当积极协助和配合。不得违法携带、运输危险物品或者违禁物品。

导读案例分析

（1）本案中房屋毁损属于意外灭失,该风险损失由赵某承担。因为,该房屋买卖合同虽然已经签订,但过户登记前尚未生效,房屋所有权仍然归赵某,其风险也应由赵某承担。

（2）在本案房款纠纷中,赵某依法无权要求王某给付余下的 10 万元,并应将已收的 40 万元退还给王某。

（3）本案中家具的意外灭失应由王某承担。因为,王某与李某的关系属于承揽合同关系和提供劳务合同关系,在李某已交付定作物并已履行搬运劳务后,王某应按约支付酬金。至于家具的灭失风险,由于所有权已归王某,应由王某独立承担。

课后测试

一、判断题

1. 双方采用合同书形式订立合同,在签字或盖章前,合同在任何情况下都不会成立。

（　　）

2. 对于所有具有可撤销情形的合同,任何一方当事人均可申请撤销。　　　(　　)

3. 合同生效后,一方当事人的法定代表人变动的,应当变更合同。　　　　(　　)

4. 合同当事人给付定金的,如果接受定金的一方违约,应当向给付方原数返还定金,但需要加付利息。　　　　　　　　　　　　　　　　　　　　　　　　(　　)

5. 合同的中止和终止其含义是一样的。　　　　　　　　　　　　　　　(　　)

二、单项选择题

1. 一般来说,合同成立的时间是(　　)。
   A. 要约生效的时间　　　　　　　　　B. 发出承诺通知的时间
   C. 承诺生效的时间　　　　　　　　　D. 公证的时间

2. 甲公司与乙公司签订了购买 10 辆汽车的合同。就在乙公司将汽车交付甲公司时,被工商行政管理部门查出该汽车是走私物品而予以查封。根据我国《民法典》关于合同效力的规定,该买卖汽车合同属于(　　)。
   A. 有效合同　　　　　　　　　　　　B. 无效合同
   C. 可撤销合同　　　　　　　　　　　D. 效力待定合同

3. 张三误以为李四家的花瓶是文物(而实际仅是普通花瓶)而与李四订立了以高价买卖此花瓶的协议,该协议属于(　　)。
   A. 无效合同　　　　　　　　　　　　B. 效力待定合同
   C. 有效合同　　　　　　　　　　　　D. 可撤销合同

4. 根据我国《民法典》的规定,撤销权自债权人知道或应当知道撤销事由之日起(　　)内行使。
   A. 1 个月　　　　　B. 3 个月　　　　　C. 1 年　　　　　D. 5 年

5. 根据我国《民法典》的规定,下列各项财产中,不得用于抵押的是(　　)。
   A. 抵押人所有的房屋和其他地上定着物
   B. 抵押人所有的交通工具
   C. 土地所有权
   D. 抵押人依法有处分权的国有土地使用权

三、多项选择题

1. 合同履行有先后顺序的,后履行义务一方当事人出现下列情况时,另一方当事人可以行使其不安抗辩权的有(　　)。
   A. 经营状况严重恶化的
   B. 转移债务、抽逃资金,以逃避债务的
   C. 严重丧失商业信誉的
   D. 其他丧失或者可能丧失债务履行能力的情形

2. 下列关于定金的说法中,正确的有(　　)。
   A. 定金担保合同的履行
   B. 定金是违约责任的一种
   C. 定金不得超过主合同标的的 20%
   D. 收受定金的一方不履行约定的债务的,应当双倍返还定金

3. 我国《民法典》规定当事人承担的违约责任主要有(　　)。

A. 支付定金　　　　　　　　　　　B. 赔偿损失

C. 中止履行合同　　　　　　　　　D. 继续履行合同

E. 采取补救措施

4. 我国《民法典》规定的构成缔约过失责任的情形有(　　)。

A. 假借订立合同,进行恶意磋商

B. 故意隐瞒与订立合同有关的重要事实或提供虚假情况

C. 其他违背诚实信用原则的行为

D. 乘人之危订立合同的

5. 关于质押,下列说法中,正确的有(　　)。

A. 原则上,除不动产及法律禁止流通的动产外,其他一切动产都可设定质押

B. 汇票、支票、本票、债券、存款单、仓单、提单等也可以设定质押

C. 质押合同自质物移交质权人占有之日起生效

D. 主合同债务人因其提供了质物,因而成为质押合同中的质权人

四、实训题

实训一

甲某与乙某签订了一份租房合同。合同约定:甲某租给乙某一室两厅的房屋一套;每月租金1 200元,按季度支付,每季度的第一个星期一交付本季度的租金;租期2年,从2018年10月1日起至2020年9月30日止,并约定甲某与2018年9月20日前付定金5 000元。合同签订后,甲某于2018年9月15日按照合同付了定金给乙某,乙某当即交房给了甲某,甲某打开房屋查看后,用自己买的锁锁了门。2018年10月8日,甲某找到乙某,提出不租房的要求,并要求乙某退还5 000元定金。乙某只同意甲某不租住自己的房屋,但不同意退还定金给甲某。

请分析:本案中,甲某的行为是否违约,理由是什么? 定金应该如何处理?

实训二

某地农民贾某的父母收藏了一幅齐白石的画,秘而不宣。其父去世后,贾某在整理遗物时发现了该画。由于贾某文化不高,不知道该画的真实价值。一日,某市国家干部刘某下乡检查工作,住在贾某家,发现了这幅画。于是,刘某以极低的价格买下了这幅画。后来,贾某通过电视知道了齐白石的画的价值,便通过十分曲折的途径找到刘某,要求刘某退还该画。刘某以双方都是自愿买卖,不存在威胁、欺骗为由,拒绝退回。于是,贾某向法院起诉,要求刘某归还该画。

请分析:刘某与贾某订立的买卖合同的效力如何? 理由是什么? 对于贾某的诉讼请求,法院能否支持,为什么?

实训三

合同书的写作。(根据本章案例分析5-4的内容,草拟一份合同书)

实训目的:通过合同书的写作,进一步了解合同的概念、原则、条款,以及关于合同的相关法律规定,进而掌握合同的写作技巧。

五、思考题

1. 订立合同应当采用什么形式?

2. 合同的内容应当包括哪些主要条款?

3. 在什么情况下合同无效?

4. 合同中的哪些免责条款是无效的?

5. 在什么情况下当事人可以解除合同?

6. 当事人承担违约责任的方式主要有哪几种?

7. 当事人在哪些事由出现时可以部分或全部免除违约责任?

第六章
工业产权法律制度

知识目标

1. 学习了解我国工业产权的概念和法律特征。
2. 掌握商标权和专利权的取得条件和申请的程序。
3. 掌握商标权和专利权主体、客体的权利和义务的有关规定。

能力目标

1. 学会如何利用工业产权有关法律知识保护企业的工业产权及商业秘密。
2. 能够运用所学的工业产权知识分析解决实践中的有关基础性法律问题。

导读案例

甲企业是北京生产乳胶漆的老厂,从2022年2月开始在商品上使用"天神"商标。2024年4月16日,甲企业向商标局申请在漆类商品上注册"天神"商标,同日有浙江某漆厂也向商标局申请注册同一商标。然而,天津一颜料厂已在颜料上使用"天神"这一未注册商标达3年。

请思考

(1) 谁能取得"天神"商标的专用权? 为什么?
(2) 天津颜料厂能否继续使用该商标? 为什么?

第一节　工业产权法概述

一、工业产权的概念和法律特征

工业产权是指人们对应用于商品生产和流通中的创造发明和显著标记等智力成果享有的专有权利。工业产权的范围十分广泛，主要包括发明、实用新型、外观设计、商标、服务标记、厂商名称、货源标记、原产地名称以及制止不正当竞争的权利。在我国，工业产权主要指专利权和商标权。

工业产权属于知识产权的范畴，是一种无形财产权，是人们对自己的脑力劳动所创造出的精神财富依法享有的权利，它与有形财产权相比，具有下列法律特征。

1. 专有性

专有性又称排他性，是指依照法律规定取得的专利权和商标权专属于权利人所有，排除他人享有同样权利的可能性。享有该项权利的人有权使用或依其意志进行转让，其他任何人非经权利人同意不得使用，否则即为侵权。

2. 地域性

地域性是指工业产权的法律保护具有域内效力，即一国授予的专利权和商标权只在该国领域内有效，对其他国家没有任何效力。一国的发明创造或商标要在他国获得专利权或商标权，必须依照他国的法律程序去申请并获得批准，否则，得不到他国法律的保护。

3. 时间性

时间性是指工业产权的法律保护是有一定期限的，即权利人在法定期限内享有专有权，有效期限届满后，工业产权就不再受法律保护，成为社会财富，任何人都可以自由地使用而不发生侵权问题。

4. 确认性

确认性是指工业产权必须是依据国家有关法律规定的程序确认的。例如，专利权、商标专用权的取得，必须依据专利法、商标法的规定，向国家的专门主管机关提出申请，经主管机关依法审查批准，并以法定形式正式确认后，才能给予法律保护。

二、工业产权法的概念

工业产权法是调整因确认、保护和使用工业产权而发生的各种社会关系的法律规范的总称。

工业产权法并不是一部单独的法，而是对主要包括专利法和商标法以及与此相关的条例、细则等总称。我国调整工业产权的法律、法规主要有：《中华人民共和国商标法》（以下简称《商标法》）、《中华人民共和国商标法实施条例》（以下简称《商标法实施条例》）、《中华人民共和国专利法》（以下简称《专利法》）、《中华人民共和国专利法实施细则》（以下简称《专利法实施细则》）等。《民法典》对知识产权也有相关规定。

三、工业产权的国际保护

工业产权的效力是有地域限制的,它只能在授予这种权利的国家内存在和行使。但在各国对外经济、政治、文化等方面交流日益增强的情况下,如果缺乏国家之间的有力协作,跨国界的侵权行为势必泛滥,如抢注商标、盗版软件等。为此,有关工业产权保护的国际性、地区性国际条约先后出台。保护工业产权的条约主要有:《保护工业产权巴黎公约》《商标国际注册马德里协定》《关于供商标注册用的商品和服务的国际分类的尼斯协定》《保护原产地名称及其国际注册里斯本协定》《专利合作条约》《商标注册条约》等。

我国已经加入的有关工业产权的国际公约有:《成立世界知识产权组织公约》(1980 年加入)、《保护工业产权巴黎公约》(1985 年加入)、《商标国际注册马德里协定》(1989 年加入)、《专利合作条约》(1993 年加入)、《关于供商标注册用的商品和服务的国际分类的尼斯协定》(1994 年加入)、《国际植物新品种保护公约》(1999 年加入)。

请同学们上网查一查,知识产权和工业产权是什么关系?

第二节　商　标　法

一、商标的概述

(一) 商标和商标法的概念

商标是指商品的生产经营者或者服务提供者使用于商品或服务上,由文字、图形、字母、数字、三维标志、颜色组合或者由这些要素的组合构成的,具有显著特征,易于识别的标志。商标具有区别经营者、指示质量、广告宣传等功能。例如,"怡宝""乐百氏""雀巢""康师傅"等,是不同生产者使用在他们所生产的矿泉水这一商品上的标志,用于区别不同的矿泉水生产厂家,便于消费者认识和购买。

法律驿站 6-1

商标有什么作用

(1) 商标是区别商品或服务来源的标志。

(2) 注册商标是取得专用权的前提,只有注册商标才能受到法律的保护。

(3) 商标是企业的无形资产,是信誉的载体。

(4) 注册商标有利于企业品牌的宣传、推广及加大市场竞争的优势。

商标法是指在调整确认、保护商标专有权和商标使用过程中发生的社会关系的法律规范的总称。

法律驿站6-2

你了解"同仁堂"商标吗

"同仁堂"品牌创建于清康熙八年即公元1669年,作为清宫的御膳房,"同仁堂"与清宫有着密切的渊源。"同仁堂"作为商品商标和服务商标,不仅为企业带来了可观的经济效益,也为国家赢得了荣誉,其中医草药、中成药及各种饮片,已成为中华民族的文化遗产,不仅为国人所赞誉,在海外也深受欢迎。当"同仁堂"商标所有人欲在日本申请注册"同仁堂"商标以保护自己的利益时,却发现早在1983年"同仁堂"商标就在日本被他人抢注了。

小思考6-2

请同学们查阅资料,议一议商标与商号有何区别。

(二)商标的分类

(1)注册商标和未注册商标。按照商标是否被主管部门核准注册,商标可以分为注册商标和未注册商标。注册商标是指由当事人申请,经国家主管机关审查核准,予以注册的商标。未注册商标是指其使用人未申请注册或者注册申请未被核准、未给予注册的商标。在我国,只有注册商标能够取得商标专用权,未注册商标的使用人不享有商标专用权,也不能禁止他人就同样的商标提起注册申请。

案例分析6-1

某市水果罐头甲厂使用"常乐"牌未注册商标生产菠萝罐头。没过多久,本市的另一家水果罐头乙厂派人找到甲厂领导,指责甲厂使用的"常乐"商标与他们厂使用的"长乐"商标发音相同,要求甲厂停止使用,否则就构成侵权,要到法院起诉。后经了解,乙厂使用的"长乐"商标也是未经注册的商标。

请问

(1)未注册商标是否具有专用权?

(2)乙厂对甲厂提出的要求是否合法?

(3)如果你是甲厂厂长,你应对此采取何种措施来保护自己"常乐"商标的使用权?

（2）商品商标和服务商标。根据商标使用对象的不同,商标可分为商品商标和服务商标。商品商标是生产经营者在生产、制造、加工、拣选或经销的有形商品上使用的标记,如"可口可乐"。服务商标是服务业经营者在其提供的服务项目上使用的标记,如"爆肚冯""烤肉季"就是服务商标。

（3）平面商标和立体商标。平面商标是指以文字、图形或者文字、图形组合而成的标志。平面商标包括文字商标、图形商标和文字图形组合而成的商标等。平面商标是最为常见的商标类型。立体商标指以商品形状或者其容器、包装的形状构成的三维标志。例如,可口可乐的饮料瓶和麦当劳的金黄色"M",就是立体商标。

（4）集体商标和证明商标。集体商标是指工商业团体或其他行业组织依据共同制定的章程进行注册并由全体成员共同使用,以表明使用者在该组织中的成员资格的商标,如"龙口粉丝""南京盐水鸭"。证明商标是指由对某种商品或者服务具有检测和监督能力的组织注册,而由注册人之外的人使用于其商品或者服务,用于证明该商品或者服务的原产地、原料、制造方法、质量或者其他特定品质的标志。例如,纯羊毛标志、绿色食品标志等,都是市场上常见的证明商标。

二、商标的构成条件

（一）具有显著特征,便于识别

商标的显著性可以通过以下两种方式获得:①商标本身具有显著性,即商标所使用的文字、图形、字母、数字、三维标志或颜色的组合等新颖、醒目,富有个性,与指定使用的商品没有直接联系,可以起到区别商品和服务的作用。例如,"柯达""尼康"等都是本身具有显著性的商标,能够直接作为商标注册;②通过长期的使用获得商标的显著性。这种商标本身不具有显著性,但经过长时间使用,使得消费者事实上已经将该标记同特定的商品联系在一起,则该商标就被认为起到了区别商品和服务来源的作用,从而获得了显著性,也可以作为商标注册。

（二）不得与他人在先取得的合法权利相冲突

作为商标的标志可能涉及他人的著作权、肖像权等权利,法律对这些权利同样给予保护,因此要求作为商标的标志不得与他人在先取得的权利相冲突。在先取得的合法权利是指在商标注册申请人提出商标注册申请以前,他人已经依法取得或者依法享有并受法律保护的权利。通常包括著作权、专利权、姓名权、肖像权、商号权、地理标志权、域名权等权利。

（三）必须是可视性标志

商标可以是平面的,也可以是立体的,但必须是可视性标志,故声音、气味不得作为商标注册。如果以三维标志申请注册商标,由商品自身的性质产生的形状、为获得技术效果而需有的商品形状或者使商品具有实质性价值的形状,不得注册。

（四）不得违反法律的禁止性规定

商标法对于商标标志的禁止性规定有两种:一种是不得作为商标使用的标志;另一种是不得作为商标注册的标志。对于第二种标志而言,虽然不得作为商标注册的标志,却可以作为商标使用,倘若通过使用取得了显著特征,并且便于识别,则可以作为商标注册。

根据《商标法》第十条的规定,下列标志不得作为商标使用:

（1）同中华人民共和国的国家名称、国旗、国徽、军旗、勋章相同或者近似的,以及同中央国家机关的名称、标志、所在地特定地点的名称或者标志性建筑物的名称、图形相同的。

（2）同外国的国家名称、国旗、国徽、军旗等相同或者近似的，但该国政府同意的除外。

（3）同政府间国际组织的名称、旗帜、徽记相同或者近似的，但经该组织同意或者不易误导公众的除外。

（4）与表明实施控制、予以保证的官方标志、检验印记相同或者近似的，但经授权的除外。

（5）同"红十字""红新月"的名称、标志相同或者近似的。

（6）带有民族歧视性的。

（7）带有欺骗性，容易使公众对商品的质量等特点或者产地产生误认的。

（8）有害于社会主义道德风尚或者有其他不良影响的。

有人说："十大元帅"肖像可以做商标标识。你如何看？

（9）县级以上行政区划的地名或者公众知晓的外国地名，不得作为商标。但是，地名具有其他含义或者作为集体商标、证明商标组成部分的除外；已经注册的使用地名的商标继续有效。

> 长寿县灯具厂于 2024 年 4 月向商标局申请为其产品注册"长寿"商标。4 月 10 日，商标局审查后认为"长寿"系县级以上行政区划名称而驳回申请。4 月 14 日，灯具厂收到驳回通知。某邻县灯泡厂一直使用未注册的"长寿"商标。
>
> **请问**
>
> （1）如灯具厂不服商标局驳回申请的决定，应在何月何日前向谁申请复审？
>
> （2）你认为复审应当得到什么结果？请说明理由。
>
> （3）如果复审结果改变初审决定，予以初步审定并最后核准注册，发给商标注册证，那么邻县灯泡厂能否再使用未注册的"长寿"商标？

根据《商标法》第十一条、第十二条规定，下列标志不得作为商标注册：

（1）仅有本商品的通用名称、图形、型号的。

（2）仅仅直接表示商品的质量、主要原料、功能、用途、重量、数量及其他特点的。

（3）以三维标志申请注册商标的，仅由商品自身的性质产生的形状、为获得技术效果而需有的商品形状或者使商品具有实质性价值的形状。

其中，前两类标志经过使用取得显著特征，并便于识别的，可以作为商标注册。

甲厂自去年以来生产土豆片、锅巴等小食品,使用"香脆"两字作未注册商标。现甲厂决定提出"香脆"商标注册申请,使用商品仍为土豆片、锅巴。

请问

(1)该商标注册申请能否被核准,为什么?

(2)如果商标局驳回该注册申请,甲厂不服,应在何时向谁提出复审请求?

"酸酸乳"能否申请酸奶的注册商标而获得保护?为什么?

三、商标注册的申请

(一)商标注册的原则

1.自愿注册原则

根据自愿注册原则,当事人是否申请商标注册,由商标使用人自己决定。但需要注意的是,自愿注册原则有其例外情况。例如,人用药品和烟草制品就必须使用注册商标,未经核准注册的,不得在市场上销售。

张某开办了一家雪糕厂,生产各种雪糕,为了扩大产品的销量,张某决定在本厂的产品上使用一个别致的商标,考虑到本厂的主打产品是一种双棒的雪糕,张某遂在雪糕的外包装上使用了"小蜜伴大款"这一商标,但未就该商标进行注册申请。该产品销向市场后受到了市场监督管理部门的查处。

请问

(1)张某使用的商标是否一定要申请注册?为什么?

(2)张某的商标是否合法?为什么?

2.先申请原则

两个以上的申请人先后就同一种类的商品,以相同或类似的商标申请注册,商标局对申请在先者予以审核和注册,并驳回其他人的申请。申请先后的确定以申请日为准,申请日的确定以商标局收到的申请文件为准。如果申请人是同一天提出申请的,则以使用在先原则作为补充。如果同一天使用或者均未使用的,则双方协商解决。

案例分析 6-5

　　海南省某公司于 2016 年在其乳制品上使用"花花妞"商标,该产品在当地有一定知名度。三亚市某牛奶公司于 2020 年将"花花妞"申请注册为该公司所产的牛奶的商标,2022 年由国家商标局核准注册。2023 年,三亚市某牛奶公司向法院起诉,状告海南省某公司使用的"花花妞"商标侵犯了其注册商标权,请求法院判令被告停止侵权、赔偿损失。被告抗辩声称自己是"花花妞"商标的最先使用人,有权利继续使用自己的商标。

　　请问

　　被告的抗辩是否有道理?

法律驿站 6-3

对于同一天申请注册的商标相同或近似的商品该怎么办

　　《商标法》第三十一条规定,两个或者两个以上的申请人,在同一种商品或者类似商品上,以相同或者近似的商标在同一天申请注册的,初步审定并公告申请在先的商标;同一天申请的,初步审定并公告使用在先的商标,驳回其他人的申请,不予公告。

　　3. 优先权原则

　　商标注册申请的优先权是指商标注册申请人在外国第一次提出商标注册申请之日起 6 个月内,若向中国提出同样申请的,将优先于他人在该申请日后提出的申请,取得申请在先的地位。《商标法》第二十五条规定,商标注册申请人自其商标在外国第一次提出商标注册申请之日起 6 个月内,又在中国就相同商品以同一商标提出商标注册申请的,依照该外国同中国签订的协议或者共同参加的国际条约,或者按照相互承认优先权的原则,可以享有优先权。

　　除了申请优先权,我国商标法还规定了展览优先权,是指商标在展览会展出的商品上首次使用的,可以享有优先权。《商标法》第二十六条规定,商标在中国政府主办的或者承认的国际展览会展出的商品上首次使用的,自该商品展出之日起 6 个月内,该商标的注册申请人可以享有优先权。

案例分析 6-6

　　某地方国有企业专门从事食品加工,最近购买了新的机器设备,准备生产肉类罐头,该厂销售部门建议使用"春都"商标,有人说,"春都"商标是洛阳肉联厂(现春都集团)的注册商标,不能随便使用。赞成的人则说,他们在火腿肠上使用,我们在罐头食品上使用,互

（续上）

不影响。

请问

该厂能否在肉类罐头上使用"春都"商标？为什么？

（二）商标注册申请人

根据《商标法》第四条、第五条的规定，商标注册申请人可以是自然人、法人或者其他组织，2个以上的自然人、法人或者其他组织可以共同向商标局申请注册同一商标，共同享有和行使该商标专用权。而且同一商标可以由几个主体共同向商标局提起申请，获得的商标专用权由几个主体共有。如果是集体商标或者证明商标，则有关法规要求申请人必须是具有法人资格的组织。申请证明商标的，还应当是对某种商品或服务的特定质量具备检测和监督能力的机构。

（三）申请文件

申请商标注册，应当依照公布的商品和服务分类表按类申请。需要提交的申请文件有申请书、商标图样和证明文件。

根据《商标法实施条例》，每一件商标注册申请应当向商标局提交《商标注册申请书》1份、商标图样1份；以颜色组合或者着色图样申请商标注册的，应当提交着色图样并提交黑白稿1份；不指定颜色的应当提交黑白图样。以三维标志申请注册商标的，应当在申请书中予以声明，说明商标的使用方式，并提交能够确定三维形状的图样。以颜色组合申请注册商标的，应当在申请书中予以声明，说明商标的使用方式。申请注册集体商标、证明商标的，应当在申请书中予以声明，并提交主体资格证明文件和使用管理规则。商标为外文或者包含外文的，应当说明含义。

与申请书同时提交的证明文件有自然人身份证、法人营业执照副本或者登记机关颁发的证件。

四、商标注册申请的审查与核准

（一）申请日的确定

申请日是确定商标权归属的法律依据。根据《商标法实施条例》第十八条的规定，商标注册的申请日期，以商标局收到申请文件的日期为准。申请人享有优先权的，以优先权日为申请日。

申请手续基本齐备或者申请文件基本符合规定，但是需要补正的，商标局通知申请人予以补正，限其自收到通知之日起30日内，按照指定内容补正并交回商标局。在规定期限内补正并交回商标局的，保留申请日期；期满未补正的，视为放弃申请，商标局应当书面通知申请人。

（二）商标注册申请的审查

商标注册申请的审查包括形式审查和实质审查两个方面。形式审查是商标局在收到注册申请后，对申请文件、申请人资格等作出的审查。实质审查是对商标是否具备注册条件的审查，由商标局就其是否具有显著性、是否含有禁止性内容以及是否与他人注册商标相混同等事项,进行审查并作出判断。

(三) 初步审定和公告异议

商标局对受理的商标注册申请,依法进行审查,对符合《商标法》各项规定的,由商标局初步审定,予以公告。公告的目的在于征询公众的意见,协助商标局进行审查。

对初步审定的商标,自公告之日起3个月内,任何人均可以提出异议。公告期满无异议的,予以核准注册,发给商标注册证,并予公告。

(四) 核准注册

公告后3个月内无人提出异议的,或者有人提出异议但经裁定异议不成立的,予以核准注册,发给商标注册证,并予公告。核准注册日是商标注册申请人取得商标专用权的时间,申请人自核准注册之日起成为商标权人。经裁定异议不能成立而核准注册的,商标注册申请人取得商标专用权的时间自初审公告3个月期满之日起计算。

法律驿站6-4

哪些主体可以申请商标注册

根据《商标法》及其实施条例的规定,商标注册申请人,必须是依法成立的企业、事业单位、社会团体、个体工商户、个体合伙、农村承包经营者,以及符合《商标法》第十七条规定的外国人或者外国企业。

(五) 商标复审

商标复审包括对驳回商标注册申请的复审与对异议的复审两种。

对驳回申请、不予公告的商标,商标局应当书面通知商标注册申请人。商标注册申请人不服的,可以自收到通知之日起15日内向商标评审委员会申请复审,由商标评审委员会作出决定,并书面通知申请人。当事人对商标评审委员会的决定不服的,可以自收到通知之日起30日内向人民法院起诉。

对初步审定、予以公告的商标提出异议的,商标局应当听取异议人和被异议人陈述事实和理由,经调查核实后,作出裁定。当事人不服的,可以自收到通知之日起15日内向商标评审委员会申请复审,由商标评审委员会作出裁定,并书面通知异议人和被异议人。当事人对商标评审委员会的裁定不服的,可以自收到通知之日起30日内向人民法院起诉。

五、商标权的内容

商标权的内容,即商标法律关系的权利和义务。

(一) 商标权人的主要权利

商标权人的主要权利的具体内容包括:使用权、禁止权、转让权和许可权。

1. 使用权

使用权是指注册商标所有人在核定使用的商品上使用核准注册的商标的权利。商标有很多种使用方式,例如将商标用于商品、商品包装或者容器以及商品交易文书上,或者将商标用于广告宣传、展览以及其他商业活动中。使用权的行使必须符合法律规定,即必须在核准注册的商标和核定使用的商品上使用。

2. 禁止权

禁止权是指商标所有人禁止任何第三人未经其许可在相同或类似商品上使用与其注册商标相同或近似的商标的权利。禁止权的效力范围大于使用权的效力范围，它不仅包括与核准注册的商标、核定使用的商品相同的商标或商品，而且可以扩大到近似商标和类似商品上。

3. 转让权

转让权是指商标权人有权将其所有的注册商标转让给他人。转让注册商标应当签订转让协议，并由转让人与受让人共同向商标局提出申请。注册商标转让经商标局核准并公告，受让人自公告之日起享有商标专用权。为了防止混淆、误认或其他不良影响，类似商品使用同一商标的，应当同时转让。转让可能产生误认、混淆或者其他不良影响的，商标局驳回转让申请。注册商标转让不影响转让前已经生效的商标使用许可合同的效力，但商标使用许可合同另有约定的除外。

4. 许可权

许可权是指商标权人可以通过签订使用许可合同，许可他人使用注册商标。经许可使用他人的注册商标的，必须在使用该注册商标的商品上标明被许可人的名称和商品产地。许可人应当监督被许可人使用其注册商标的商品的质量，被许可人应当保证使用该注册商标的商品质量。

许可合同应在合同签订之日起 3 个月内由许可人报商标局备案，但备案不是许可合同的生效条件。未在商标局备案的，不得对抗善意第三人。

案例分析 6-7

2023 年年初，健力保足球俱乐部与南京体育用品厂合作开发纪念足球等系列用品，使用"健力保"商标，但未就该商标向国家申请注册。2023 年 12 月，天津体育用品厂依法申请并获准注册了在体育用品上的"健力保"商标。2024 年 3 月，天津体育用品厂要求健力保足球俱乐部、南京体育用品厂同其签订注册商标使用许可合同。否则，追究其商标侵权责任。

请问

天津体育用品厂的要求是否合法？为什么？

（二）商标权人的主要义务

1. 使用注册商标的义务

使用注册商标的，应当标明"注册商标"或者注册标记。商标注册后必须使用，即注册商标用于商品、商品的包装或容器以及商品交易文书上或将商标用于广告宣传、展览及其他业务活动。连续 3 年停止使用注册商标，任何人都可以向商标局申请予以撤销。

2. 确保商品质量的义务

商标注册人、受让人、被许可使用人应当保证注册商标的商品质量，不得粗制滥造，以次充好，欺骗消费者。商标使用许可人对被许可人使用其注册商标的商品质量负有监督义务。

3. 缴纳规费的义务

商标权人按规定在申请商标注册和办理其他商标事宜时，缴纳费用，否则，商标局不予注册。

4. 其他义务

商标权人负有遵守商标管理规定的义务，如不得自行改变注册商标、注册事项，不得自行转让注册商标的义务等。

法律驿站6-5

商品包装上的®是何意

为了便于商标管理，法律规定使用注册商标的，应当在商标上加印"注册商标"字样或商标标记。国际上通行的注册标记是一个圆圈中印一个大写的 R 字母。我国注册标记采用的一个圆圈中印一个"注"字或英文字母"R"。未注册的商标不得加印"注册商标"或者用注册标记。

六、商标权的取得

商标权取得方式分为原始取得和继受取得。

（一）原始取得

原始取得又称直接取得。在我国，经商标局核准注册的商标才享有注册商标专用权。

（二）继受取得

继受取得是指商标所有人享有商标权是以原商标所有人的商标权及其意志为依据而产生的，主要有两种情况：一是根据转让合同，受让人取得出让人的商标权；二是根据继承程序，由继承人继承被继承人的商标权。商标权中的财产权可以通过继承而取得。

七、注册商标的期限、续展和终止

（一）注册商标的期限和续展

根据《商标法》第三十九条及第四十条规定，注册商标的有效期为 10 年，自核准注册之日起计算。注册商标有效期满，需要继续使用的，应当在期满前 12 个月内按照规定办理续展手续；在此期间未能提出申请的，可以给予 6 个月的宽展期。每次续展注册的有效期为 10 年，自上一届有效期满的次日起计算。期满未办理续展手续的，注销其注册商标。商标局应当对续展注册的商标予以公告。

想一想，企业注册商标的好处有哪些？

(二) 注册商标的终止

注册商标的终止是指由于法定事由的发生,注册商标所有人丧失其商标权,法律不再对该注册商标给予保护。根据我国《商标法》的规定,注册商标因注销或者撤销而终止。

1. 注册商标因注销而终止

注销是指注册商标所有人自动放弃注册商标或商标局依法取消注册商标的程序。商标权可以自动放弃,放弃权利时须办理注销手续。商标注册人死亡或者终止,自死亡或者终止之日起 1 年期满,该注册商标没有办理移转手续的,任何人可以向商标局申请注销该注册商标。

2. 注册商标因撤销而终止

撤销是指商标主管机关或商标仲裁机构对违反《商标法》有关规定的行为予以处罚,使注册商标专用权归于消灭的程序。根据《商标法》的规定,撤销事由主要有以下各项:

(1) 违法使用注册商标,包括:自行改变注册商标,自行改变注册商标的注册人名称、地址或者其他注册事项,自行转让注册商标,连续 3 年停止使用等行为。

(2) 使用注册商标的商品质量不符合要求。使用注册商标,其商品粗制滥造,以次充好,欺骗消费者的,由各级工商行政管理部门分不同情况,责令限期改正,并可以予以通报或者处以罚款,或者由商标局撤销其注册商标。

(3) 因注册不当而撤销注册商标。已经注册的商标,违反《商标法》第十条、第十一条、第十二条规定的,或者是以欺骗手段或者其他不正当手段取得注册的,由商标局撤销该注册商标;其他单位或者个人可以请求商标评审委员会裁定撤销该注册商标。已经注册的商标,违反《商标法》第十三条、第十五条、第十六条、第三十一条规定的,自商标注册之日起 5 年内,商标所有人或者利害关系人可以请求商标评审委员会裁定撤销该注册商标。对恶意注册的,驰名商标所有人不受 5 年的时间限制。

(4) 因争议而撤销注册商标。在先注册的商标所有人对他人在后注册的商标有争议的,可以自该商标经核准注册之日起 5 年内,向商标评审委员会申请裁定撤销后注册的商标。

八、商标权的保护

(一) 商标权的保护范围

根据《商标法》第五十六条的规定:"注册商标的专用权,以核准注册的商标和核定使用的商品为限。"这一规定表明了商标法对注册商标专用权的保护有很强的确定性,以登记注册的事项为准。超出核定范围的商品或者改变核准注册的商标形态的使用行为,法律不予保护。

(二) 侵犯商标专用权的行为

(1) 未经注册商标所有人的许可,在同一种商品或者类似商品上使用与注册商标相同或者近似的商标。

(2) 销售侵犯注册商标专用权的商品,销售不知道是侵犯注册商标专用权的商品的,能证明该商品是自己合法取得的并说明提供者的,不承担赔偿责任。

(3) 伪造、擅自制造他人注册商标标识或者销售伪造、擅自制造的注册商标标识。

(4) 未经商标注册人同意,更换其注册商标并将该更换商标的商品又投入市场的。

案例分析6-8

　　甲鞋厂和乙鞋厂于2023年年初签订商标许可使用合同,甲鞋厂将已被核准注册的"大象"牌商标转让给乙鞋厂使用3年,并报送商标局备案。2024年1月,乙鞋厂向甲鞋厂表示愿提前归还"大象"商标,甲鞋厂同意。从2024年6月起,乙鞋厂对外宣传,将已打开销路的"大象"牌鞋子改为"狮子"牌鞋子,并敬告消费者谨防假冒。

请问

　　乙厂后来的行为是否构成侵权?为什么?

　　(5)给他人的商标权造成其他损害的行为,主要包括:①在同一或类似商品上将与他人注册商标相同或近似的文字、图形作为商品名称或商品装潢使用,误导公众的;②故意为侵犯他人注册商标专用权行为提供仓储、运输、邮寄、隐匿等便利条件的;③将与他人注册商标相同或者近似的文字作为企业的字号在相同或者类似的商品上突出使用,容易使相关公众产生误认的;④复制、摹仿、翻译他人注册的驰名商标或者其主要部分在不相同或者不相类似的商品上作为商标使用,误导公众,致使该驰名商标注册人的利益可能受到损害的;⑤将与他人注册商标相同或者近似的文字注册为域名,并且通过该域名进行相关商品交易的电子商务,容易使相关公众产生误认的。

案例分析6-9

　　邯郸某食品厂是"乐华"注册商标的商标权人,该商标在罐头商品上被使用,沧州某厂在罐头上使用未注册商标"月华"牌,且包装使用与"乐华"商标相似的装潢。北京某仓储公司帮助沧州某厂运输、存储"月华"罐头并在北京某商场销售。

请问

　　(1)"月华"与"乐华"是否构成商标近似?为什么?

　　(2)沧州某厂的商标是否侵犯了"乐华"的商标权?为什么?

　　(3)北京某仓储公司是否应承担责任?

　　(4)北京某商场是否应承担责任?

案例分析6-10

　　2024年1月,厨师某甲与乙饭店签订合作开办饭店协议一份。同年3月,乙饭店开业后,未悬挂店名,但在该店门上方悬挂"正宗狗不理包子第四代传人赵某第五代传人甲"

（续上）

为内容的牌匾一块,其中"狗不理包子"为大字,其余为小字,并聘请甲为该店厨师。该店自 2024 年 3 月起经营包子。2024 年 12 月,多年经营狗不理包子的丙饮食公司(已取得"狗不理"牌商标注册证),发现乙饭店及甲的行为后,即向法院提起诉讼,要求保护其商标专用权。甲与乙饭店辩称,制作悬挂的牌匾是对"狗不理"创始人及传人赵某和甲个人身份的宣传;且丙公司的商标已过有效期,所以法院应驳回。

请问
（1）丙公司是否具有"狗不理"牌商标专用权? 为什么?
（2）甲与乙饭店的行为是否侵权? 为什么?

（三）侵犯商标专用权的法律责任

侵犯商标权应承担的法律责任分为民事责任、行政责任和刑事责任。

1. 民事责任

商标专用权遭受侵害的,有权要求停止侵害、消除影响、赔偿损失等。

侵犯商标专用权的赔偿数额,为侵权人在侵权期间因侵权所获得的利益,或者被侵权人在被侵权期间因被侵权所受到的损失,包括被侵权人为制止侵权行为所支付的合理开支。

侵权人因侵权所得利益,或者被侵权人因被侵权所受损失难以确定的,由人民法院根据侵权行为的情节判决给予 50 万元以下的赔偿。

2. 行政责任

因侵犯商标专用权行为引起纠纷的,由当事人协商解决。不愿协商或协商不成的,商标注册人或利害关系人可以向人民法院起诉,也可向侵权人所在地或侵权行为地县级以上工商行政管理机关控告或检举。工商行政管理机关依照《商标法》及其他相关规定查处侵犯商标专用权的行为。

工商行政管理部门认定侵权行为成立的,可采取责令立即停止侵权行为,没收、销毁侵权商品和专门用于制造侵权商品、伪造注册商标标识的工具,并可处以罚款,以制止侵犯商标权的行为。

3. 刑事责任

根据《商标法》第六十七条和《刑法》第二百十三条、第二百十四条、第二百十五条的规定,侵犯注册商标专用权构成犯罪的有:假冒注册商标罪、非法制造他人注册商标标识或销售非法制造注册商标标识罪、销售假冒注册商标商品罪。这些犯罪都是为牟取非法利益,故意违反《商标法》,严重侵犯商标注册人的合法权益,破坏社会经济正常秩序的行为。

小思考6-6

别人侵犯了我的注册商标专用权,我该怎么办呢?

九、驰名商标的认定和保护

（一）驰名商标的概念

驰名商标通常是指那些在市场享有较高声誉、为相关公众所熟知，并且有较强竞争力的商标。驰名商标依是否为注册商标，可分为注册的驰名商标和未注册的驰名商标。

（二）驰名商标的认定

认定驰名商标的机关是商标局、商标评审委员会或者人民法院。商标局和商标评审委员会对依法行政过程中所涉及的争议商标是否驰名作出认定。人民法院在审理商标纠纷案件中，对涉案商标是否驰名依法认定。

《商标法》第十四条规定了认定驰名商标的条件，认定驰名商标应当考虑下列因素：①相关公众对商标的知晓程度；②该商标使用的持续时间；③该商标的任何宣传工作的持续时间、程度和地理范围；④该商标作为驰名商标受保护的记录；⑤该商标驰名的其他因素。

（三）对驰名商标的保护

1. 对未注册的驰名商标予以保护

一般而言，商标专用权的取得应通过注册程序，但是驰名商标专用权却可以通过使用而获得。根据《商标法》第十三条第二款的规定，就相同或者类似商品申请注册商标是复制、模仿或者翻译他人未在中国注册的驰名商标，容易导致混淆的，不予注册并禁止使用。

法律驿站6-6

你知道驰名商标的保护范围吗

驰名商标的保护范围：驰名商标保护水平高于普通商标之处就在于扩大了保护范围，普通商标的保护范围以类似商品为限，驰名商标的保护范围扩展到不相类似的商品；普通商标的保护限于商标注册和使用，驰名商标的保护扩展到作为企业名称、域名的注册和使用。简言之，驰名商标的保护范围，从标示对象看，扩展到没有竞争关系的商品或服务，从标志看，扩展到商标外其他商业标志。

2. 扩大驰名商标的保护范围

为了有效地保护驰名商标，许多国家的商标法都规定对驰名商标的保护范围要大于一般注册商标的保护范围。我国《商标法》第十三条第三款也作出了扩大驰名商标保护范围的规定，就不相同或者不相类似商品申请注册商标是复制、模仿或者翻译他人已经在中国注册的驰名商标，误导公众，致使该驰名商标注册人的利益可能受到损害的，不予注册并禁止使用。

案例分析6-11

2018年，甲公司生产的雨伞，商标为"杏花村"。其外包装的正面图形、字体、色彩与山西杏花村汾酒股份有限公司的"杏花村"驰名商标图案一致。2019年下半年，山西杏花村汾酒股份有限公司找到该公司，要求其停止使用"杏花村"商标销售产品，未能阻止。山

（续上）

西杏花村汾酒股份有限公司只能请求工商机关处理。

请问

此案中所涉及的商品不属于同类，山西杏花村汾酒股份有限公司的商标权能否得到保护？理由是什么？

第三节 专 利 法

一、专利、专利权和专利法的概念

（一）专利的概念

广义的"专利"一词，通常有三种含义：一是指专利局授予的专利权；二是指取得专利权的发明创造，一般包括发明、实用新型、外观设计三种形式；三是指专利文献。狭义的专利指专利权，从这个意义上说，专利就是专利权的简称。

（二）专利权的概念

专利权是指专利权人在法律规定的期限内对其发明创造所享有的一种独占权或专有权。

（三）专利法的概念

专利法是指确认、保护发明创造专有权和调整利用发明创造过程中所发生的各种社会关系的法律规范的总称。

《专利法》是为了保护专利人的合法权益，鼓励发明创造，推动发明创造的应用，提高创新能力，促进科学技术进步和经济社会发展特制定的法律。与之相配套的《专利法实施细则》根据 2023 年 12 月 11 日《国务院关于修改〈中华人民共和国专利法实施细则〉的决定》第三次进行修订，该法自 2024 年 1 月 20 日起施行。

二、专利权的主体、客体和内容

（一）专利权的主体

专利权的主体是指有权提出专利申请并获得专利权的单位和个人。当一项发明创造依法取得专利权后，专利申请人就成了专利权所有人。

我国《专利法》对专利权主体的主要规定包括以下几项。

1. 发明人、申请人和专利权人

发明人（设计人）是指真正完成发明创造的人，即对发明创造的实质性特点作出创造性贡献的人。申请人是指就一项发明创造向专利局申请专利的人。除了发明人可以作为申请人外，通过合同从发明人那里取得发明专利申请权的其他人；从发明人那里继承发明专利申请权的继承人；职务发明创造中按规定享有申请权的单位，都可以成为专利申请人。

专利权人即指依法享有专利权的人。发明人(设计人)、申请人依法申请被批准后,成为专利权人。

2. 职务发明人和非职务发明

企业、事业单位、社会团体、国家机关等单位的工作人员执行本单位的任务或者主要利用本单位的物质技术条件所完成的发明创造,是职务发明创造。职务发明创造申请专利的权利属于该单位。申请被批准后,该单位为专利权人。除上述两种情况,发明人、设计人完成的发明创造是非职务发明创造,非职务发明创造申请专利的权利属于发明人、设计人;申请被批准后,该发明人或设计人为专利权人。利用本单位的物质技术条件所完成的发明创造,单位与发明人或者设计人订有合同,对申请专利的权利和专利权的归属作出约定的,从其约定。这里,执行本单位的任务是指:①在从事本职工作时作出的发明创造;②履行本单位交付的本职工作之外的任务所作出的发明创造;③退职、退休或者调动工作后1年内作出的,与其在原单位承担的本职工作或者分配的任务有关的发明创造。主要利用本单位的物质技术条件是指利用本单位的资金、设备、零部件、原材料或者不对外公开的技术资料等。

3. 共同发明和委托发明

两个以上的对同一发明创造共同构思,并且作出了创造性贡献的人是共同发明人或共同设计人,专利被批准后,专利由他们共有。

《专利法》所称发明人或设计人,是指对发明创造的实质性特点作出创造性贡献的人,在完成发明创造的过程中,只负责组织工作的人、为物质技术条件的利用提供方便的人或者从事其他辅助工作的人,不是发明人或者设计人。

两个以上单位或者个人合作完成的发明创造、一个单位或者个人接受其他单位或者个人委托所完成的发明创造,除另有协议的以外,申请专利的权利属于完成或共同完成的单位或者个人;申请被批准后,申请单位或者个人为专利权人。委托发明是委托方委托受托方进行的发明。一般相关权利的归属,委托合同有规定的,从其规定;合同没有规定的,相关权利属受托人。

4. 外国人待遇

在中国境内没有经常居所或营业处所的外国人、外国企业或者其他外国组织在中国申请专利的,依照其所属国与我国签订的协议,或者共同参加的国际条约,或者依照互惠原则,根据《专利法》有关规定办理,并应当委托国务院专利行政部门指定的专利代理机构办理。

案例分析 6-12

王某在董某、吴某和张某的协助下成功研制了一台交流稳压器。王某向中国专利局提出实用新型专利申请。此后,董某等3人提出异议,认为专利申请的发明创造系王某和其他3位集体构思研制成功的,专利权应为4人共有。董某等3人请求某专利管理机关调处。某专利管理机关作出处理决定书,认定:王某专利申请文件的五项权利要求中,王

（续上）

某提出第一、第三、第四、第五共四个发明点，董某提出第一、第二共两个发明点。因此，王某、董某是此项专利申请的共同发明人，应作为共同申请人。另外两人在该发明创造中曾提供制造过程中的帮助，不作为共同发明人。

请问

王某、董某是否可以成为共同发明人？为什么？

（二）专利权的客体

专利权的客体是指《专利法》规定的予以专利保护的发明创造。具体而言，不同的国家有不同的规定。我国《专利法》所称的发明创造是指发明、实用新型和外观设计。发明是指对产品、方法或其改进所提出的新的技术方案。发明可分为产品发明和方法发明。实用新型是指对产品的形状、构造或其结合所提出的适于实用的新的技术方案。因实用新型专利的创造性要求比发明专利低，人们又称其为"小发明"。外观设计是指对产品的形状、图案或其结合以及色彩与形状、图案所作出的富有美感并适合于工业上应用的新设计。

《专利法》还规定，下列各项不授予专利权：①科学发现；②智力活动的规则和方法；③疾病的诊断和治疗方法；④动物和植物品种；⑤原子核变换以及用原子核变换方法获得的物质；⑥对平面印刷品的图案、色彩或者二者的结合作出的主要起标识作用的设计。其中，第④项，动物和植物产品的生产方法，可以依照《专利法》规定授予专利权。另外，对违反国家法律、社会公德或者妨害公共利益的发明创造，不授予专利权。

专利权的内容，即专利法律关系的权利和义务。

法律驿站 6-7

发明和发现的区别

发明和发现是两个截然不同的概念。发明是指所创造的产品或提出的生产方法是前所未有的；发现则是指揭示自然界已经存在但尚未被人们所认识的事物。

（三）专利权人的主要权利

根据《专利法》有关规定，专利权人享有以下权利。

1. **实施权**

专利权人在专利有效期限内享有为生产经营目的的专有制造、使用和销售其专利产品或专有使用其专利方法的权利。除法律另有规定外，任何单位或个人未经专利权人许可，都不得实施其专利，即不得以生产经营为目的制造、使用、许诺销售、销售、进口其专利产品，或者使用专利方法以及使用、许诺销售、销售、进口依照该专利方法直接获得的产品。

外观设计专利权被授予后，任何单位和个人未经专利权人许可，都不得实施其专利，即不得为生产经营目的制造、销售、进口其外观设计专利产品。

2. **许可权**

专利权人有权许可他人使用其专利权，并收取专利使用费。任何单位或者个人实施他人专利的，除《专利法》另有规定的以外，都应当与专利权人订立书面使用许可合同，向专利权人支付专利使用费。被许可人无权允许合同规定以外的任何单位或者个人实施该专利。

3．转让权

专利申请权和专利权可以转让。转让专利申请权或者专利权的，当事人应当订立书面合同，并向专利局登记，由国务院专利行政部门予以公告。专利申请权或者专利权的转让自登记之日起生效。

4．标记权

专利权人有权在其专利产品或该产品的包装上标明专利标记和专利号；发明人或设计人有在专利文件中写明自己是发明人或者设计人的权利。

5．阻止权

除《专利法》另有规定外，任何单位或者个人未经专利权人许可，都不得实施其专利，即不得以营利为目的制造、使用、许诺销售、销售、进口其专利产品或者使用该专利方法直接获得的产品。

（四）专利权人的主要义务

专利权人在享有上述权利的同时，应当履行下列义务。

1．实施专利

专利权被授予后，专利权人有义务实施该专利，有义务以生产经营为目的在中国境内制造、使用、销售其专利产品或者使用其专利方法。

2．按期缴纳专利年费

专利权人应当自被授予专利权的当年开始缴纳年费。年费缴纳方式为1年一次，在前1年度期满前1个月内缴纳。专利权人希望维持专利权的，必须缴纳年费。

三、取得专利权的条件和程序

（一）取得专利权的条件

授予专利权的发明、实用新型应当具备新颖性、创造性和实用性。新颖性是指在申请日以前没有同样的发明或实用新型在国内外出版物上公开发表过、在国内公开使用过或以其他方式为公众所知，也没有同样的发明或实用新型由他人向专利局提出申请并且记载在申请日以后公布的专利申请文件中。但是申请专利的发明创造在申请日以前6个月内有下列情形之一的不丧失新颖性：①在中国政府主办或者承认的国际展览会上首次展出的；②在规定的学术会议或技术会议上首次发表的；③他人未经申请人同意而泄露其内容的。创造性是指同申请日以前的已有技术相比，该发明有突出的实质性特点和显著的进步，该实用新型有实质性特点和进步。实用性是指该发明或实用新型能制造或使用，并且能够产生积极效果。

法律驿站 6-8

外观设计同发明、实用新型的区别

外观设计同发明、实用新型的区别是：它只涉及美化产品的外表和形状，而不涉及产品的制造和设计技术。

关于授予外观设计专利的条件,《专利法》规定,授予专利权的外观设计,应当不属于现有设计;也没有任何单位或者个人就同样的外观设计在申请日以前向国务院专利行政部门提出过申请,并记载在申请日以后公布的专利申请文件或者公告的专利文件中。且其与现有设计(申请日以前在国内外为公众所知的设计)或者现有设计特征的组合相比,应当具有明显区别。并不得与他人在申请日以前先取得的合法权利相冲突。

案例分析6-13

> 天津某日用品厂研制出一种"太阳能多功能电动牙刷"。这种产品的特征是既可作微型手电筒,又可作牙刷。该产品设计独特,结构良好。日用品厂向知识产权局提出实用新型专利申请。知识产权局经审查发现,该产品在国内虽属首创,但是在日用品厂申请专利以前,该产品已经在美国、日本等国家生产、销售,深受消费者青睐。
>
> **请问**
> 该产品是否具有新颖性? 为什么?

(二) 专利的申请

1. 专利申请应遵循的原则

(1) 一件创造发明一件申请原则。一件发明或者实用新型专利申请应当限于一项发明或者实用新型。属于一个总的发明构思的两个以上的发明或者实用新型,可以作为一件申请提出。一件外观设计专利申请应当限于一种产品所使用的一项外观设计。用于同一类别并且成套出售或者使用的产品的两项以上的外观设计,可以作为一件申请提出。

(2) 申请在先原则。在两个以上的申请人分别就同样的发明创造申请专利的情况下,专利权授予最先提出申请的申请人。

(3) 优先权原则。《专利法》规定,申请人自发明或者实用新型在外国第一次提出专利申请之日起12个月内,或者自外观设计在外国第一次提出专利申请之日起6个月内,又在中国就相同主题提出专利申请的,依照该外国同中国签订的协议或者共同参加的国际条约,或者依照相互承认优先权的原则,可以享有优先权。申请人自发明或者实用新型在中国第一次提出专利申请之日起12个月内,又向专利局就相同主题提出专利申请的,可以享有优先权。申请人要求外观设计专利优先权的,应当在申请的时候提出书面声明,并且在3个月内提交第一次提出的专利申请文件的副本;未提出书面声明或者逾期未提交专利申请文件副本的,视为未要求优先权。

2. 专利申请手续

申请发明或实用新型专利的,应当提交请求书、说明书及其摘要、权利要求书等文件。请求书应当写明发明或者实用新型的名称,发明人或者设计人的姓名,申请人姓名或者名称、地址以及其他事项。说明书应当对发明或者实用新型作出清楚、完整的说明,以所属技术领域的技术人员能够实现为准;必要的时候应当有附图。摘要应当简明扼要说明发明或者实用新型的技术特点。权利要求书以说明书为依据,说明要求专利保护的范围。

申请外观设计专利的,应当提交请求书及该外观设计的图片或者照片等文件,并且应当写明使用该外观设计的产品及其所属的类别。

3. 专利的审查和批准

专利局对发明专利采取早期公开、迟延审查制度,对实用新型和外观设计采取登记制度。发明专利的审查、批准主要程序如下所述:

(1) 初审和早期公开。《专利法》第三十四条规定,国务院专利行政部门收到发明专利申请后,经初步审查认为符合《专利法》要求的,自申请之日起满18个月,即行公布。专利局可以根据申请人的请求提前早日公布其申请。

(2) 实质审查。实质审查是对发明专利的新颖性、创造性、实用性的全面审查。《专利法》第三十五条规定,发明专利申请自申请之日起3年内,国务院专利行政部门可以根据申请人随时提出的请求,对其进行实质审查;申请人无正当理由逾期未请求实质审查的,该申请即被视为撤回。国务院专利行政部门认为有必要时,也可以对发明专利申请进行实质审查。

发明专利的申请人请求实质审查的时候,应当提交在申请日前与其发明有关的参考资料。发明专利已经在外国提出过申请的,申请人应当提交该国为审查其申请进行检索的资料或者审查结果的资料;无正当理由逾期不提交的,该申请即被视为撤回。

国务院专利行政部门对发明专利申请进行实质审查后,认为不符合《专利法》规定的,应当通知申请人,要求其在指定的期限内陈述意见,或者对其申请进行修改;无正当理由逾期不答复的,该申请即被视为撤回。发明专利申请经申请人陈述意见或者修改后,国务院专利行政部门仍然认为不符合《专利法》规定的,应当予以驳回。

(3) 审定公告。发明专利申请,经实质审查没有发现驳回理由的,由国务院专利局行政部门作出授予发明专利权的决定,发给发明专利证书,并予以登记和公告。发明专利权自公告之日起生效。

(4) 复审制度。专利局设立专利复审委员会。专利申请人对国务院专利行政部门驳回申请的决定不服的,可以自收到通知之日起3个月内,向专利复审委员会请求复审。专利复审委员会复审后,作出决定,并通知专利申请人。专利申请人对专利复审委员会决定不服的,可以自收到通知之日起3个月内向人民法院起诉。

4. 实用新型和外观设计的审查、批准程序

实用新型和外观设计的审查、批准程序较为简便。根据《专利法》规定,实用新型和外观设计专利申请经初步审查没有发现驳回理由的,专利局应当作出授予实用新型或者外观设计专利权的决定,发给相应的专利证书,并予以登记和公告。实用新型和外观设计的专利权自公告之日起生效。

四、专利权的期限、终止和无效

(一) 专利权的期限

专利权的期限即专利权有效期间。《专利法》规定发明专利权的期限为20年,实用新型专利权的期限为10年,外观设计专利权的期限为15年,均自申请日起计算。

(二) 专利权的终止

有下列情形之一的,专利权在期限届满前终止:

(1) 没有按照规定缴纳年费的。

(2) 专利权人以书面声明放弃其专利权的。

（3）专利权在期限期满前终止的，由国务院专利行政部门登记和公告。

（三）专利权的无效

自国务院专利行政部门公告授予专利权之日起，任何单位或者个人认为该专利权的授予不符合《专利法》有关规定的，都可以请求专利复审委员会宣告该专利权无效。

专利复审委员会对宣告专利权无效的请求进行审查，作出决定，并通知请求人和专利权人。宣告专利权无效的决定，由国务院专利行政部门登记和公告。宣告无效的专利权视为自始即不存在。

对专利复审委员会宣告发明专利权无效或者维持发明专利权的决定不服的，可以在收到通知之日起3个月内向人民法院起诉。

五、专利的实施

专利的实施是指专利权人或者他人为生产经营的目的而制造、使用、许诺销售、销售、进口专利产品或者使用专利方法。专利实施有专利权自行实施、许可他人实施等几种方式。

（一）专利权人自行实施

专利权人将已经获得专利权的发明创造用于制造、使用、许诺销售、销售、进口的活动中，以取得经济效益。专利权人可以自己单独实施，也可以将专利权作为投资，与他人合作实施。

王某在美国学习期间完成了一项产品发明，于2020年12月2日在美国提出了专利申请，并于2021年5月7日就相同产品在我国提出专利申请，同时提交了要求优先权的书面声明及相关文件。甲企业2015年10月开始在北京制造相同产品，王某获得专利权后，甲企业在原有范围内继续制造。2024年2月，王某许可乙企业在北京独家生产该产品，同年王某自己也在北京建厂生产该产品。

请问

（1）王某的申请日是哪一天？为什么？

（2）甲企业是否侵犯了乙企业的独家实施权？为什么？

（3）王某是否侵犯了乙企业的独家实施权？为什么？

（二）许可他人实施

专利权人通过订立使用许可合同，许可他人实施其专利，获得使用费。使用许可合同可分为普通许可、排他许可、独占许可。

普通许可，即专利权人有权通过使用许可合同，除授予被许可人在特定地区范围内使用其专利技术的权利外，还有权在该特定地区再授权给其他第三人使用其专利技术。

排他许可，即在特定地区范围内，专利权人除了自己和使用许可合同确定的被许可人，不再许可任何第三人使用该专利技术。

独占许可,即在特定地区范围内,仅仅允许使用许可合同确定的被许可人使用该专利技术,专利权人在该特定地区不得使用该专利技术,也不得授权任何第三人在该特定地区使用该专利技术。

(三)将专利权转让给他人实施

专利权人在专利有效期内,将专利权转让给他人,原专利权人即丧失其专利权,受让人成为新专利权人。

(四)强制许可实施

在下列情况下,专利局可给予强制许可:

(1)具备实施条件的单位以合理的条件请求发明或者实用新型专利权人许可实施其专利,而未能在合理的时间内获得这种许可时,专利局根据该单位的申请,可以给予实施发明专利或者实用新型专利的强制许可。

(2)在国家出现紧急状态或者非常情况时,或者为了公共利益的目的,专利局可以给予实施发明专利或者实用新型专利的强制许可。

(3)关联专利,即一项取得专利权的发明或者实用新型比前已经取得专利权的发明或者实用新型具有显著经济意义的重大技术进步,其实施又有赖于前一发明或者实用新型的实施的,专利局根据后一专利权人的申请,可以给予实施前一发明或者实用新型的强制许可;在依照该规定给予强制许可的情形下,专利局根据前一专利权人的申请,也可以给予实施后一发明或者实用新型的强制许可。

应当注意,除上述规定外,还应遵守下列规定:申请实施强制许可的单位或者个人,应当提出未能以合理条件与专利权人签订实施许可合同的证明;取得强制许可的当事人不享有独占实施权,也无权允许他人实施;强制许可并不妨碍专利权人自己实施或授权他人实施;获得强制许可的实施人必须付给专利权人专利使用费;国务院专利行政部门作出的给予强制许可的决定,应当及时通知专利权人,并予以登记和公告;给予实施强制许可的决定,应当根据强制许可的理由规定实施的范围和时间。强制许可的理由消除并不再发生时,国务院专利行政部门应当根据专利权人的请求,经审查后作出终止实施强制许可的决定。

六、专利权的保护

(一)专利权保护的范围

发明或者实用新型专利权的保护范围以其权利要求的内容为准,说明书及附图可以用于解释权利要求;外观设计专利权的保护范围以表示在图片或者照片中的该外观设计专利产品为准。

(二)专利侵权

专利侵权是指受《专利法》保护的有效专利权遭到侵害的行为。我国《专利法》规定的专利侵权行为主要是假冒他人专利行为,表现为以下几项:

(1)未经专利权人许可,以生产经营为目的,制造、使用、许诺销售、销售专利产品或者使用专利方法及使用、许诺销售、销售、依照该专利方法直接获得的产品,以及擅自制造、销售、外观设计专利产品的行为。

(2)未经专利权人许可,以生产经营为目的,进口其专利产品或进口依照其专利方法直接获得的产品的行为。

（3）非专利权人未经专利权人许可，在其产品或产品包装上标注专利权人的专利标记和专利号、在合同中使用他人专利号，使人误认为他人专利的行为。

（4）伪造或变造他人的专利证书、专利文件或专利申请文件。

甲未经专利申请人乙的许可，将其从乙处盗取的实用新型技术付诸实施，并公开在市场上销售。

请问

（1）乙如何保护自己的合法权益？并详细说明。

（2）乙的该项技术能否取得专利权？并说明理由。

（三）不视为侵权的实施专利的行为

为社会整体利益，需对专利权作出适当限制。《专利法》规定，有下列情形之一的，不视为侵犯专利权：

（1）专利产品或依照专利方法直接取得的产品由专利人或者经其许可的单位、个人售出后，使用、许诺销售、销售、进口该产品的。

（2）在专利申请日前已经制造相同产品、使用相同方法或已经作好准备制造、使用的必要准备，并且仅在原有范围内继续制造、使用的。

（3）临时通过中国领陆、领水、领空的外国运输工具，依照其所属国同中国签订的协议或者共同参加的国际条约，或者依照互惠原则，为运输工具自身需要而在其装置和设备中使用有关专利的。

（4）专为科学研究和实验而使用有关专利的。

（5）为提供行政审批所需的信息，制造、使用、进口专利商品或者专利医疗器械的，以及专门为其制造、进口专利药品或者专利医疗器械的。

甲厂于 2022 年研制出一种 N 型多功能绞肉机，2023 年 5 月获得实用新型专利权。乙厂也于 2022 年 7 月自行研制出这种 N 型多功能绞肉机。乙厂在 2022 年年底前已生产了 80 台 N 型多功能绞肉机，2023 年 3 月开始在市场销售。2023 年乙厂又生产了 70 台 N 型多功能绞肉机。2024 年年初，甲厂发现乙厂销售行为后，认为乙厂未经自己同意，擅自实施专利技术，侵犯了自己的专利权，遂与乙厂交涉，但乙厂认为自己的行为并不构成侵权。

请问

乙厂是否侵犯了甲厂的专利权？为什么？

(四) 专利权的保护措施

1. 专利权的保护方法

对未经专利权人许可,实施其专利的侵权行为,专利权人或者利害关系人可以请求专利管理机关进行处理,也可以直接向人民法院起诉。

专利管理机关处理时,认定侵权行为成立的,可以责令侵权人立即停止侵权行为。当事人不服的,可以自收到处理通知之日起 15 日内依照《中华人民共和国行政诉讼法》规定向人民法院起诉;侵权人期满不起诉又不停止侵权行为的,专利管理机关可以申请人民法院强制执行。

进行处理的专利管理机关应当事人的请求,可以就侵犯专利权的赔偿数额进行调解;调解不成的,当事人可以依照《中华人民共和国民事诉讼法》(以下简称《民事诉讼法》)规定向人民法院起诉。侵犯专利权的赔偿数额,按照权利人因被侵权所受到的损失或者侵权人因侵权所获得的利益确定;难以确定的,参照该专利许可使用费的倍数合理确定。专利权人或利害关系人有证据证明他人正在实施或即将实施侵犯专利权的行为,如不及时制止将会使其合法权益受到难以弥补的损害的,可以在起诉前向人民法院申请采取责令停止有关行为和财产保全的措施。

2. 专利权纠纷的诉讼时效

《专利法》第七十四条规定,侵犯专利权的诉讼时效为 3 年,自专利权人或者利害关系人得知或者应当得知侵权行为之日起计算。

3. 假冒专利的行政责任和刑事责任

《专利法》第六十八条规定,假冒专利的,除依法承担民事责任外,由负责专利执法的部门责令改正并予以公告,没收违法所得,可以处违法所得 5 倍以下的罚款;没有违法所得或者违法所得在 5 万元以下的,可以处 25 万元以下的罚款;构成犯罪的,依法追究刑事责任。

导读案例分析

(1) 甲企业能取得"天神"商标的专用权。《商标法》第三十一条规定,规定:"两个或者两个以上的商标注册申请人,在同一种商品或者类似商品上,以相同或者近似的商标申请注册的,初步审定并公告申请在先的商标;同一天申请的,初步审定并公告使用在先的商标,驳回其他人的申请,不予公告。"

(2) 不能继续使用,《商标法》第五十七条规定:"有下列行为之一的,均属侵犯注册商标专用权:①未经商标注册人的许可,在同一种商品或者类似商品上使用与其注册商标相同的商标的;②……"

课后测试

一、判断题

1. 我国相关法律规定:药品和食品必须使用注册商标,否则,不得在市场上销售。

( )

2. 我国对商标和专利的保护期限相同,均为 20 年。 ( )

3. 专利权的保护期限是自申请日起计算。 (　　)

4. 在原单位承担本职工作,退职、退休后1年内作出的发明,应当认定为职务发明。

(　　)

5. 侵犯专利权的诉讼时效为1年,自专利权人或者利害关系人得知或者应当得知侵权行为之日起计算。 (　　)

二、单项选择题

1. 根据我国《专利法》的规定,授予专利权的外观设计,必须具有显著特征,能适用于工业产品上,并且符合(　　)的要求。

　　A. 新颖性　　　　B. 创造性　　　　C. 实用性　　　　D. 显著性

2. 某地工商局在审查某皮革制品厂拟使用在其生产的皮制品上的商标时,发现其中有不符合法律规定的商标,该商标是(　　)牌商标。

　　A. "千里"　　　　　　　　　　B. "七匹狼"

　　C. "羊皮"　　　　　　　　　　D. "耐斯"

3. 两个以上的申请人分别就同样的发明创造申请专利的,专利权授权(　　)。

　　A. 最先发明的人　　　　　　　B. 最先申请的人

　　C. 所有申请的人　　　　　　　D. 协商后的申请人

4. 根据《商标法》的规定,以下不属于商标注册应当遵循的基本原则是(　　)。

　　A. 一份申请、一件商标、一类商品的原则

　　B. 自愿注册与强制注册相结合的原则

　　C. 申请在先原则

　　D. 使用在先原则

5. 下列情形中,可以授予专利权的是(　　)。

　　A. 科学发现　　　　　　　　　B. 智力活动的规则和方法

　　C. 动物和植物品种　　　　　　D. 疾病的诊断和治疗器械

三、多项选择题

1. 下列选项中,(　　)属于我国《专利法》规定不授予专利权的发明创造。

　　A. 动物新品种　　　　　　　　B. 新烹饪调料

　　C. 高血压治疗新方法　　　　　D. 超导新技术

2. 专利权的内容主要是指专利权人依法取得专利后享有的权利,其主要有(　　)。

　　A. 专利专有权　　B. 转让权　　　C. 许可使用权　　D. 投资权

3. 下列文字或图形中,不能作为商标的有(　　)。

　　A. 同我国名称、国旗、国徽相同或相近的

　　B. 同外国名称、国旗、国徽、军旗相同或相近的,该政府同意的除外

　　C. 同"红十字""红新月"的标志名称相同或相近的

　　D. 带有民族歧视的

4. 甲公司许可乙公司使用其注册商标"爱丽斯",乙公司必须(　　)。

　　A. 在使用"爱丽斯"商标的商品上注明商品的产地

　　B. 在使用"爱丽斯"商标的商品上注明乙公司的名称

　　C. 将商标使用许可合同报商标局核准

D. 将商标使用许可合同报商标局备案

5. 我国《商标法》规定,商标包括(　　)。

A. 文字、字母或数字　　　　　B. 气味或音响

C. 颜色的组合　　　　　　　　D. 文字和图形的组合

四、实训题

实训一

2022年4月,李智依法申请并取得了"编织式活动地板"的实用新型专利。2023年1月,李智与昆明机房地板厂签订了该专利的普通许可使用合同,允许其在中国境内生产销售该专利产品。2024年3月,李智在市场上发现了成都福利电线厂的产品与其专利产品完全相同。李智认为,成都福利电线厂未经其许可使用其专利生产销售专利产品,属于侵权行为。在诉讼中,成都福利电线厂辩称其是根据合同从昆明机房厂取得了李智的专利的生产和销售权,不存在侵权。

请问:成都福利电线厂是否存在侵权行为? 为什么?

实训二

2023年12月,大都高科公司(以下称原告)取得了"高效能电炒勺"的专利权。2024年年初,原告在与一家公司洽谈其专利许可合同时,发现当地市场上已有相同产品在出售。原告购回后,查明该产品技术与其专利产品相同。于是,原告将该产品生产者明新公司(以下称被告)起诉到法院,要求追究其专利侵权责任。被告辩称,该产品已在2022年批量生产,并在中央电视台作了广告宣传。

请问:被告的抗辩理由是否成立? 为什么?

实训三

甲卷烟厂使用注册商标生产"蓝鸟牌"香烟,1年后发现乙乡镇卷烟厂未经注册也生产销售"蓝鸟牌"香烟,且其香烟质量比甲厂低,甲厂认为乙厂的行为严重损害了自己的产品信誉,遂委托某律师事务所丙律师,拟诉请法院求偿。乙厂得知此事后找到甲厂,申明本厂使用该商标已有2年之久,并无假冒侵权之意,并主张通过许可使用协议,取得甲厂的注册商标使用权。甲厂同意订立商标许可使用协议,但坚持要求乙厂先行赔偿,后双方找到律师进行咨询。

请问:

1. 乙厂的行为违反了我国《商标法》的哪些规定?

2. 如果甲、乙双方事后同意订立商标许可使用协议,双方应该遵循哪些规定?

五、思考题

1. 我国《专利法》在专利权的限制方面主要体现在哪些方面?

2. 当事人在转让注册商标权时应注意哪些法律行为?

3. 专利权人享有哪些权利?

4. 商标人的主要权利是什么?

5. 商标局对使用注册商标的,针对哪些行为可以责令限期改正或者撤销其注册商标?

第七章
税收法律制度

知识目标

1. 学习了解我国税收的构成要素。
2. 掌握流转税和所得税的征收范围。
3. 掌握流转税和所得税的计税方法。

能力目标

1. 明确税收的基本特征及构成要素,分析并思考税收对我国的经济建设发展和人民生活的改善所起到的作用。
2. 能够运用所学的税收基本知识,分析解决实践中的有关基础性法律问题。

导读案例

2023年甲公司职员李某全年取得工资薪金收入共180 000元。当地规定的社会保险和住房公积金个人缴存比例为:基本养老保险比例为8%,基本医疗保险比例为2%,失业保险比例为0.5%,住房公积金比例为12%。李某缴纳社会保险费核定的缴费工资基数为10 000元。李某正在偿还首套住房贷款及利息;李某为独生女,其独生子正就读大学3年级;李某父母均已年过60岁。李某夫妻约定由李某扣除贷款利息和子女教育费。

请思考

请计算李某2023年应缴纳的个人所得税税额。

第一节　税　法　概　述

一、税收和税法的概念

(一) 税收的概念

税收是国家为了实现其职能,依据政治权力,按照法律规定的标准,强制地向纳税人无偿征收货币或实物所形成的特定分配关系。在这一分配关系中,权利主体是国家,客体是人民创造的国民收入和积累的社会财富,其目的是实现国家的职能。税收具有强制性、无偿性和固定性的特点。

王某设立了一家公司,可是自开业起连续两个月未有业务产生,因此王某没有进行纳税申报,两个月后他被告知未按规定期限缴纳增值税和企业所得税。大家思考一下:王某在两个月中并没做生意,为什么还要进行纳税申报?

(二) 税法的概念

税法是国家制定的用于调整国家与纳税人之间在征纳税方面的权利与义务关系的法律规范的总称。作为国家制定的特殊行为规范,它是税收的法律形式,按照税法内容的不同,税法可以分为税收实体法和税收程序法。税收实体法是规定税收法律关系主体的实体权利与义务的法律规范的总称,我国税收实体法主要包括:流转税法、所得税法、财产税法和行为税法。税收程序法是以国家税收活动中所发生的程序关系为调整对象的税法,是规定国家征税权行使程序和纳税人纳税义务履行程序的法律规范的总称,税收征收管理法即属于税收程序法。

法律驿站 7-1

怎样理解马克思所说的"赋税是喂养政府的奶娘"

这句话其实是说政府的存在和运作是靠赋税来维持的,税收是国家组织财政收入的重要途径,是国家按照法律规定向经济单位和个人无偿征收财物的一种形式,是政府机器的经济基础。

二、税收的构成要素

一般来说,税收的构成要素包括税收主体、征税客体、税率、纳税环节、纳税期限、纳税地点、税收优惠以及法律责任共八项内容。

（一）税收主体

税收主体是指税法规定享有权利和承担义务的当事人，包括征税主体和纳税主体。征税主体是代表国家行使税收管理权的各级征税机关，例如，国家各级税务机关、财政机关和海关。纳税主体则是指依税法负有纳税义务的纳税人和负有代扣代缴、代收代缴税款义务的扣缴义务人。

（二）征税客体

征税客体又称征税对象、征税范围，是征纳税主体权利与义务指向的对象。它包括物和行为。如增值税的征税对象是销售或者进口的货物以及加工、修理、修配劳务。与征税客体有关的概念还有税目和计税依据。税目是税法上规定应征税的具体项目，是征税对象的具体化。计税依据是指计算应纳税额所依据的标准，例如，从价计算的税收以计税金额为计税依据，而从量计征的税收则以征税对象的重量、容积、体积、数量为计税依据。

（三）税率

税率是指应征税额与征税对象数额之间的比率。目前我国的税率形式主要有比例税率、累进税率和定额税率。

1. 比例税率

比例税率是指应征税额与征税客体数量为等比关系。比例税率又可分为单一比例税率、差别比例税率和幅度比例税率。

2. 累进税率

累进税率是随着征税客体数量的增加，其适用的税率也随之提高的一种税率形式。累进税率在具体运用时，又分为全额累进税率和超额累进税率。全额累进税率是指征税对象都按其相应等级的累进税率计算征收。超额累进税率则是指征税对象数额超过某一等级时，仅就其超过的部分按高一级的税率计算征税。根据我国有关个人所得税收的法律、法规的规定，工资薪金所得就是按照7级超额累进税率计算征税的。

3. 定额税率

定额税率是按单位征税对象直接规定固定税额的一种税率形式。

（四）纳税环节

纳税环节是指应税商品在整个流转过程中税法规定应当缴纳税款的环节。按照缴纳税款环节的多少，税收的纳税环节可分为一次课征制、二次课征制和多次课征制。例如，消费税就是一次课征制的税种，增值税则采用多次课征制。

（五）纳税期限

纳税期限是指税法规定的纳税人应纳税款的期限。税法明确规定了每种税的纳税期限，纳税人必须依法如期纳税，逾期纳税者将受到加收滞纳金等处罚。

（六）纳税地点

纳税地点是纳税人申报缴纳税款的场所。

（七）税收优惠

税收优惠是国家为了体现鼓励和扶持政策，在税收方面采取的鼓励和照顾措施。目前，我国税法规定的税收优惠形式主要有减税、免税、退税、加速折旧、延缓纳税和亏损结转抵补等。

（八）法律责任

法律责任是税法规定的纳税人和征税工作人员违反税法规范应当受到的惩罚措施。例如，责令纳税人限期缴纳税款、加收滞纳金、处以罚款等行政责任，情节严重构成犯罪的，依法追究刑事责任。

法律驿站 7-2

各国五花八门的税金

1. 单身税（保加利亚）

单身税就是对单身国民征收的一种税，征收比例大概为其收入的 5%～10%，是为了稳定国民结婚率实施的一种税。

2. 拥堵税（英国伦敦）

拥堵税是英国伦敦为缓解交通堵塞特别制定的一项税收，规定在工作日上午7点至下午6点期间，进入伦敦市中心特定地区的汽车需要缴纳拥堵税。从伦敦交通局了解到，实施征缴该拥堵税后，伦敦的拥堵状况缓解了 30%。

3. 炸薯片税（匈牙利）

炸薯片税是匈牙利政府为防止国民肥胖设定的一种税收。购买一包炸薯片大约需要缴纳 6.4 元人民币的税金，除炸薯片外，消费例如甜点、果汁等含有较高糖分或盐分的食品也要缴税。另外，丹麦征收脂肪税，也有此原因。

第二节　流　转　税

流转税又称流转课税、流通税，是指以纳税人商品生产、流通环节的流转额或者数量以及非商品交易的营业额为征税对象的一类税收。流转税是商品生产和商品交换的产物，已经有了几千年的历史。世界各国开征的各种流转税（如增值税、消费税、关税等）是政府财政收入的重要来源。尽管目前一些发达国家以所得税为主体税种，但是流转税在税收体系中仍然占有重要的地位。

中华人民共和国成立以来，流转税在我国税制结构中一直处于主导地位，是政府税收收入、财政收入的主要来源。现行税制中的增值税、消费税、关税是我国流转税的主体税种。

一、增值税

增值税是以商品（含应税劳务）在流转过程中产生的增值额作为计税依据而征收的一种流转税。从计税原理上说，增值税是对商品生产、流通、劳务服务中多个环节的新增价值或商品的附加值征收的一种流转税。实行价外税，也就是由消费者负担，有增值才征税，没增值不征税。增值税已经成为中国最主要的税种之一，增值税的收入占中国全部税收的 60%以上，是最大的税种。在保证税收收入稳定，提升财政治理能力方面发挥着至关重要的作用。增值税由国家税务局负责征收,税收收入中50%为中央财政收入,50%为地方收入。进口环节的增值税由海关负责征收,税收收入全部为中央财政收入。

增值税是对销售货物、提供劳务或者发生应税行为过程中实现的增值额征收的一种流转税。

法律驿站 7-3

你知道什么是营改增吗

营业税改增值税(以下简称营改增),是指以前缴纳营业税的应税项目改成缴纳增值税。营改增的最大特点是减少重复征税,可以促使社会形成更好的良性循环,有利于企业降低税负。

自2016年5月1日起,中国全面推开营改增试点,将建筑业、房地产业、金融业、生活服务业全部纳入营改增试点,至此,营业税退出历史舞台,增值税制度更加规范。

改革之后,原来缴纳营业税的应税项目改交增值税,增值税增加两档低税率6%(现代服务业)和9%(交通运输业)。

(一)增值税的纳税人

根据《中华人民共和国增值税暂行条例》的规定,增值税纳税人是指税法规定负有缴纳增值税义务的单位和个人。在我国境内销售、进口货物或者提供加工、修理修配劳务以及应税服务的单位和个人,为增值税纳税人。

由于增值税实行凭增值税专用发票抵扣税款的制度,《中华人民共和国增值税暂行条例》将纳税人按其经营规模大小以及会计核算是否健全划分为一般纳税人和小规模纳税人。

1. 小规模纳税人

生产企业,年应税销售额50万元以下的;商贸型企业,年应税销售额80万元以下的;现代服务业,年应税销售额500万元以下的为小规模纳税人。此外,个人、非企业性单位以及不经常发生增值税应税行为的企业也被认定为小规模纳税人。小规模纳税人在达到标准后经申请被批准后可以成为一般纳税人。

对小规模纳税人实现简易办法征收增值税,其进项税不允许抵扣。小规模纳税人销售货物或应税劳务的增值税税率为3%。

2. 一般纳税人

从事货物生产或者提供应税劳务的纳税人或以该业务为主的,并兼营货物批发和零售的纳税人,年应征增值税销售额超过50万元;从事销售服务、无形资产、不动产年应征增值税销售额超过500万元的纳税人;其他行业年应税销售额超过80万元为一般纳税人。

小张是年销售额为100万元的从事货物批发的个人,小李是年销售额为60万元的从事货物生产的企业经营者,小赵是年销售额为60万元的从事货物生产的个体经营者。

（续上）

请问
3 人均认为自己是小规模纳税人,你如何看?

（二）增值税的征税范围

增值税的征税范围为销售或进口的货物,提供的加工、修理修配劳务,提供应税服务。

（1）销售货物是指有偿转让货物的所有权。这里的"货物"是指有形动产,包括电力、热力、气体在内。

（2）提供加工、修理修配劳务（以下简称应税劳务）是指有偿提供加工、修理修配劳务。单位或者个体工商户聘用的员工为本单位或者雇主提供加工、修理修配劳务,不包括在内。所谓"加工"是指受托加工货物,即委托方提供原料及主要材料,受托方按照委托方的要求,制造货物并收取加工费的业务。"修理修配"则是指受托方对损伤和丧失功能的货物进行修复,使其恢复原状和功能的业务。

（3）进口货物,只要是报关进口的应税货物,均属于增值税的征税范围,除享受免税政策外,在进口环节缴纳增值税。

（4）视同销售货物,单位或者个体工商户的下列行为视同销售货物：①将货物交由他人代销;②代他人销售货物;③将货物从一地移送至另一地（同一县市除外）;④将自产或委托加工的货物用于非应税项目;⑤将自产、委托加工或购买的货物作为对其他单位的投资;⑥将自产、委托加工或购买的货物分配给股东或投资者;⑦将自产、委托加工的货物用于职工福利或个人消费;⑧将自产、委托加工或购买的货物无偿赠送他人。

（5）应税服务是指陆路运输服务、水路运输服务、航空运输服务、管道运输服务、邮政普遍服务、邮政特殊服务、邮政其他服务、研发和技术服务、信息技术服务、文化创意服务、物流辅助服务、有形动产租赁服务、鉴证咨询服务、广播影视服务等,也包括公路运输、缆车运输、索道运输及其他陆路运输,还包括铁路运输。

（6）兼有不同税率的销售货物、提供应税劳务的混业经营。应按兼营行为的税务处理规定进行处理,因销售货物的增值税税率是 13％,交通运输业的增值税试点税率是 9％,两种行为的税率不同,企业应进行分别核算,分别以各自的税率计征增值税,不分别核算的,从高适用税率。

法律驿站 7-4

混合销售和兼营行为的区别

相同点：都涉及销售货物和应税服务。

不同点:混合销售是在同一项销售行为中同时存在货物和服务的混合,两者有从属关系。兼营是既销售货物、加工、修理修配劳务,又销售服务、无形资产、不动产,不发生在同一项销售行为中,各类业务并无必然的从属关系（可以同时发生,也可以不同时发生）。

（三）税率和征收率

增值税是我国第一大税种，近年来增值税改革一直以来备受社会和企业关注，在2019年两会上增值税税率又有了最新规定，李克强总理作政府报告时宣布：增值税基本税率将由目前的16％降至13％，10％降至9％，保持6％不变，确保所有行业税负只减不增。重点降低制造业和小微企业税收负担，将制造业等行业原有16％的增值税税率降为13％，将交通运输、建筑、房地产等行业现行10％的税率降为9％，保持6％一档税率不变。

法律驿站 7-5

新修改的增值税三档变两档的差别

1. 如果 A 公司，卖了一批 16％税率的货物给 B 公司，合同约定货物的含税售价为 580 万元。

（1）16％税率下：

B 公司则需要支付给 A 公司 580 万元。

A 公司的销项税额为：580÷（1＋16％）×16％＝80（万元）

（2）税率由 16％降至 13％后：

B 公司仍需要支付给 A 公司 580 万元。

A 公司的销项税额变成：580÷（1＋13％）×13％≈66.7（万元）

A 公司获利 80－66.7＝13.3（万元）

2. 同样的 A、B 公司，如果合同约定不含税售价为 500 万元。

（1）16％税率下，B 公司支付 A 公司金额为 580 万元。

（2）13％税率下，B 公司只需支付 A 公司 565 万元。

B 公司可少支付 580－565＝15（万元）

1. **一般纳税人适用的税率共有四档：13％，9％，6％，0**

增值税适用的税率降为13％，主要范围有：销售或进口货物、提供加工、修理修配劳务、提供有形动产租赁服务。其中，销售或进口货物中的粮食、自来水、图书、饲料等的税率为9％；销售无形资产、电信服务、金融服务、生活服务、现代服务的税率为6％；出口货物的税率为0。增值税税率表如表7-1所示。

表 7-1　增值税税率表

序号	应税行业	税率
一、	销售货物、加工、修理修配劳务	13％
1.	销售或进口货物（除适用9％的货物外）	13％
2.	提供加工、修理、修配劳务	13％
3.	提供有形动产租赁服务	13％
二、	销售或进口货物中的低税率	9％
1.	粮食、食用植物油	9％

序号	应税行业	税率
2.	自来水、暖气、冷气、热水、煤气、石油液化气、天然气、沼气、居民用煤炭制品	9%
3.	图书、报纸、杂志	9%
4.	饲料、化肥、农药、农机、农膜、农业产品	9%
5.	国务院规定的其他货物	9%

小思考7-2

你知道一般纳税人提供的服务中，下列哪些适用9%的税率？
①邮政服务；②建筑服务；③金融服务；④提供有形动产租赁服务。

2. 小规模纳税人增值税征收率为3%，国务院另有规定的除外

小规模纳税人会计核算健全，能够提供准确税务资料的，可以向主管税务机关办理登记，不作为小规模纳税人，依照法律有关规定计算应纳税额。

（四）增值税的计算

1. 一般纳税人应纳增值税的计算

纳税人销售货物或者提供应税劳务，应纳税额为当期销项税额抵扣当期进项税额后的余额。应纳税额计算公式为：

$$应纳税额 = 当期销项税额 - 当期进项税额$$

（1）销项税额。一般纳税人销售货物或者应税劳务，按照销售额和适用税率计算并向购买方收取的增值税额为销项税额。销项税额计算公式为：

$$销项税额 = (不含税)销售额 \times 税率$$

销售额为纳税人销售货物或者应税劳务向购买方收取的全部价款和价外费用，但是不包括收取的销项税额。价外费用，包括价外向购买方收取的手续费、补贴、基金、集资费、返还利润、奖励费、违约金、滞纳金、延期付款利息、赔偿金、代收款项、代垫款项、包装费、包装物租金、储备费、优质费、运输装卸费以及其他各种性质的价外收费。

一般纳税人销售货物或者应税劳务，采用销售额和销项税额合并定价方法的，按下列公式计算销售额：

$$销售额 = (含税)销售额 \div (1 + 税率)$$

法律驿站7-6

常见的含税销售额有：普通发票、零售价、价外费用、预期的包装物押金。常见的不含税销售额有：增值税专用发票列示价款、组价（组成的计算价格）。

某钢铁公司向某机械公司出售一批钢材,出厂价格为 1 000 万元人民币(不含税)。已知钢材的增值税适用税率为 13%。

请问

钢铁公司应当向机械公司收取的销项税额为多少?

某百货商店为增值税一般纳税人,本月向消费者销售洗衣机 100 台,零售价为 1 160 元/台。已知,洗衣机适用的增值税税率为 13%。

请问

该百货商店上述业务增值税销项税额是多少?

(2) 增值税专用发票的特殊性还表现在它可以将一种货物从最初生产到最终消费之间的各个环节联接起来,具体体现在:按专用发票上注明的税额,逐环节征税、逐环节扣税,可以明确、清楚、简便地把税额从一个经营环节传递到下一个经营环节,直到把货物销售给最终消费者,从而将税款也逐环节地传。

(3) 进项税额。纳税人购进货物或者接受应税劳务支付或者负担的增值税税额,为进项税额。

下列进项税额准予从销项税额中抵扣:①从销售方取得的增值税专用发票上注明的增值税额;②从海关取得的海关进口增值税专用缴款书上注明的增值税税额;③购进农产品,除取得增值税专用发票或者海关进口增值税专用缴款书外,按照农产品收购发票或者销售发票上注明的农产品买价和 9% 的扣除率计算的进项税额,国务院另有规定的除外。进项税额计算公式:进项税额＝买价×扣除率;④自境外单位或者个人购进劳务、服务、无形资产或者境内的不动产,从税务机关或者扣缴义务人取得的代扣代缴税款的完税凭证上注明的增值税额。

准予抵扣的项目和扣除率的调整,由国务院决定。另外,纳税人购进货物、劳务、服务、无形资产、不动产,取得的增值税扣税凭证不符合法律、行政法规或者国务院税务主管部门有关规定的,其进项税额不得从销项税额中抵扣。

下列项目的进项税额不得从销项税额中抵扣:①用于简易计税方法计税项目、免征增值税项目、集体福利或者个人消费的购进货物、劳务、服务、无形资产和不动产;②非正常损失的购进货物,以及相关的劳务和交通运输服务;③非正常损失的在产品、产成品所耗用的购进货物(不包括固定资产)、劳务和交通运输服务;④国务院规定的其他项目。

案例分析 7-4

> 某粮油厂从某农场购进粮食,收购凭证上注明金额为 6 000 元人民币。
> **请问**
> 准予抵扣的进项税额是多少?

2. 小规模纳税人应纳增值税的计算

小规模纳税人销售货物、劳务、服务、无形资产和不动产,实行按照销售额和征收率计算应纳税额的简易办法,不得抵扣进项税额。小规模纳税人增值税征收率为 3%,国务院另有规定的除外。

$$应纳税额＝不含税销售额×征收率(3\%)＝含税销售额÷(1＋征收率)×征收率$$

案例分析 7-5

> 某商店为增值税小规模纳税人,2023 年 4 月销售商品,取得含税收入 5.15 万元;将外购的一批商品无偿捐赠给某慈善机构,该批商品的含税价格为 1.03 万元;购进商品,取得增值税普通发票注明金额为 2 万元,增值税为 0.32 万元。已知征收率为 3%。
> **请问**
> 该商店当月应纳增值税税额是多少?

3. 纳税人进口货物应纳增值税的计算

纳税人进口货物,按照组成计税价格和适用的税率计算应纳税额。值得注意的是,当进口货物属于消费税应税消费品时,其组成计税价格中还应包括消费税税额。

组成计税价格和应纳税额计算公式:

$$应纳税额＝组成计税价格×税率$$
$$组成计税价格＝关税完税价格＋关税＋消费税$$
$$＝关税完税价格×(1＋关税率)＋消费税$$
$$＝关税完税价格×(1＋关税率)÷(1－消费税)$$

案例分析 7-6

> 某单位本月从国外购入一批货物,货物到岸的完税价格为 800 万元,经计算,此批货物缴纳关税 100 万元。
> **请计算**
> 某单位该批货物应当缴纳的增值税税额是多少?

案例分析 7-7

　　某公司为增值税一般纳税人,该公司于 2019 年 9 月从国外进口一批高档化妆品,海关核定的关税完税价格为 300 万元。已知关税为 40 万元,消费税税率为 15%,增值税税率为 13%。

　　请问

　　该公司进口环节应纳增值税税额是多少?

(五) 增值税的税收优惠

　　根据新税法规定,对托儿所、幼儿园提供的保育和教育服务;养老机构提供的养老服务;残疾人福利机构提供的育养服务;婚姻介绍服务;殡葬服务;残疾人员本人为社会提供的服务;医疗机构提供的医疗服务;从事学历教育的学校(不包括职业培训机构)提供的教育服务;学生勤工俭学提供的服务;农业机耕、排灌、病虫害防治、植物保护、农牧保险以及相关技术培训业务,家禽、牲畜、水生动物的配种和疾病防治;纪念馆、博物馆、文化馆、文物保护单位管理机构、美术馆、展览馆、书画院、图书馆在自己的场所提供文化体育服务取得的第一道门票收入;个人转让著作权;个人销售自建自用住房;利息收入;被撤销金融机构以货物、不动产、无形资产、有价证券、票据等财产清偿债务;政府举办的从事学历教育的高等、中等和初等学校(不含下属单位),举办进修班、培训班取得的全部归该学校所有的收入等 40 种项目免征增值税。

　　增值税的免税、减税项目由国务院规定。任何地区、部门均不得规定免税、减税项目。

法律驿站 7-7

小微企业的免税规定

　　(1) 增值税小规模纳税人,月销售额不超过 3 万元(按季纳税,季销售额不超过 9 万元)免征。

　　(2) 其他个人采取一次性收取租金形式出租不动产,取得的租金收入,可在租金对应的租赁期内平均分摊,分摊后的月租金收入不超过 3 万元的,可享受小微企业免征增值税的优惠政策。

(六) 增值税的征税管理

1. 增值税纳税义务、扣缴义务发生时间

(1) 发生应税销售行为,增值税纳税义务发生时间为收讫销售款项或者取得索取销售款项凭据的当天;先开具发票的,为开具发票的当天。

(2) 进口货物,增值税纳税义务发生时间为报关进口的当天。

增值税扣缴义务发生时间为纳税人增值税纳税义务发生的当天。

2. 增值税纳税期限

增值税的纳税期限分别为 1 日、3 日、5 日、10 日、15 日、1 个月或者 1 个季度。纳税人的具体纳税期限,由主管税务机关根据纳税人应纳税额的大小分别核定;不能按照固定期限纳税的,可以按次纳税。纳税人以1个月或者1个季度为一个纳税期的,自期满之日起15日内申报纳税;以1日、3日、5日、10日或15日为一个纳税期的,自期满之日起5日内预缴税款,于次月1日起15日内申报纳税并结清上月应纳税款。

扣缴义务人解缴税款的期限,依照前两款规定执行。纳税人进口货物,应当自海关填发海关进口增值税专用缴款书之日起15日内缴纳税款。

3. 增值税的纳税地点

(1)固定业户应当向其机构所在地的主管税务机关申报纳税。总机构和分支机构不在同一县(市)的,应当分别向各自所在地的主管税务机关申报纳税;经国务院财政、税务主管部门或者其授权的财政、税务机关批准,可以由总机构汇总向总机构所在地的主管税务机关申报纳税。

(2)固定业户到外县(市)销售货物或者劳务,应当向其机构所在地的主管税务机关报告外出经营事项,并向其机构所在地的主管税务机关申报纳税;未报告的,应当向销售地或者劳务发生地的主管税务机关申报纳税;未向销售地或者劳务发生地的主管税务机关申报纳税的,由其机构所在地的主管税务机关补征税款。

(3)非固定业户销售货物或者劳务,应当向销售地或者劳务发生地的主管税务机关申报纳税;未向销售地或者劳务发生地的主管税务机关申报纳税的,由其机构所在地或者居住地的主管税务机关补征税款。

(4)进口货物,应当向报关地海关申报纳税。

扣缴义务人应当向其机构所在地或者居住地的主管税务机关申报缴纳其扣缴的税款。

二、消费税

消费税是对在我国境内从事生产、委托加工和进口法定消费品的单位和个人,就其销售额和销售数量,在特定环节征收的一种税。

小思考7-3

消费税和增值税的不同点有哪些?

(一)消费税的纳税主体
消费税的纳税主体是在我国境内从事生产、委托加工和进口法定消费品的单位和个人。

(二)消费税的征税范围
我国现行的消费税税目共15个,具体征税范围及税率见表7-2。

表7-2　消费税税目税率表

税　目	税　率
一、烟	
1. 卷烟	

（续表）

税　目	税　率
（1）甲类卷烟	56％加 0.003/支
（2）乙类卷烟	36％加 0.003 元/支
（3）批发环节	11％加 0.005 元/支
2. 雪茄烟	36％
3. 烟丝	30％
二、酒及酒精	
1. 白酒	20％加 0.5 元/500 克（或者 500 毫升）
2. 黄酒	240 元/吨
3. 啤酒	
（1）甲类啤酒	250 元/吨
（2）乙类啤酒	220 元/吨
4. 其他酒	10％
三、高档化妆品	15％
四、贵重首饰及珠宝玉石	
1. 金银首饰、铂金首饰和钻石及钻石饰品	5％
2. 其他贵重首饰和珠宝玉石	10％
五、鞭炮、焰火	15％
六、成品油	
1. 汽油	1.52 元/升
2. 柴油	1.20 元/升
3. 航空煤油	1.20 元/升
4. 石脑油	1.52 元/升
5. 溶剂油	1.52 元/升
6. 润滑油	1.52 元/升
7. 燃料油	1.20 元/升
七、摩托车	
1. 气缸容量 250 毫升的	3％
2. 气缸容量在 250 毫升（不含）以上的	10％
八、小汽车	
1. 乘坐用车	

（续表）

税　目	税　率
（1）气缸容量（排气量，下同）在 1.0 升（含 1.0 升）以下的	1%
（2）气缸容量在 1.0 升以上至 1.5 升（含 1.5 升）的	3%
（3）气缸容量在 1.5 升以上至 2.0 升（含 2.0 升）的	5%
（4）气缸容量在 2.0 升以上至 2.5 升（含 2.5 升）的	9%
（5）气缸容量在 2.5 升以上至 3.0 升（含 3.0 升）的	12%
（6）气缸容量在 3.0 升以上至 4.0 升（含 4.0 升）的	25%
（7）气缸容量在 4.0 升以上的	40%
2. 中轻型商用客车	5%
3. 超豪华小汽车（每辆零售价格 130 万元（不含增值税）及以上的乘用车和中轻型商用客车）	10%
九、高尔夫球及球具	10%
十、高档手表	20%
十一、游艇	10%
十二、木制一次性筷子	5%
十三、实木地板	5%
十四、电池	4%
十五、涂料	4%

小思考7-4

　　电动汽车和农用拖拉机专用轮胎是否征收消费税？实木复合地板和高尔夫球杆是否征收消费税？调味料酒和影视演员化妆用的油彩是否征收消费税？你能说出理由吗？

（三）消费税的税率

　　消费税的税率有两种形式：一种是比例税率；一种是定额税率。以适应不同应税消费品的实际情况。消费税的最高税率为 56%，最低税率为 1%；定额税率为 8 档，适用定额税率的应税消费品包括黄酒、啤酒和成品油类等。

（四）消费税的计算

　　1. 消费税实行从量定额计征办法的计税依据

　　我国消费税对卷烟、白酒、黄酒、啤酒、汽油、柴油等实行定额税率，采用从量定额的办法征税，其计税依据是纳税人销售应税消费品的数量，其计税公式为：

$$应纳税额＝应税消费品的数量×消费税单位税额$$

> 　　某啤酒厂 2019 年 4 月销售甲类啤酒 1 000 吨,取得不含增值税的销售额 295 万元,增值税税款 50.15 万元,另收取包装物押金 23.4 万元。
> **请问**
> 4 月该啤酒厂应纳消费税税额是多少?

2. 消费税实行从价定率计征办法的计税依据

实行从价定率办法征税的应税消费品,计税依据为应税消费品的销售额。计算公式为:

$$应纳税额＝应税消费品的销售额×比例税率$$

> 　　甲企业向 A 企业销售一批烟丝,含税销售额为 117 万元,消费税税率为 30%,增值税税率为 13%。
> **请问**
> 应交消费税和增值税分别是多少?

3. 自产自用应税消费品应纳税额的计算

(1) 用于连续生产应税消费品的,不纳税。

(2) 用于其他方面的:有同类消费品销售价格的,按照纳税人生产的同类消费品的销售价格计算纳税,应纳税额＝同类消费品销售价格×自产自用数量×适用税率;没有同类消费品销售价格的,按组成计税价格计算纳税。计算公式为:

$$组成计税价格＝(成本＋利润)÷(1－消费税税率)$$

$$应纳税额＝组成计税价格×适用税率$$

> 　　某卷烟厂生产企业本月加工一批卷烟,将其作为礼品送给关系户及分发给本企业职工,该批卷烟共 200 箱,成本为 400 万元,该企业无同类产品。
> **请问**
> 该批卷烟应征消费税税额是多少?

4. 委托加工应税消费品的由受托方交货时代扣代缴消费税

委托加工应税消费品按照受托方的同类消费品销售价格计算纳税,没有同类消费品销

售价格的,按组成计税价格计算纳税。计算公式为:

$$组成计税价格＝(材料成本＋加工费)÷(1－消费税税率)$$
$$应纳税额＝组成计税价格×适用税率$$

甲企业为增值税一般纳税人,8月接受某烟厂委托加工烟丝,甲企业自行提供烟叶的成本为35 000元,代垫辅助材料2 000元(不含税),发生加工支出4 000元(不含税);甲企业当月允许抵扣的进项税额为340元。烟丝的成本利润率为5%,适用的消费税税率为30%。

请问

甲企业应纳消费税、增值税各是多少?

5. 进口应税消费品,按照组成计税价格计算纳税

$$组成计税价格＝(关税完税价格＋关税)÷(1－消费税税率)$$
$$应纳税额＝组成计税价格×消费税税率$$

某企业本月从国外进口一批应税消费品,海关核定的关税完税价格为100万元。进口关税税率为40%,适用的消费税税率为30%,增值税税率为13%。

请问

该批货物进口应纳增值税和消费税各是多少?

(五) 消费税的征收管理办法

1. 消费税纳税义务发生时间

除委托加工纳税义务发生时间是消费税的特有规定之外,消费税的纳税义务发生时间与增值税基本一致。

2. 消费税纳税地点

纳税人销售的应税消费品,以及自产自用的应税消费品,除国务院另有规定外,应当向纳税人核算地主管税务机关申报纳税。

委托加工的应税消费品,除委托个人加工以外,由受托方向所在地主管税务机关代收代缴消费税税款。委托个人加工的应税消费品,由委托方向其机构所在地或者居住地主管税务机关申报纳税。

进口的应税消费品,由进口人或者其代理人向报关地海关申报纳税。

纳税人到外县(市)销售或者委托外县(市)代销自产应税消费品的,于应税消费品销售后,向机构所在地或者居住地主管税务机关申报纳税。

纳税人的总机构与分支机构不在同一县(市)的,应当分别向各自机构所在地的主管税务机关申报纳税(卷烟批发除外);经财政部、国家税务总局或者其授权的财政、税务机关批准,可以由总机构汇总向总机构所在地的主管税务机关申报纳税。

法律驿站 7-8

消费税是对特定货物与劳务征收的一种间接税,消费税可以根据国家产业政策和消费政策的要求,调节消费行为,促进节能环保,正确引导消费需求,间接引导投资流向,补偿部分商品和消费行为为负的外部性,缓解收入分配不公。

第三节　所　得　税

一、企业所得税

企业所得税是指企业和其他取得收入的组织,就其生产、经营所得和其他所得依法征收的一种税。

(一)纳税主体

根据《中华人民共和国企业所得税法》(以下简称《企业所得税法》)的规定,在中华人民共和国境内,企业和其他取得收入的组织(以下统称企业)为企业所得税的纳税人。个人独资企业、合伙企业不适用《企业所得税法》,征收个人所得税。

(二)征税客体

企业所得税的征税客体有两类,一是纳税人每一纳税年度的生产、经营所得;二是其他所得。生产、经营所得是指纳税人从事物质生产、交通运输、商品流通、劳务服务和经国务院财政部门确认的其他营利事业取得的所得。其他所得是指股息、利息、租金、转让各类资产、特许权使用费以及营业外的收益等所得。

(三)税率

企业所得税的税率为25%。但是非居民企业在中国境内未设立机构、场所的,或者虽设立机构、场所但取得的所得与其所设机构、场所没有实际联系的,就其来源于中国境内的所得缴纳企业所得税时,适用税率为20%。

(四)应纳税所得额的计算

企业每一纳税年度的收入总额,减除不征税收入、免税收入、各项扣除以及允许弥补的以前年度亏损后的余额,为应纳税所得额。

(1)收入总额。企业以货币形式和非货币形式从各种来源取得的收入,为收入总额。包括:①销售货物收入;②劳务收入;③转让财产收入;④股息、红利等权益性投资收益;⑤利息收入;⑥租金收入;⑦特许权使用费收入;⑧接受捐赠收入;⑨其他收入。

(2)不征税收入。下列收入为不征税收入:①财政拨款;②依法收取并纳入财政管理的行政事业性收费、政府性基金;③国务院规定的其他不征税收入。

小思考 7-5

某企业 2024 年获取几项收入,分别是:国家财政拨款;企业厂房租金收入;产品销售收入;国债利息收入。

在缴纳企业所得税时哪些收入不属于征收范围?

(3)允许扣除的项目。企业实际发生的与取得收入有关的、合理的支出,包括成本、费用、税金、损失和其他支出,准予在计算应纳税所得额时扣除。按照法律规定和扣除比例的不同规定,准予扣除的项目包括:①工资薪金支出;②社会保险费;③借款费用;④利息费用;⑤汇兑损失;⑥职工福利费支出;⑦工会经费;⑧职工教育经费支出;⑨业务招待费;⑩广告费和业务宣传费支出;⑪环境保护专项资金;⑫财产保险费;⑬租赁费;⑭劳动保护费;⑮总机构分摊的费用;⑯公益性捐赠;⑰依照有关法律、行政法规和国家有关税法规定准予扣除的其他项目。

(4)不得扣除的项目。在计算应纳税所得额时,下列支出不得扣除:①向投资者支付的股息、红利等权益性投资收益款项;②企业所得税税款;③税收滞纳金;④罚金、罚款和被没收财物的损失;⑤超过规定标准的捐赠支出;⑥赞助支出;⑦未经核定的准备金支出;⑧企业之间支付的管理费、企业内营业机构之间支付的租金和特许权使用费,以及非银行企业内营业机构之间支付的利息;⑨与取得收入无关的其他支出。

(5)亏损弥补。企业纳税年度发生的亏损,准予向以后年度结转,用以后年度的所得弥补,但结转年限最长不得超过 5 年。

(五)应纳税额的计算

1. 应纳税额的计算公式

企业的应纳税所得额乘以适用税率,减除依照企业所得税法关于税收优惠的规定减免和抵免的税额后的余额,为应纳税额。

其计算公式为:

$$应纳税额＝应纳税所得额×适用税率－减免税额－抵免税额$$

2. 税收抵免

企业取得的下列所得已在境外缴纳的所得税税额,可以从其当期应纳税额中抵免,抵免限额为该项所得依照企业所得税法规定计算的应纳税额;超过抵免限额的部分,可以在以后 5 个年度内,用每年度抵免限额抵免当年应抵税额后的余额进行抵补:

①居民企业来源于中国境外的应税所得;②非居民企业在中国境内设立机构、场所,取得发生在中国境外但与该机构、场所有实际联系的应税所得。

案例分析 7-13

刘某拥有三处房屋,一套价值 200 万元供自己居住的住房;另一套价值 150 万元租给他人居住的住房,每年租金为 60 000 元;还有一处每年租金为 24 万元的商铺。

（续上）

请问
刘某当年应纳房产税是多少？

（六）税收优惠

国家对重点扶持和鼓励发展的产业和项目，给予企业所得税优惠。

（1）免税收入。企业的下列收入为免税收入：①国债利息收入是指企业持有国务院财政部门发行的国债取得的利息收入；②符合条件的居民企业之间的股息、红利等权益性投资收益；③在中国境内设立机构、场所的非居民企业从居民企业取得与该机构、场所有实际联系的股息、红利等权益性投资收益；④符合条件的非营利组织的收入。

（2）税款的减免。企业的下列所得，可以免征、减征企业所得税：①从事农、林、牧、渔业项目的所得；②从事国家重点扶持的公共基础设施项目投资经营的所得；③从事符合条件的环境保护、节能节水项目的所得；④符合条件的技术转让所得；⑤非居民企业在中国境内未设立机构、场所的，或者虽设立机构、场所但取得的所得与其所设机构、场所没有实际联系的所得。

（3）降低税率。根据《企业所得税法》第二十八条的规定，在下列两种情况下，可以降低税率：①符合条件的小型微利企业，减按 20％的税率征收企业所得税；②国家需要重点扶持的高新技术企业，减按 15％的税率征收企业所得税。

某软件企业是国家需要重点扶持的高新技术企业，2023 年度该企业的应纳税所得额为 200 万元。
请问
该企业 2023 年应纳的企业所得税税额为多少？

（4）加计扣除额、减计收入额。企业的下列支出，可以在计算应纳税所得额时加计扣除：

①开发新技术、新产品、新工艺发生的研究开发费用；②安置残疾人员及国家鼓励安置的其他就业人员所支付的工资；③企业综合利用资源，生产符合国家产业政策规定的产品所取得的收入，可以在计算应纳税所得额时减计收入。

（5）抵扣应纳税所得额。创业投资企业从事国家需要重点扶持和鼓励的创业投资，可以按投资额的一定比例抵扣应纳税所得额。

（6）抵免税额。企业购置用于环境保护、节能节水、安全生产等专用设备的投资额，可以按一定比例实行税额抵免。

（7）加速折旧。企业的固定资产由于技术进步等原因，确需加速折旧的，可以缩短折旧年限或者采取加速折旧的方法。

法律驿站 7-9

你知道固定资产计算折旧的最低年限吗

（1）房屋、建筑物，为 20 年。

（2）飞机、火车、轮船、机器、机械和其他生产设备，为 10 年。

（3）与生产经营活动有关的器具、工具、家具等，为 5 年。

（4）飞机、火车、轮船以外的运输工具，为 4 年。

（5）电子设备，为 3 年。

（8）过渡期优惠。《企业所得税法》公布前已经批准设立的企业，依照当时的税收法律、行政法规规定，享受低税率优惠的，可以在该法施行后 5 年内，逐步过渡到该法规定的税率；享受定期减免税优惠的，按照国务院规定，可以在该法施行后继续享受到期满为止，但因未获利而尚未享受优惠的，优惠期限从该法施行年度起计算。

（七）企业所得税的征收管理

1. 纳税地点

除税收法律、行政法规另有规定外，居民企业以企业登记注册地为纳税地点；但登记注册地在境外的，以实际管理机构所在地为纳税地点。

非居民企业在中国境内设立机构、场所的，以机构、场所所在地为纳税地点。非居民企业在中国境内设立两个或者两个以上机构、场所的，经税务机关审核批准，可以选择由其主要机构、场所汇总缴纳企业所得税。

在中国境内未设立机构、场所的，或者虽设立机构、场所但取得的所得与其所设机构、场所没有实际联系的非居民企业，以扣缴义务人所在地为纳税地点。

2. 纳税期限

企业所得税的纳税年度，自公历 1 月 1 日起至 12 月 31 日止。企业在一个纳税年度的中间开业，或者由于合并、关闭等原因终止经营活动，使该纳税年度的实际经营期不足 12 个月的，应当以其实际经营期为一个纳税年度。企业清算时，应当以清算期间作为一个纳税年度。

自年度终了之日起 5 个月内，向税务机关报送年度企业所得税纳税申报表，并汇算清缴，结清应缴应退税款。

企业在年度中间终止经营活动的，应当自实际经营终止之日起 60 日内，向税务机关办理当期企业所得税汇算清缴。

某企业 2023 年实现销售收入 1 800 万元，当年发生销售成本 1 400 万元，管理费用 200 万元（其中业务招待费用 40 万元，为研究新产品发生研究开发费 100 万元），财务费用 60 万元，企业中有残疾人员 15 人，每月工资 1 000 元。

（续上）

请问

该企业 2023 年应纳企业所得税是多少？

二、个人所得税法

个人所得税法是调整征税机关与自然人（居民、非居民人）之间在个人所得税的征纳与管理过程中所发生的社会关系的法律规范的总称。

2018 年 6 月 19 日，《个人所得税法修正案（草案）》提请第十三届全国人大常委会第三次会议审议，这是个税法自 1980 年出台以来第七次大修改。2018 年 8 月 31 日，修改个人所得税法的决定通过，个人所得税起征点每月 5 000 元，新法于 2019 年 1 月 1 日起施行，2018 年 10 月 1 日起施行最新起征点和税率。

（一）个人所得税的纳税义务人

我国个人所得税的纳税义务人是在中国境内居住有所得的人，以及不在中国境内居住而从中国境内取得所得的个人，包括中国国内公民，在华取得所得的外籍人员和港、澳、台同胞。

《中华人民共和国个人所得税法》（以下简称《个人所得税法》）所称在中国境内有住所是指因户籍、家庭、经济利益关系而在中国境内习惯性居住；所称从中国境内和境外取得的所得，分别是指来源于中国境内的所得和来源于中国境外的所得。

下列所得，不论支付地点是否在中国境内，均为来源于中国境内的所得：①因任职、受雇、履约等在中国境内提供劳务取得的所得；②将财产出租给承租人在中国境内使用而取得的所得；③许可各种特许权在中国境内使用而取得的所得；④转让中国境内的不动产等财产或者在中国境内转让其他财产取得的所得；⑤从中国境内企业、事业单位、其他组织以及居民个人取得的利息、股息、红利所得。

1. 居民纳税义务人

在中国境内有住所，或者无住所而一个纳税年度内在中国境内居住累计满 183 天的个人，为居民个人。居民个人从中国境内和境外取得的所得，依法缴纳个人所得税。

2. 非居民纳税义务人

在中国境内无住所又不居住，或者无住所而一个纳税年度内在中国境内居住累计不满 183 天的个人，为非居民个人。非居民个人从中国境内取得的所得，依法缴纳个人所得税。

 小思考 7-6

外籍人员约翰 2023 年 2 月 24 日受邀来中国工作，2024 年 2 月 15 日结束在中国的工作。
请问
约翰是否属于我国居民纳税人？

（二）个人所得的纳税范围

个人所得税的征税对象是个人取得的应税所得。我国《个人所得税法》采用分类所得

税制,明确列举了九项应纳税的个人所得:

(1) 工资、薪金所得是指个人因任职或者受雇取得的工资、薪金、奖金、年终加薪、劳动分红、津贴、补贴以及与任职或者受雇有关的其他所得。

小思考 7-7

退休人员再任职取得的收入还需要缴纳个人所得税吗?

案例分析 7-16

2023 年 12 月,甲公司职员王某取得以下收入:①劳动分红 2 000 元;②差旅费津贴 200 元;③独生子女补贴 3 元;④误餐补助 50 元。

请问

王某的哪些收入应计入"工资、薪金所得"缴纳个人所得税?

(2) 劳务报酬所得是指个人从事劳务取得的所得,包括从事设计、装潢、安装、制图、化验、测试、医疗、法律、会计、咨询、讲学、翻译、审稿、书画、雕刻、影视、录音、录像、演出、表演、广告、展览、技术服务、介绍服务、经纪服务、代办服务以及其他劳务取得的所得。

法律驿站 7-10

区分劳务报酬所得和工资、薪金所得,主要看是否存在雇佣与被雇佣的关系。

案例分析 7-17

中国公民叶某任职国内甲企业,2024 年为乙公司设计营销方案,取得一次性设计费 10 000 元。

请问

该收入应适用哪一项个人所得税税目?

(3) 稿酬所得是指个人因其作品以图书、报刊等形式出版、发表而取得的所得。包括稿酬、再版稿酬取得的收入。作者去世以后,对取得其遗作稿酬的人,仍按照稿酬所得征收个人所得税。这里所说的"作品"是指包括文字、图片、乐谱等能以图书、报刊方式出版、发表的作品。

小思考7-8

根据个人所得税法律制度的有关规定,你能找出按照"稿酬收入"征收个人所得税的是哪一项吗？①作品出版或发表;②审稿收入;③任职公司董事;④讲课收入。

（4）使用费所得是指个人提供专利权、商标权、著作权、非专利技术以及其他特许权的使用权取得的所得;提供著作权的使用权取得的所得,不包括稿酬所得。

 案例分析7-18

2024年,李某共有四项收入：提供商标使用权取得的收入;转让土地使用权取得的收入;转让著作权取得的收入;转让专利权取得的收入。

根据个人所得税法律制度的规定,李某收入中能够按照"特许权使用费所得"税目征收个人所得税的有哪些？

（5）经营所得是指：①个体工商户从事生产、经营活动取得的所得,个人独资企业投资人、合伙企业的个人合伙人来源于境内注册的个人独资企业、合伙企业生产、经营的所得;②个人依法从事办学、医疗、咨询以及其他有偿服务活动取得的所得;③个人对企业、事业单位承包经营、承租经营以及转包、转租取得的所得;④个人从事其他生产、经营活动取得的所得。

（6）利息、股息、红利所得是指个人拥有债权、股权等而取得的利息、股息、红利所得。利息是指个人拥有债权而取得的利息,包括存款利息、贷款利息和各种债券的利息。按税法规定,个人购买国债的国家发行的金融债券免纳个人所得税,个人储蓄利息所得暂免征收个人所得税。股息、红利是指个人拥有股权取得的股息、红利。按照一定的比例对每股发给的息金,叫股息;公司、企业应分配的利润,按股份分配的叫红利。利息、股息、红利所得,除另有规定外,都应当缴纳个人所得税。适用20%的比例税率。

（7）财产租赁所得是指个人出租不动产、机器设备、车船以及其他财产取得的所得。

（8）财产转让所得是指个人转让有价证券、股权、合伙企业中的财产份额、不动产、机器设备、车船以及其他财产取得的所得。目前,除了股票转让所得暂不征收个人所得税以外,个人取得的其他各项财产转让所得,都要缴纳个人所得税。财产转让所得,适用20%的比例税率。

 案例分析7-19

张三出售自己的一套二手房,在新购时花费50万元,缴纳各税费2万元,在装修时又花费8万元,现在房子成交价格为110万元。

请问

张三应缴纳多少个人所得税？

（9）偶然所得是指个人得奖、中奖、中彩以及其他偶然性质的所得。个人在各行各业因作出突出贡献而从省级以下人民政府及其所属部门取得的一次性奖励收入（不论奖金来源何处），也属于偶然所得的征税范围。以个人每次取得的收入额为应纳税所得额，不扣除任何费用。以每次收入额为应纳税所得额。偶然所得适用 20％ 的比例税率。

小李于 2024 年 10 月 9 日购买彩票中奖，获得奖金 20 万元。

请问

小李应缴纳的个人所得税是多少？

个人取得的所得，难以界定应纳税所得项目的，由国务院税务主管部门确定。

个人所得的形式，包括现金、实物、有价证券和其他形式的经济利益；所得为实物的，应当按照取得的凭证上所注明的价格计算应纳税所得额，无凭证的实物或者凭证上所注明的价格明显偏低的，参照市场价格核定应纳税所得额；所得为有价证券的，根据票面价格和市场价格核定应纳税所得额；所得为其他形式的经济利益的，参照市场价格核定应纳税所得额。

（三）个人所得税的税率

1. 综合所得

包括工资、薪金所得，劳务报酬所得，稿酬所得，特许权使用费所得四项。劳务报酬所得、稿酬所得、特许权使用费所得以收入减除 20％ 的费用后的余额为收入额。稿酬所得的收入额减按 70％ 计算。

1）工资、薪金所得

工资、薪金所得适用超额累进税率，该税率按个人月工资、薪金应税所得额划分为 7 个级距，最低一级为 3％，最高一级为 45％，如表 7-3 所示。

表 7-3　综合所得适用税率 3％～45％ 的超额累进税率

级数	全年应纳税所得额	税率
1	不超过 36 000 元的	3％
2	超过 36 000 元至 144 000 元的部分	10％
3	超过 144 000 元至 300 000 元的部分	20％
4	超过 300 000 元至 420 000 元的部分	25％
5	超过 420 000 元至 660 000 元的部分	30％
6	超过 660 000 元至 960 000 元的部分	35％
7	超过 960 000 元的部分	45％

注①：本表所称全年应纳税所得额是指依照《个人所得税法》第六条的规定，居民个人取得综合所得以每一纳税年度收入额减除费用 6 万元以及专项扣除、专项附加扣除和依法确定的其他扣除后的余额。

注②：非居民个人的工资、薪金所得，劳务报酬所得，稿酬所得和特许权使用费所得，依照本表按月换算后计算应纳税额。

2）劳务报酬所得

劳务报酬所得适用的税率及扣除数见表 7-4。

表 7-4 劳务报酬所得适用的税率及扣除数

级数	应纳税所得额（含税）	应纳税所得额（不含税）	税率	速算扣除数
1	不超过 20 000 元的部分	不超过 16 000 元的部分	20%	0
2	超过 20 000 元到 50 000 元的部分	超过 16 000 元至 37 000 元的部分	30%	2 000
3	超过 50 000 元的部分	超过 37 000 元的部分	40%	7 000

注：表中的含税级距、不含税级距，均为按照税法规定减除有关费用后的所得额。含税级距适用于由纳税人负担税款的劳务报酬所得；不含税级距适用于由他人（单位）代付税款的劳务报酬所得。

① 每次收入不足 4 000 元：

$$应纳税额＝应纳税所得额×适用税率＝（每次收入额－800 元）×20\%$$

② 每次收入在 4 000 元以上的：

$$应纳税额＝应纳税所得额×适用税率＝每次收入额×（1－20\%）×20\%$$

③ 每次收入的应纳税所得额超过 20 000 元的：

$$应纳税额＝应纳税所得额×适用税率－速算扣除数$$
$$＝每次收入额×（1－20\%）×适用税率－速算扣除数$$

案例分析 7-21

小李 2023 年因给某电子公司提供技术支持工作，收取了 6 000 元的劳务报酬，其劳务报酬收入所得金额超过 4 000 元。

请问

小李应缴纳的个人所得税是多少？

3）稿酬所得

稿酬所得以个人每次取得的收入，定额或定率减除规定费用后的余额为应纳税所得额，每次收入不超过 4 000 元，定额减除费用 800 元；每次收入在 4 000 元以上的，定率减除 20% 的费用。适用 20% 的比例税率，并按规定对应纳税额减征 30%，故其实际税率为 14%，计算公式为：

① 每次收入不超过 4 000 元的：

$$应纳税额＝（每次收入额－800）×20\%×（1－30\%）$$

② 每次收入在 4 000 元以上的：

$$应纳税额＝每次收入额×（1－20\%）×20\%×（1－30\%）$$

案例分析 7-22

　　某知名网站资深专家打算撰写并出版书籍《个人所得税一本通》,出版商同意支付 2 万元稿费。

请问

该专家应缴纳多少个人所得税呢?

4)特许权使用费所得

特许权使用费所得适用 20％ 的比例税率。计算公式为:

$$应纳税所得额＝特许权使用费(不超过 4\ 000 元)－800 元$$
$$应纳税所得额＝特许权使用费(超过 4\ 000 元)×(1－20％)$$
$$应纳税额＝应纳税所得额×20％$$

 案例分析 7-23

　　张某通过某中介机构将自己获得的一项专利技术转让给别的公司,取得收入 10 万元,成交时张某支付相关税费共计 1 万元整,且能提供有效的合法凭证。

请问

张某应缴纳的个人所得税是多少?

2. 经营所得适用 5 级超额累进税率

适用按年计算、分月预缴税款的个体工商户的生产、经营所得和对企事业单位的承包经营、承租经营的全年应纳税所得额划分级距,最低一级为 5％,最高一级为 35％,共 5 级。如表 7-5 所示。

表 7-5　经营所得适用税率 5％～35％ 的超额累进税率

级数	全年应纳税所得额	税率
1	不超过 30 000 元的	5％
2	超过 30 000 元至 90 000 元的部分	10％
3	超过 90 000 元至 300 000 元的部分	20％
4	超过 300 000 元至 500 000 元的部分	30％
5	超过 500 000 元的部分	35％

注:本表所称全年应纳税所得额是指依法规定,以每一纳税年度的收入总额减除成本、费用以及损失后的余额。

3. 比例税率

对个人的利息、股息、红利所得,财产租赁所得,财产转让所得,偶然所得和其他所得,按次计算征收个人所得税,适用 20％ 的比例税率。

(四)征收管理

1. 个人所得税的征收方式

个人所得税的征收方式实行源泉扣缴与自行申报并用法,注重源泉扣缴。

个人所得税的征收方式可分为按月计征和按年计征。个体工商户的生产、经营所得,对企业事业单位的承包经营、承租经营所得,特定行业的工资、薪金所得,从中国境外取得的所得,实行按年计征应纳税额,其他所得应纳税额实行按月计征。

2. 计算方法

应纳税所得额＝月度收入－5 000 元(起征点)－专项扣除(三险一金等)－专项附加扣除－依法确定的其他扣除。

案例分析 7-24

中国公民王某,于 2023 年 9 月取得工资、薪金收入 8 500 元,社保缴纳 105 元。请根据个人所得税法相关规定计算。

请问

王某当月应缴纳的个人所得税税额为多少?

3. 个人所得税专项附加扣除

1) 子女教育

扣除范围:学前教育,子女年满 3 周岁当月至小学入学前;学历教育,包括义务教育(小学、初中教育)、高中阶段教育(普通高中、中等职业、技工教育)、高等教育(大学专科、大学本科、硕士研究生、博士研究生教育)。

扣除标准:2 000 元/月/每个子女。

扣除方式:父母(法定监护人)各扣除 50%或父母(法定监护人)选择一方全额扣除。

2) 继续教育

扣除范围:纳税人在中国境内接受学历(学位)继续教育的支出。纳税人接受技能人员职业资格继续教育、专业技术人员职业资格继续教育的支出。

扣除标准:①纳税人在学历(学位)教育期间,按照每月 400 元定额扣除标准扣除。同一学历(学位)继续教育的扣除期限不能过 48 个月。②纳税人接受技能人员职业资格继续教育、专业技术人员职业资格继续教育的支出,在取得相关证书的当年,按照 3 600 元定额扣除。

扣除方式:①学历继续教育支出:个人接受本科(含)以下学历(学位)继续教育,可以选择由其父母扣除,也可选择由本人扣除。②技能人员职业资格继续教育支出、专业技术人员职业资格继续教育支出:本人扣除。

3) 大病医疗

扣除范围:一个纳税年度内,纳税人发生的与基本医保相关的医药费用支出,扣除医保报销后,个人负担(指医保目录范围内的自付部分)累计超过 15 000 元的部分。

扣除标准:由纳税人在办理年度汇算清缴时,在 80 000 元限额内据实扣除。

扣除方式:①纳税人发生的医药费用支出可以选择由本人或者其配偶扣除;②未成年子女发生的医药费用支出可以选择由其父母一方扣除。

4）住房贷款利息

扣除范围：纳税人本人或者配偶单独或者共同使用商业银行或者住房公积金个人住房贷款，为本人或者其配偶购买中国境内住房，发生的首套住房贷款利息支出。

扣除标准：在实际发生贷款利息的年度，按照每月1 000元的标准定额扣除，扣除期限最长不超过240个月。纳税人只能享受一次首套住房贷款的利息扣除。

扣除方式：①经夫妻双方约定，可以选择由其中一方扣除，具体扣除方式在一个纳税年度内不能变更。②夫妻双方婚前分别购买住房发生的首套住房贷款，其贷款利息支出，婚后可以选择其中一套购买的住房，由购买方按扣除标准的100%扣除，也可以由夫妻双方对各自购买的住房分别按扣除标准的50%扣除，具体扣除方式在一个纳税年度内不能变更。

5）住房租金

扣除范围：纳税人在主要工作城市没有自有住房而发生的住房租金支出。

扣除标准：直辖市、省会（首府）城市、计划单列市以及国务院确定城市，扣除标准为1 500元/月；除第一项所列城市以外，市辖区户籍人口超过100万的城市，扣除标准为1 100元/月；除第一项所列城市以外，市辖区户籍人口不超过100万的城市，扣除标准为800元/月。

扣除方式：①由签订租赁住房合同的承租人扣除；②夫妻双方主要工作城市相同：只能由一方（即承租人）扣除。

6）赡养老人

扣除范围：纳税人赡养一位及以上被赡养人的赡养支出。被赡养人是指年满60岁的父母，以及子女均已去世的年满60岁的祖父母、外祖父母。

扣除标准：独生子女为3 000元/月的定额；非独生子女与兄弟姐妹分摊每月3 000元的扣除额度，每人分摊的额度不能超过每月1 500元。

扣除方式：独生子女由本人扣除；非独生子女可以选择平均分摊（赡养人平均分摊）、约定分摊（赡养人自行约定分摊比例）、指定分摊（被赡养人指定分摊比例）。

7）3岁以下婴幼儿照护

扣除范围：纳税人照护3岁以下婴幼儿子女的相关支出。

扣除标准：按照每个婴幼儿每月2 000元的标准定额扣除。

扣除方式：父母可以选择由其中一方按扣除标准的100%扣除，也可以选择由双方分别按扣除标准的50%扣除。

专项扣除、专项附加扣除和依法确定的其他扣除，以居民个人一个纳税年度的应纳税所得额为限额；一个纳税年度扣除不完的，不结转以后年度扣除。

法律驿站 7-11

纳税人子女接受全日制学历教育的相关支出，子女年满3岁至小学入学前处于学前教育的相关支出，按照每个子女每月2 000元的标准定额扣除。

案例分析 7-25

已婚人士小李在北京上班,月收入 1 万元,"三险一金"专项扣除为 2 000 元,每月租金 4 000 元,有一子女上幼儿园,同时小李的父母已经 60 多岁。

请问

根据新政策,小李应缴纳的个人所得税是多少?

(五) 个人所得税的税收优惠

1. 个人所得税免税项目

下列各项个人所得,免征个人所得税:

(1) 省级人民政府、国务院部委和中国人民解放军军以上单位,以及外国组织、国际组织颁发的科学、教育、技术、文化、卫生、体育、环境保护等方面的奖金。

(2) 国债和国家发行的金融债券利息。

(3) 按照国家统一规定发给的补贴、津贴。

(4) 福利费、抚恤金、救济金。

(5) 保险赔款。

(6) 军人的转业费、复员费、退役金。

(7) 按照国家统一规定发给干部、职工的安家费、退职费、基本养老金或者退休费、离休费、离休生活补助费。

(8) 依照有关法律规定应予免税的各国驻华使馆、领事馆的外交代表、领事官员和其他人员的所得。

(9) 中国政府参加的国际公约、签订的协议中规定免税的所得。

(10) 国务院规定的其他免税所得。

案例分析 7-26

2023 年 9 月退休职工张某共取得四项收入:退休工资 4 000 元;出租店铺取得租金 6 000 元;发表一篇论文取得稿酬 1 000 元;提供技术咨询取得一次性报酬 2 000 元。

请问

张某的哪项收入可以免征个人所得税?

小思考 7-9

根据个人所得税法律制度的规定,财产租赁所得、退休工资、保险赔款和国债利息所得,哪项应该缴纳个人所得税?

2．个人所得税减税项目

有下列情形之一的，可以减征个人所得税，具体幅度和期限，由省、自治区、直辖市人民政府规定，并报同级人民代表大会常务委员会备案：

（1）残疾、孤老人员和烈属的所得。

（2）因严重自然灾害造成重大损失的。

国务院可以规定其他减税情形，报全国人民代表大会常务委员会备案。

3．个人所得额的扣减规定

（1）居民个人的综合所得，以每一纳税年度的收入额减除费用6万元以及专项扣除、专项附加扣除和依法确定的其他扣除后的余额，为应纳税所得额。

（2）非居民个人的工资、薪金所得，以每月收入额减除费用5000元后的余额为应纳税所得额；劳务报酬所得、稿酬所得、特许权使用费所得，以每次收入额为应纳税所得额。

（3）经营所得，以每一纳税年度的收入总额减除成本、费用以及损失后的余额，为应纳税所得额。

（4）财产租赁所得，每次收入不超过4000元的，减除费用800元；4000元以上的，减除20％的费用，其余额为应纳税所得额。

（5）财产转让所得，以转让财产的收入额减除财产原值和合理费用后的余额，为应纳税所得额。

（6）利息、股息、红利所得和偶然所得，以每次收入额为应纳税所得额。

劳务报酬所得、稿酬所得、特许权使用费所得以收入减除20％的费用后的余额为收入额。稿酬所得的收入额减按70％计算。

个人将其所得对教育、扶贫、济困等公益慈善事业进行捐赠，捐赠额未超过纳税人申报的应纳税所得额30％的部分，可以从其应纳税所得额中扣除；国务院规定对公益慈善事业捐赠实行全额税前扣除的，从其规定。

居民个人按照国家规定的范围和标准缴纳的基本养老保险、基本医疗保险、失业保险等社会保险费和住房公积金等；专项附加扣除，包括子女教育、继续教育、大病医疗、住房贷款利息或者住房租金、赡养老人等支出，具体范围、标准和实施步骤由国务院确定，并报全国人民代表大会常务委员会备案。

案例分析 7-27

中国某公司职员王某于2023年11月取得工资、薪金收入10 000元。当地规定的社会保险和住房公积金个人缴存比例为：基本养老保险8％，基本医疗保险2％，失业保险0.5％，住房公积金12％。王某缴纳社会保险费核定的缴费工资基数为8 000元。

请问

王某当月应缴纳的个人所得税税额是多少？

（六）个人所得税的税收管理

1. 纳税申报

（1）个人所得税以所得人为纳税人，以支付所得的单位或者个人为扣缴义务人。扣缴义务人向个人支付应税款项时，应当依照个人所得税法规定预扣或代扣税款，按时缴库，并专项记载备查。

税务机关对扣缴义务人按照所扣缴的税款，付给2%的手续费。个人应当凭纳税人识别号实名办税。

（2）有下列情形之一的，纳税人应当依法办理纳税申报：①取得综合所得需要办理汇算清缴；②取得应税所得没有扣缴义务人；③取得应税所得，扣缴义务人未扣缴税款；④取得境外所得；⑤因移居境外注销中国户籍；⑥非居民个人在中国境内从两处以上取得工资、薪金所得；⑦国务院规定的其他情形。

（3）居民个人取得工资、薪金所得时，可以向扣缴义务人提供专项附加扣除有关信息，由扣缴义务人扣缴税款时办理专项附加扣除。

纳税人同时从两处以上取得工资、薪金所得，并由扣缴义务人办理专项附加扣除的，对同一专项附加扣除项目，纳税人只能选择从其中一处扣除。居民个人取得劳务报酬所得、稿酬所得、特许权使用费所得，应当在汇算清缴时向税务机关提供有关信息，办理专项附加扣除。暂不能确定纳税人为居民个人或者非居民个人的，应当按照非居民个人缴纳税款，年度终了确定纳税人为居民个人的，按照规定办理汇算清缴。

纳税人有下列情形之一的，税务机关可以不予办理退税：①纳税申报或者提供的汇算清缴信息，经税务机关核实为虚假信息，并拒不改正的；②法定汇算清缴期结束后申报退税的。对不予办理退税的，税务机关应当及时告知纳税人。

2. 纳税期限

（1）居民个人取得综合所得，按年计算个人所得税，有扣缴义务人的，由扣缴义务人按月或者按次预扣预缴税款，需要办理汇算清缴的，应当在取得所得的次年3月1日至6月30日内办理汇算清缴。预扣预缴办法由国务院税务主管部门制定。

（2）非居民个人取得工资、薪金所得，劳务报酬所得，稿酬所得和特许权使用费所得，有扣缴义务人的，由扣缴义务人按月或者按次代扣代缴税款，不办理汇算清缴。

（3）纳税人取得经营所得，按年计算个人所得税，由纳税人在月度或者季度终了后15日内向税务机关报送纳税申报表，并预缴税款，在取得所得的次年3月31日前办理汇算清缴。

（4）纳税人取得利息、股息、红利所得，财产租赁所得，财产转让所得和偶然所得，按月或者按次计算个人所得税，有扣缴义务人的，由扣缴义务人按月或者按次代扣代缴税款。

（5）纳税人取得应税所得没有扣缴义务人的，应当在取得所得的次月15日内向税务机关报送纳税申报表，并缴纳税款。

（6）居民个人从中国境外取得所得的，应当在取得所得的次年3月1日至6月30日内申报纳税。

（7）非居民个人在中国境内从两处以上取得工资、薪金所得的，应当在取得所得的次月15日内申报纳税。

（8）纳税人因移居境外注销中国户籍的，应当在注销中国户籍前办理税款清算。

（9）扣缴义务人每月或者每次预扣、代扣的税款，应当在次月15日内缴入国库，并向税务机关报送扣缴个人所得税申报表。

3．纳税地点

（1）在中国境内有任职、受雇单位的，应当向任职、受雇单位所在地税务机关申报。

（2）在中国境内有两处以上任职、受雇单位的，应当选择并固定向其中一处单位所在地税务机关申报。

（3）在中国境内无任职、受雇单位，年所得项目中有个体工商户的生产、经营所得或者对企事业单位的承包经营、承租经营所得的，应当向其中一处实际经营所在地税务机关申报。

（4）在中国境内无任职、受雇单位，年所得项目中无生产、经营所得的，应当向户籍所在地税务机关申报。在中国境内有户籍，但是户籍所在地与中国境内经常居住地不一致的，应当选择并固定向其中一地税务机关申报。在中国境内没有户籍的，应当向中国境内经常居住地税务机关申报。

纳税人不得随意变更个人所得税纳税申报地点。由于特殊情况需要变更的，须报原主管税务机关备案。

案例导引分析

（1）全年减除费用 60 000 元。

（2）专项扣除 = 10 000×(8%＋2%＋0.5%＋12%)×12 = 27 000（元）。

（3）专项附加扣除：

李某子女教育支出实行定额扣除，每年扣除 24 000 元；

首套住房贷款利息支出实行定额扣除，每年扣除 12 000 元；

李某赡养老人支出实行定额扣除，每年扣除 36 000 元；

专项附加扣除合计 = 24 000＋12 000＋36 000 = 72 000（元）。

（4）扣除项合计 = 60 000＋27 000＋72 000 = 159 000（元）。

（5）应纳税所得额 = 180 000－159 000 = 21 000（元）。

（6）应纳个人所得税额 = 21 000×3% = 630（元）。

课后测试

一、判断题

1．纳税人是指依法直接负有纳税义务的自然人、法人。 （　　）

2．扣缴义务人按照税法规定代扣税款项应归本单位所有。 （　　）

3．购买体育彩票取得中奖收入应缴纳个人所得税。 （　　）

4．个人所得税税率按工资、薪金所得，适用 5%～45% 的超额累进税率。 （　　）

5．根据税法规定，我国征税机关只能是各级税务部门。 （　　）

二、单项选择题

1．下列不是我国税收特征的是（　　）。

A. 固定性　　　B. 无偿性　　　　C. 地域性　　　　D. 强制性

2. 某高校退休职工夏某 2024 年 4 月份取得的下列收入中,应缴纳个人所得税的是（　　）。

    A. 退休工资 2 750 元   B. 国债利息收入 1 100 元

    C. 稿费收入 1 600 元   D. 省政府颁发的环保奖金 20 000 元

3. 2024 年 9 月,退休职工刘某取得的下列收入中,免予缴纳个人所得税的是（　　）。

    A. 刘某原任职单位重阳节发放补贴 800 元

    B. 报刊上发表文章取得报酬 1 000 元

    C. 退休工资 5 000 元

    D. 商场有奖销售中奖 210 元

4. 企业所得税规定不得从收入中扣除的项目是（　　）。

    A. 职工福利费   B. 广告宣传费   C. 公益性捐赠   D. 赞助费支出

5. 根据个人所得税法律制度的规定,下列各项中,应当征收个人所得税的是（　　）。

    A. 个人举报犯罪行为而获得的奖金

    B. 个人购买赈灾彩票中奖 1 万元

    C. 国有企业职工因企业依法宣告破产,从破产企业取得的一次性安置费收入

    D. 个人取得单张有奖发票奖金 900 元

6. 由税务机关责令限期缴纳税款仍逾期未缴的可采取（　　）行为。

    A. 税收保全   B. 强制执行   C. 纳税担保   D. 阻止出境

三、多项选择题

1. 下列物品中,属于消费税征收范围的有（　　）。

    A. 家用电器   B. 烟酒

    C. 小汽车'   D. 鞭炮、焰火

    E. 汽油和柴油

2. 下列项目中,税法规定免征增值税的有（　　）。

    A. 托儿所、幼儿园提供的保育和教育服务

    B. 养老机构提供的养老服务

    C. 残疾人福利机构提供的育养服务

    D. 婚姻介绍服务

    E. 残疾人员本人为社会提供的服务

3. 下列属于中央税收的有（　　）。

    A. 关税   B. 海关代征增值税

    C. 消费税   D. 金融企业所得税

    E. 个人所得税

4. 适用消费税复合税率的税目有（　　）。

    A. 卷烟   B. 雪茄

    C. 烟丝   D. 粮食白酒

    E. 薯类白酒

5. 适用消费税定额税率的税目有（　　）。

    A. 白酒   B. 黄酒   C. 啤酒   D. 汽油   E. 柴油

6. 根据个人所得税法律制度的规定,下列各项中,免征个人所得税的有( )。

A. 退休人员再任职收入

B. 省级人民政府颁发的教育方面的奖金

C. 按国家统一规定发给职工的退休工资

D. 按国务院规定发给的政府特殊津贴

四、实训题

实训一

分析下列形式多样的逃避企业所得税的行为。

某地税务机关在年末整理税务报告时,发现以下逃避税收的情况:

(1)纳税人支付给某个人经纪人的销售佣金为 1 万元,但其却让经纪人写了一张领取 5 万元佣金的收条。

(2)纳税人通过制造假象,谎称自己发生了损失或者夸大损失的数额。

(3)张某和李某共同设立了 A 公司,然后两人又拿出一定的资金,以王某和华某的名义设立了 B 公司。A 公司将价值 80 万元的货物以 60 万元的价格卖给 B 公司。

(4)某种新办企业可以在前两年免纳企业所得税,张某和李某在 2023 年 1 月设立了这种企业 A 公司,2023 年和 2024 年 A 公司因此免纳企业所得税。张某与李某在 2024 年年底注销了 A 公司,随即又以 A 公司的资产设立了 B 公司。

(5)城镇劳动就业服务企业通过给待业人员少量费用的方法,在名义上安置待业人员(实质为空挂)。

(6)纳税人到"老、少、边、穷"地区设立企业,然后以该企业的名义在经济繁华的地方从事经营活动。

(7)一个预计在本年度盈利的企业购买一家小型亏损企业。

请问:以上案例的相关主体是通过怎样的方法逃避税收的?请组织学生分组讨论,最后由教师分析总结。

实训二

甲化妆品生产企业为增值税一般纳税人,11 月份从另一化妆品生产企业购进高档保湿精华一批,取得增值税专用发票(当月经过认证并允许在当月抵扣进项税)上注明价款为 200 万元;当月领用其中的 60%用于生产高档保湿粉底液并全部销售,向购买方开具增值税专用发票,注明销售额为 1 000 万元。已知高档化妆品适用的消费税税率为 15%。

请计算:

(1)甲化妆品生产企业应纳消费税是多少?

(2)甲化妆品生产企业应纳增值税是多少?

五、思考题

1. 税法包括哪些构成要素?

2. 简述增值税、消费税的纳税人。

3. 目前我国的税率形式主要有哪些?

4. 增值税的纳税地点是如何规定的?

5. 应缴纳个人所得税的项目有哪些?

第八章
会计法律制度

知识目标

1. 了解会计法律制度的概念。
2. 掌握有关会计管理体制、会计核算、会计监督、会计机构和会计人员的法律规定。
3. 掌握违反会计法律制度的法律责任。

能力目标

1. 对我国会计规范体系,如会计法、会计准则、会计制度的实践应用和掌握。
2. 对单位内部的会计工作管理,主要包括对会计人员的管理规定和对单位负责人的管理规定的案例分析、应用。
3. 对会计法律责任的种类,违反会计法律制度规定行为应承担的法律责任的案例分析、应用。

导读案例

某公司财务部的人员小张和小王进行交流。小张认为:我国《会计法》规定,单位负责人对单位会计资料的真实性、完整性负责。如果单位负责人要求违规处理财务账目,自己就没有必要说服、规劝,更不会检举揭发。小王认为:本人是出纳岗位,每天工作枯燥,整天与钱打交道,只要钱不出错就行了,提高技能与自己的工作无关。

请思考

你能说出小张、小王违反会计法规之处吗?

第一节 会计法概述

一、会计法的概念

会计法是调整会计关系的法律规范的总称。所谓会计关系是指企业、事业单位、国家机关、社会团体开展的经济活动和财务收支进行核算、分析、检查的一种经济管理关系。根据中华人民共和国第二十八号主席令,《全国人民代表大会常务委员会关于修改〈中华人民共和国会计法〉的决定》已由中华人民共和国第十四届全国人民代表大会常务委员会第十次会议于 2024 年 6 月 28 日通过,自 2024 年 7 月 1 日起施行。本章节相关内容也予以修改。

二、会计法的适用

会计工作应当贯彻落实党和国家路线方针政策、决策部署、维护社会公共利益、为国民经济和社会发展服务。《会计法》规定:国家机关、社会团体、公司、企业、事业单位和其他组织(以下统称单位)必须依照本法办理会计事务。根据《会计法》的规定,《会计法》的适用范围是:适用于国家机关、社会团体、公司、企业、事业单位和其他组织。这里的"企业、事业单位"既包括国有企业、事业单位,也包括集体所有制企业、事业单位和外商投资企业、我国境内的外国企业。由于个体工商户在经营管理和会计核算上有一定的特殊性,《会计法》的适用范围不包括这些企业,但《会计法》的基本原则是适用的,对个体工商户会计核算的具体管理办法,由国务院专门规定。

三、会计工作的管理体制

(一)会计工作的领导体制

《会计法》规定,国务院财政部门主管全国的会计工作,县级以上地方各级人民政府财政部门管理本行政区域内的会计工作。国家加强会计信息化建设,鼓励依法采用现代信息技术开展会计工作,具体办法由国务院财政部门会同有关部门制定。

(二)会计制度的制定权限

国家实行统一的会计制度。国家统一的会计制度由国务院财政部门根据《会计法》制定并公布。国务院有关部门可以依照《会计法》和国家统一的会计制度制定对会计核算和会计监督有特殊要求的行业实施国家统一的会计制度的具体办法或者补充规定,报国务院财政部门审核批准。

(三)单位内部的会计工作管理

单位内部的会计工作管理主要包括对会计人员的管理规定和对单位负责人的管理规定两个方面:

(1)根据《会计法》和有关法规的规定,财政部门负责会计人员的业务管理,包括会计从业资格管理、会计专业技术资格(职务)的管理、岗位会计人员评优表彰以及会计人员继续教育的管理等。

（2）单位负责人负责单位内部的会计工作管理,应当保证会计机构、会计人员依法履行职责,不得授意、指使、强令会计机构、会计人员违法办理会计事务。《会计法》规定,单位负责人对本单位的会计工作和会计资料的真实性、完整性负责。

第二节 会 计 核 算

一、会计核算的概念

会计核算是会计的基本职能之一,是会计工作的重要环节。会计核算有广义和狭义之分。广义的会计核算是对国家机关、社会团体、公司、企业、事业单位和其他组织的经济活动全过程的核算,包括对经济活动全过程的记录、计算、预测、决策、控制、分析、考核等全部内容。狭义的会计核算是指以货币为主要计量单位,通过专门的程序和方法,对国家机关、公司、企业、事业单位等组织的经济活动和财务收支情况进行审核和计算。它只是对经济活动和财务收支情况进行连续、系统、全面、综合的记录、计算、分析,并根据记录和计算的资料,编制会计报表,不包括预测、决策、控制等其他方面的内容。《会计法》第九条规定,各单位必须根据实际发生的经济业务事项进行会计核算,填制会计凭证,登记会计账簿,编制财务会计报告。任何单位不得以虚假的经济业务事项或者资料进行会计核算。

法律驿站 8-1

你知道会计人员的职业道德有哪些吗

爱岗敬业,诚实守信,廉洁自律,客观公正,坚持准则,提高技能,参与管理,强化服务。

二、会计核算的内容

《会计法》规定,下列经济业务事项,应当办理会计手续,进行会计核算:

（1）资产的增减和使用。

（2）负债的增减。

（3）净资产(所有者权益)的增减。

（4）收入、支出、费用、成本的增减。

（5）财务成果的计算和处理。

（6）需要办理会计手续、进行会计核算的其他事项。

三、会计年度与记账本位币

会计年度是指以年度为单位进行会计核算的时间区间。我国《会计法》第十一条规定,会计年度自公历1月1日起至12月31日止。记账本位币是指日常登记账簿和编制财务会计报告用于计量的货币,也就是单位进行会计核算业务时所使用的货币。《会计法》第十二条规定,会计核算以人民币为记账本位币。业务收支以人民币以外的货币为主的单位,可以选定其中一种货币作为记账本位币,但是编报的财务会计报告应当折算为人民币。

四、会计核算的方法、程序

(一)一般要求

会计凭证、会计账簿、财务会计报告和其他会计资料,必须符合国家统一的会计制度的规定。使用电子计算机进行会计核算的,其软件及其生成的会计凭证、会计账簿、财务会计报告和其他会计资料,也必须符合国家统一的会计制度的规定。任何单位和个人不得伪造、变造会计凭证、会计账簿及其他会计资料,不得提供虚假的财务会计报告。任何单位或者个人不得以任何方式授意、指使、强令会计机构、会计人员伪造、变造会计凭证、会计账簿和其他会计资料,提供虚假财务会计报告。任何单位或者个人不得对依法履行职责、抵制违反本法规定行为的会计人员实行打击报复。对认真执行本法,忠于职守,坚持原则,作出显著成绩的会计人员,给予精神的或者物质的奖励。

案例分析 8-1

> 某法院对某股份有限公司(上市公司)涉嫌提供虚假财会报告案进行了公开审理。2019年6月至2024年12月,被告某股份有限公司在项目投资及利润指标均未达到上市公司配股条件的情况下,虚增利润4 500多万元,误导投资者,募集资金27 000多万元。同时该公司通过虚列在建工程、长期股权投资等形式套取19亿元,并将其违规投入股市进行炒股,对此该公司未在相应年度财务报告中如实披露,严重损害了股东和普通股民的利益。
>
> **请问**
> 该公司违反了什么规定?应受什么处罚?

(二)填制和审核会计凭证

《会计法》第十四条规定,会计凭证包括原始凭证和记账凭证。办理需要进行会计核算的经济业务事项,必须填制或者取得原始凭证并及时送交会计机构。

会计机构、会计人员必须按照国家统一的会计制度的规定对原始凭证进行审核,对不真实、不合法的原始凭证有权不予接受,并向单位负责人报告;对记载不准确、不完整的原始凭证予以退回,并要求按照国家统一的会计制度的规定更正、补充。

原始凭证记载的各项内容均不得涂改;原始凭证有错误的,应当由出具单位重开或者更正,更正处应当加盖出具单位印章。原始凭证金额有错误的,应当由出具单位重开,不得在原始凭证上更正。记账凭证应当根据经过审核的原始凭证及有关资料编制。

(三)会计账簿登记

《会计法》第十五条规定,会计账簿登记,必须以经过审核的会计凭证为依据,并符合有关法律、行政法规和国家统一的会计制度的规定。会计账簿包括总账、明细账、日记账和其他辅助性账簿。

会计账簿应当按照连续编号的页码顺序登记。会计账簿记录发生错误或者隔页、缺号、跳行的,应当按照国家统一的会计制度规定的方法更正,并由会计人员和会计机构负责人(会计主管人员)在更正处盖章。使用电子计算机进行会计核算的,其会计账簿的登记、更正,应当符合国家统一的会计制度的规定。

(四) 会计核算的规则要求

(1) 各单位发生的各项经济业务事项应当在依法设置的会计账簿上统一登记、核算,不得违反《会计法》和国家统一的会计制度的规定私设会计账簿和登记、核算。各单位应当定期将会计账簿记录与实物、款项及有关资料相互核对,保证会计账簿记录与实物及款项的实有数额相符,会计账簿记录与会计凭证的有关内容相符,会计账簿之间相对应的记录相符,会计账簿记录与会计报表的有关内容相符。

(2) 各单位采用的会计处理方法,前后各期应当一致,不得随意变更;确有必要变更的,应当按照国家统一的会计制度的规定变更,并将变更的原因、情况及影响在财务会计报告中说明。单位提供的担保、未决诉讼等或有事项,应当按照国家统一的会计制度的规定,在财务会计报告中予以说明。

(3) 财务会计报告应当根据经过审核的会计账簿记录和有关资料编制,并符合《会计法》和国家统一的会计制度关于财务会计报告的编制要求、提供对象和提供期限的规定;其他法律、行政法规另有规定的,从其规定。财务会计报告由会计报表、会计报表附注和财务情况说明书组成。向不同的会计资料使用者提供的财务会计报告,其编制依据应当一致。有关法律、行政法规规定会计报表、会计报表附注和财务情况说明书须经注册会计师审计的,注册会计师及其所在的会计师事务所出具的审计报告应当随同财务会计报告一并提供。

(4) 财务会计报告应当由单位负责人和主管会计工作的负责人、会计机构负责人(会计主管人员)签名并盖章;设置总会计师的单位,还须由总会计师签名并盖章。单位负责人应当保证财务会计报告真实、完整。

(5) 会计记录的文字应当使用中文。在民族自治地方,会计记录可以同时使用当地通用的一种民族文字。在中国境内的外商投资企业、外国企业和其他外国组织的会计记录可以同时使用一种外国文字。

案例分析 8-2

甲公司收到一张应由甲公司与乙公司共同负担费用支出的原始凭证,甲公司会计人员张某以该原始凭证及应承担的费用进行账务处理,并保存该原始凭证;同时应乙公司要求将该原始凭证复制件提供给乙公司用于账务处理。年终,甲公司拟销毁一批保管期满的会计档案,其中有一张未结清债权债务的原始凭证,会计人员李某认为,会计档案只要保管期满,就可以销毁。

请问

(1) 会计人员张某将原始凭证复制件提供给乙公司用于账务处理的做法是否正确?简要说明理由。

(2) 会计人员李某的观点是否正确?简要说明理由。

（五）会计档案的保管

各单位每年形成的会计档案,都应由财务会计部门按照归档要求,负责整理立卷或装订成册。档案部门接受保管的会计档案,原则上应当保持原卷册的封装,个别需要拆封重新整理的,应当会同原财务会计部门和经办人员共同拆封整理,以分清责任。向外单位提供时,档案原件原则上不得借出,如有特殊需要,须报经上级主管单位批准,但不得拆散卷册,并应限期归还。会计档案保管期满需要销毁时,由本单位档案部门提供销毁意见,会同财务会计部门共同鉴定,严格审查,编制会计档案销毁清册。

各种会计档案的保管期限,根据其特点分为永久、定期两类。定期保管期又分为 3 年、5 年、10 年、15 年、25 年五种。会计档案管理办法还按预算会计、银行会计、企业会计和建设单位会计,具体规定了会计档案保管期限表,以适应不同专业会计特点的需要。

案例分析 8-3

A 有限责任公司是一家中法合资经营企业,2024 年 8 月 11 日,公司接到市财政局通知,市财政局将要来公司检查会计工作情况。公司董事长兼总经理胡某认为,公司作为中外合资经营企业,不应受《会计法》的约束,财政部门无权来检查。同年 9 月 5 日,公司会计科一名档案管理人员因生病临时交接工作,胡某委托单位出纳员李某临时保管会计档案。同年 10 月 30 日,公司有一批保存期满的会计档案,按规定需要进行销毁。公司档案管理部门编制了会计档案销毁清册,档案管理部门的负责人在会计档案销毁清册上签了字,并于当天进行销毁。

请问

（1）公司董事长兼总经理胡某认为中外合资经营企业不受《会计法》约束的观点是否正确?

（2）该公司由出纳员临时保管会计档案的做法是否符合法律规定?

（3）该公司销毁会计档案的做法是否符合法律规定?

五、公司、企业会计核算的特别要求规定

公司、企业进行会计核算,除应当遵守《会计法》关于会计核算的规定外,还必须根据实际发生的经济业务事项,按照国家统一的会计制度的规定确认、计量和记录资产、负债、所有者权益、收入、成本费用和利润。

公司、企业进行会计核算不得有下列行为:①随意改变资产、负债、所有者权益的确认标准或者计量方法,虚列、多列、不列或者少列资产、负债、所有者权益;②虚列或者隐瞒收入,推迟或者提前确认收入;③随意改变费用、成本的确认标准或者计量方法,虚列、多列、不列或者少列费用、成本;④随意调整利润的计算、分配方法,编造虚假利润或者隐瞒利润;⑤违反国家统一的会计制度规定的其他行为。使用电子计算机进行会计核算的,其软件及其生成的会计凭证、会计账簿、财务会计报告和其他会计资料,也必须符合国家统一的会计制度的规定。任何单位和个人不得伪造、变造会计凭证、会计账簿及其他会计资料,不得提

供虚假的财务会计报告。

第三节 会 计 监 管

一、会计监管的概念

会计监督是指会计机构、会计人员在办理财务会计事务过程中,对本单位执行国家财政制度和财务制度的情况以及生产经营活动所实行的监察督促。会计监督是会计工作的又一重要职能。会计监督的机构和人员,可分为内部和外部。内部监督机构和人员是指各单位的会计机构、会计人员,他们对本单位实行会计监督。外部监督机构和人员是指本单位以外的负有监督职权的国家机关、部门和人员。

二、内部会计监督机构和人员

单位内部会计监督制度应当符合下列要求:①记账人员与经济业务事项和会计事项的审批人员、经办人员、财务保管人员的职责权限应当明确,并相互分离、相互制约;②重大对外投资、资产处置、资金调度和其他重要经济业务的决策和执行的相互监督、相互制约程序应当明确;③财产清查的范围、期限和组织程序应当明确;④对会计资料定期进行内部审计的办法和程序应当明确;国务院财政部门规定的其他要求。

单位负责人应当保证会计机构、会计人员依法履行职责,不得授意、指使、强令会计机构、会计人员违法办理会计事项。会计机构、会计人员对违反《会计法》和国家统一的会计制度规定的会计事项,有权拒绝办理或者按照职权予以纠正。

案例分析 8-4

> 某胶粘剂厂为合伙制企业,原企业负责人(厂长)刘某某为达到不缴或少缴税款的目的,指使企业内的会计人员采取设立两套账簿以及凭证的方法偷逃应纳增值税:一套记录真实的销售情况;另一套采取少列或不列收入的手段,记录虚假的经营销售情况,用于向税务机关进行虚假申报纳税。自2021年9月至2024年10月,该企业共隐匿销售数额1380.2万元,其进项税已在税务机关申报抵扣完毕,共偷逃增值税234.6万元,这期间仅缴纳增值税9.03万元,偷税额占应纳税款数额的96.29%。
> **请问**
> (1)企业负责人能否指使会计人员做假账?
> (2)谁该对企业会计资料的不真实负责?

会计机构、会计人员发现会计账簿记录与实物、款项及有关资料不相符的,按照国家统一的会计制度的规定有权自行处理的,应当及时处理;无权处理的,应当立即向单位负责人报告,请求查明原因,作出处理。

任何单位和个人对违反《会计法》和国家统一的会计制度规定的行为,有权检举。收到检举的部门有权处理的,应当依法按照职责分工及时处理;无权处理的,应当及时移送有权处理的部门处理。收到检举的部门、负责处理的部门应当为检举人保密,不得将检举人姓名和检举材料转给被检举单位和被检举人个人。任何单位或者个人不得以任何方式要求或者示意注册会计师及其所在的会计师事务所出具不实或者不当的审计报告。

三、会计工作的国家监督

财政部门有权对会计师事务所出具审计报告的程序和内容进行监督。财政部门有权对各单位的下列情况实施监督:①是否依法设置会计账簿;②会计凭证、会计账簿、财务会计报告和其他会计资料是否真实、完整;③会计核算是否符合《会计法》和国家统一的会计制度的规定;④从事会计工作的人员是否具备从业资格。在对前述第②项所列事项实施监督,发现重大违法嫌疑时,国务院财政部门及其派出机构可以向与被监督单位有经济业务往来的单位和被监督单位开立账户的金融机构查询有关情况,有关单位和金融机构应当给予支持。

财政审计、税务、金融管理等部门应当依照有关法律、行政法规规定的职责,对有关单位的会计资料实施监督检查并出具检查结论。财政、审计、税务、金融管理等部门应当加强监督检查协作。上述所列监督检查部门对有关单位的会计资料依法实施监督检查后,应当出具检查结论。有关监督检查部门已经作出的检查结论能够满足其他监督检查部门履行本部门职责需要的,其他监督检查部门应当加以利用,避免重复查账。

依法对有关单位的会计资料实施监督检查的部门及其工作人员对在监督检查中知悉的国家秘密和商业秘密负有保密义务。

各单位必须依照有关法律、行政法规的规定,接受有关监督检查部门依法实施的监督检查,如实提供会计凭证、会计账簿、财务会计报告和其他会计资料以及有关情况,不得拒绝、隐匿、谎报。

四、会计工作的社会监督

会计工作的社会监督,主要是指由注册会计师及其所在的会计师事务所依法对受托单位的经济活动进行审计、鉴证的一种监督制度。

根据《会计法》的规定,有关法律、行政法规规定,须经注册会计师进行审计的单位,应当向受委托的会计师事务所如实提供会计凭证、会计账簿、财务会计报告和其他会计资料以及有关情况。任何单位或者个人不得以任何方式要求或者示意注册会计师及其所在的会计师事务所出具不实或者不当的审计报告。

第四节　会计机构和会计人员

一、会计机构和会计人员的设置

各单位应当根据会计业务的需要,依法采取下列一种方式组织本单位的会计工作:

（1）设置会计机构。

（2）在有关机构中设置会计岗位并指定会计主管人员。

（3）委托经批准设立从事会计代理记账业务的中介机构代理记账。

（4）国务院财政部门规定的其他方式。

会计机构内部应当建立稽核制度。出纳人员不得兼任稽核、会计档案保管和收入、支出、费用、债权债务账目的登记工作。

二、会计人员的资格

从事会计工作的人员，必须取得会计从业资格证书。担任单位会计机构负责人（会计主管人员）的，除取得会计从业资格证书外，还应当具备会计师以上专业技术职务资格或者从事会计工作3年以上经历。会计人员从业资格管理办法由国务院财政部门规定。因有提供虚假财务会计报告，做假账，隐匿或者故意销毁会计凭证、会计账簿、财务会计报告，贪污，挪用公款，职务侵占等与会计职务有关的违法行为被依法追究刑事责任的人员，不得再从事会计工作。会计人员应当遵守职业道德，提高业务素质。

三、会计人员的工作交接

《会计法》第三十九条规定，会计人员调动工作或者离职，必须与接管人员办清交接手续。

一般会计人员办理交接手续，由会计机构负责人（会计主管人员）监交；会计机构负责人（会计主管人员）办理交接手续，由单位负责人监交，必要时主管单位可以派人会同监交。

案例分析8-5

2024年10月，某市财政局派出检查组对市属某企业的会计工作进行检查。检查组发现2017年10月，该企业新厂长李某到任后，将原会计科科长赵某调到计划科任科长，提拔会计钱某任科长，并将副厂长孙某战友的女儿李某调入该厂会计科任出纳，兼管会计档案保管工作。李某没有会计从业资格证书。2023年11月，会计周某申请调离该厂，厂人事部门在其没有办清交接手续的情况下，即为其办理了调动手续。

请问

上述几种做法中哪些是合法的？哪些是违法的？

第五节　法律责任

一、违反会计核算规定的法律责任

《会计法》第四十条规定，违反本法规定，有下列行为之一的，由县级以上人民政府财政部门责令限期改正,给予警告、通报批评,对单位可以并处 20 万元以下的罚款,对其直接负责的主管人员和其他直接责任人员可以处 5 万元以下的罚款;情节严重的,对单位可以并处 20 万元以上 100 万元以下的罚款,对其直接负责的主管人员和其他直接责任人员可以处 5 万元以上 50 万元以下的罚款;属于公职人员的,还应当依法给予处分:

（1）不依法设置会计账簿的。

（2）私设会计账簿的。

（3）未按照规定填制、取得原始凭证或者填制、取得的原始凭证不符合规定的。

（4）以未经审核的会计凭证为依据登记会计账簿或者登记会计账簿不符合规定的。

（5）随意变更会计处理方法的。

（6）向不同的会计资料使用者提供的财务会计报告编制依据不一致的。

（7）未按照规定使用会计记录文字或者记账本位币的。

（8）未按照规定保管会计资料,致使会计资料毁损、灭失的。

（9）未按照规定建立并实施单位内部会计监督制度或者拒绝依法实施的监督或者不如实提供有关会计资料及有关情况的。

（10）任用会计人员不符合本法规定的。

有前款所列行为之一,构成犯罪的,依法追究刑事责任。会计人员有第一款所列行为之一,情节严重的,五年内不得从事会计工作。

二、违反会计监督的法律责任

《会计法》第四十一条规定,伪造、变造会计凭证、会计账簿,编制虚假财务会计报告,隐匿或者故意销毁依法应当保存的会计凭证、会计账簿、财务会计报告的,由县级以上人民政府财政部门责令限期改正,给予警告、通报批评,没收违法所得,违法所得 20 万元以上的,对单位可以并处违法所得 1 倍以上 10 倍以下的罚款,没有违法所得或者违法所得不足 20 万元的,可以并处 20 万元以上 200 万元以下的罚款;对其直接负责的主管人员和其他直接责任人员可以处 10 万元以上 50 万元以下的罚款,情节严重的,可以处 50 万元以上 200 万元以下的罚款;属于公职人员的,还应当依法给予处分;其中的会计人员,5 年内不得从事会计工作;构成犯罪的,依法追究刑事责任。

《会计法》第四十二条规定,授意、指使、强令会计机构、会计人员及其他人员伪造、变造会计凭证、会计账簿,编制虚假财务会计报告或者隐匿、故意销毁依法应当保存的会计凭证、会计账簿、财务会计报告的,由县级以上人民政府财政部门给予警告、通报批评,可以并处 20 万元以上 100 万元以下的罚款;情节严重的,可以并处 100 万元以上 500 万元以下的罚款;属于公职人员的,还应当依法给予处分;构成犯罪的,依法追究刑事责任。

三、侵犯会计人员职权的法律责任

《会计法》第四十三条规定,单位负责人对依法履行职责、抵制违反本法规定行为的会计人员以降级、撤职、调离工作岗位、解聘或者开除等方式实行打击报复的,依法给予处分;构成犯罪的,依法追究刑事责任。对受打击报复的会计人员,应当恢复其名誉和原有职务、级别。

《会计法》第四十四条规定,财政部门及有关行政部门的工作人员在实施监督管理中滥用职权、玩忽职守、徇私舞弊或者泄露国家秘密、工作秘密、商业秘密、个人隐私、个人信息的,依法给予处分;构成犯罪的,依法追究刑事责任。

导读案例分析

(1) 小张的观点违背了会计人员坚持准则的要求。

(2) 小王的观点违背了会计人员爱岗敬业、提高技能的要求。

课后测试

一、判断题

1. 因违法违纪行为被吊销会计从业资格证书的人员,自被吊销会计从业资格证书之日起 3 年内,不得重新取得会计从业资格证书。　　　　　　　　　　　　　　　(　　)

2. 单位内部的会计工作管理主要包括对会计人员的管理规定和对单位负责人的管理规定两个方面。　　　　　　　　　　　　　　　　　　　　　　　　　(　　)

3.《会计法》规定,会计核算既可以人民币为记账本位币、也可以外币为记账本位币。

(　　)

4. 会计机构内部应当建立稽核制度,出纳人员不得兼任稽核、会计档案保管和收入、支出、费用、债权债务账目的登记工作。　　　　　　　　　　　　　　　　(　　)

5. 原始凭证有错误的,可以要求出具单位在原始凭证上更正并加盖公章。　(　　)

二、单项选择题

1. 会计档案的保管期限是从(　　　)。

A. 会计档案形成时　　　　　　B. 会计档案装订时

C. 会计档案经审计后　　　　　D. 会计年度终了后的第一天

2. 根据《会计法》的规定,对伪造、变造会计凭证、会计账簿,编制虚假财务会计报告的行为,尚不构成犯罪或者违法所得不足 20 万元的,由县级以上人民政府财政部门予以通报,可以对单位并处(　　　)的罚款。

A. 2 万元以上 5 万元以下　　　B. 20 万元以上 200 万元以下

C. 4 万元以上 10 万元以下　　D. 5 万元以上 10 万元以下

3. 根据《会计档案管理办法》的规定,会计档案的保管期限为永久、定期两类。会计档案的定期保管期限最长的为(　　　)年。

A. 30　　　　B. 20　　　　C. 10　　　　D. 25

4. 在中国境内设立的外商投资企业,会计记录文字符合的规定是(　　　)。

A. 只能使用外文　　　　　　　B. 只能使用中文

C. 中文和外文任选一种　　　　D. 使用中文也可以同时使用一种外文

5. 根据《会计法》的规定,担任单位会计机构负责人的,除取得会计从业资格证书外,还应当具备(　　　)。

A. 会计师以上专业技术职务资格并从事会计工作 3 年以上经历

B. 助理会计师以上专业技术职务资格并从事会计工作 3 年以上经历

C. 助理会计师以上专业技术职务资格或者从事会计工作 3 年以上经历

D. 会计师以上专业技术职务资格或者从事会计工作 3 年以上经历

三、多项选择题

1. 一个单位是否单独设置会计机构,其决定的因素包括(　　)。

A. 单位规模的大小　　　　　　B. 经济业务和财务收支的繁简

C. 经营管理的要求　　　　　　D. 上级主管部门的要求

2. 根据《会计法》的规定,财政部门可以依法对各单位实施监督的情况包括(　　)。

A. 监督各单位是否依法设置会计账簿

B. 监督各单位的会计凭证、会计账簿、财务会计报告和其他会计资料是否真实、完整

C. 监督各单位的会计核算是否符合《会计法》和国家统一的会计制度的规定

D. 监督各单位从事会计工作的人员是否具备会计从业资格

3. 根据《会计法》的规定,应承担法律责任的违法行为包括(　　)等。

A. 不依法设置会计账簿的行为

B. 私立会计账簿的行为

C. 未按照规定填制、取得原始凭证或者填制、取得的原始凭证不符合规定的行为

D. 未按照规定建立并实施单位内部会计监督制度,或者拒绝依法实施的监督,或者不如实提供有关会计资料及有关情况的行为

4. 国家统一的会计制度是指国务院财政部门根据《会计法》制定的关于(　　),以及会计工作管理的制度,包括制度、准则、办法等。

A. 会计核算　　　B. 会计监督　　　C. 会计机构　　　D. 会计人员

5. 单位负责人不得指使会计机构、会计人员(　　)。

A. 伪造会计凭证　　　　　　　B. 变造会计凭证

C. 伪造、变造会计账簿　　　　D. 提供虚假财务会计报告

四、实训题

某有限责任公司是一家中外合资经营企业,2023 年度发生了以下事项:

(1) 1 月 21 日,公司接到市财政局通知,市财政局要来公司检查会计工作情况。公司董事长兼总经理胡某认为,公司作为中外合资经营企业,不应受《会计法》的约束,财政部门无权来检查。

(2) 3 月 5 日,公司会计科 1 名档案管理人员因生病临时交接工作,胡某委托单位出纳员李某临时保管会计档案。

(3) 4 月 15 日,公司从外地购买一批原材料,收到发票后,与实际支付款项进行核对时发现发票金额有错误,经办人员在原始凭证上进行更改,并加盖了自己的印章,作为报销凭证。

(4) 5 月 2 日,公司会计科科长退休。公司决定任命自参加工作以来一直从事文秘工作的办公室副主任王某为会计科科长。

(5) 6 月 30 日,公司有一批保管期满的会计档案,按规定需要进行销毁。公司档案管理部门编制了会计档案销毁清册,档案管理部门的负责人在会计档案销毁清册上签了字,并于

当天销毁。

（6）9月9日,公司人事部门从外省招聘了1名具有高级会计师资格的会计人员。该高级会计师持有外省的会计从业资格证书,其相关的会计从业资格业务档案资料仍保存在外省的原单位所在地财政部门。

（7）12月1日,公司董事会研究决定,公司以后对外报送的财务会计报告由会计科王科长签字,盖章后报出。

请分析：

1. 公司董事长兼总经理胡某认为中外合资经营企业不受《会计法》约束的观点是否正确？为什么？

2. 该公司由出纳员临时保管会计档案的做法是否符合法律规定？为什么？

3. 该公司经办人员更改原始凭证金额的做法是否符合法律规定？为什么？

4. 该公司王某担任会计科科长是否符合法律规定？为什么？

5. 该公司销毁会计档案的做法是否符合法律规定？为什么？

6. 该公司招聘的高级会计师是否需要办理会计从业资格调转手续？如需办理？应怎样处理？

7. 该公司董事会作出的关于对外报送财务会计报告的决定是否符合法律规定？为什么？

五、思考题

1. 依法建账的要求是什么？

2. 如何理解"单位负责人对本单位的会计工作和会计资料的真实性、完整性负责"？

3. 违反会计制度规定应当承担法律责任的行为有哪些？

4. 单位负责人对会计人员进行打击报复应当承担什么样的法律责任？

第九章
劳动保障法律制度

知识目标

1. 了解劳动法的概念、基本原则及劳动者的基本权利和义务。

2. 掌握劳动合同的概念、种类、订立、效力、履行、变更、解除、终止、法律责任等基本内容。

3. 理解集体合同、劳务派遣、非全日制用工,劳动争议的解决等相关的基本法律制度。

4. 了解我国社会保险的基本法律制度。对社会保险的项目及社会保险的有关内容应重点掌握。

能力目标

1. 能够运用所学的法律知识和方法分析解决实际劳动合同与社会保险案例及相关问题。

2. 能够运用所学的法律知识防范订立劳动合同时的风险与陷阱。

3. 能运用所学的法律知识与处理技巧维护劳动者自己的合法权益。

导读案例

南方某股份公司为了提高公司的生产效益,增强企业职工的上进心,建设独特企业文化,2024 年 4 月,该公司决定推行"末位淘汰制",授权部门经理在年底时先对下属员工进行一次全面的考核、打分、排名次;然后再按部门考核后排好的名次排序,辞退名次排在末位的 2 名员工。1 个月后,根据"末位淘汰制"的规定,各部门经理对自己下属的每 1 名员工都进行了考核,根据考核成绩,公司通过解除劳动合同的方式辞退了一批考核名次排在末位的员工。被辞退的职工不服,集体联合向劳动部门上访,并向劳动争议仲裁机构提起了仲裁申请。

请思考

企业采用"末位淘汰制"辞退员工的做法合法吗?

第一节 劳 动 法

一、劳动法概述

(一) 劳动法的概念和调整对象

劳动法是调整劳动关系以及与劳动关系密切相关的一些其他关系的法律规范的总称。劳动法有狭义和广义之分。广义的劳动法是指国家制定的所有劳动法律、法规、条例、规定、实施细则等调整劳动关系的法律规范;在我国,狭义的劳动法仅指《中华人民共和国劳动法》(以下简称《劳动法》)这部具有劳动法典意义的基本法。《劳动法》于 1995 年 1 月 1 日起实施,并分别于 2009 年 8 月 27 日和 2018 年 12 月 29 日进行了第一次和第二次修正。具体内容包括:劳动报酬关系、工作时间与休息休假关系、劳动安全卫生关系、职业培训关系、劳动纪律关系、社会保险和福利关系、劳动争议的解决关系等。与劳动关系有密切联系的其他关系主要包括:处理劳动争议而发生的关系、劳动监督管理关系、社会保障关系、工会组织与用人单位之间的关系。

劳动法调整的对象,包括两个方面的关系:一是劳动关系,即在实现集体劳动过程中劳动者与用人单位之间发生的关系,这是劳动法调整的最基本、最重要的关系;二是与劳动关系密切相关的其他关系,即那些对劳动关系的产生、发展有着重要影响的关系或由劳动关系直接、间接产生的关系。这些主要包括:①因处理劳动争议而发生的关系;②因执行社会保险而发生的关系;③因有关部门的监督检查劳动法律、法规的执行而发生的关系;④因工会组织的活动而发生的关系;⑤因劳动行政部门管理劳动工作而发生的关系等。

案例分析 9-1

金某是浙江某学校的在册学生,不满 18 周岁。金某即将毕业时,由该学校组织金某等学生到某大厦酒店有限公司实习。按照多年的惯例,校方仅是与某大厦酒店口头说一下,即让学生到某大厦酒店实习了,双方对学生实习期间的管理及权利和义务未作明确的界定。某日,金某在某大厦酒店点心房独自上班,这时其他人员还未到岗。金某在加工面粉过程中,因操作不慎,右前臂被机器缠绞轧伤,经法医鉴定,金某前臂的损伤属 5 级伤残。金某将浙江某学校和某大厦酒店告上了法庭。

请问

(1) 金某与大厦酒店有劳动法律关系吗?

(2) 本案应如何处理?

(二) 劳动法的基本原则

1. 劳动权利和义务相一致原则

根据我国《中华人民共和国宪法》的规定,有劳动能力的公民从事劳动,既是行使法律赋予的权利,又是履行对国家和社会所承担的义务。每一个有劳动能力的人都享有平等的就业机会和职业选择权,同时都应在劳动岗位上认真履行劳动义务,按时保质保量完成劳动任务。

2. 保护劳动者合法权益的原则

保护劳动者合法权益的原则首先体现为对劳动者的平等保护,即对于不同性别、民族、职业、职务的劳动者,他们在《劳动法》上的法律地位一律平等,禁止对劳动者有任何歧视;其次对特殊劳动群体,如妇女、未成年人、残疾人、少数民族劳动者等,应给予特殊保护。

3. 劳动法主体利益平等原则

《劳动法》主体利益包括国家、用人单位与劳动者利益。只有通过保障和促进劳动关系的健康、稳定发展,实现国家政治稳定、社会和谐和经济增长,才能使劳动者更好地实现自己的劳动权,用人单位获得更多的发展机会,从而促进三者利益协调平衡发展,实现三者利益的最大化。

(三) 劳动法律关系

1. 劳动法律关系的概念

劳动法律关系是指由劳动法调整的具有劳动权利和劳动义务内容的劳动关系。但有些劳动关系是基于当事人之间的自律要求引起的,不具有权利和义务内容,则没有必要转化为劳动法律关系。劳动法律关系以劳动关系为前提,劳动关系是劳动法调整的对象,而劳动法律关系则是《劳动法》调整的结果。

2. 劳动法律关系的构成要素

劳动法律关系由三个要素构成,即主体、客体和内容。

(1) 劳动法律关系的主体又称劳动法律关系当事人,是指劳动权利的享有者和劳动义务的承担者,其中,劳动者和用人单位是最主要的主体。《劳动法》所指劳动者,包括在我国各类企业和经济组织劳动和工作并建立劳动关系的职工,以及与国家机关、事业组织和社会团体建立劳动合同关系的劳动者这两部分。用人单位则包括国有企业、集体企业、中外合作经营企业、中外合资经营企业、外资企业、私营企业以及个体经营单位。

(2) 劳动法律关系的客体,是指劳动法律关系当事人权利和义务所指向的对象,包括物、精神财富和行为。物是指具有使用价值和价值的物质资料,可以是物质形式的商品,也可以是货币形态的工资;精神财富是指一定形式的智力成果,如技术革新、发明创造等;行为是指劳动法律关系主体有目的、有意识的活动,如签订劳动合同,培训劳动技能等。

(3) 劳动法律关系的内容,指劳动法律关系主体权利和义务的总和。根据《劳动法》规定,劳动者享有的基本劳动权利有:平等就业和选择职业的权利、取得劳动报酬的权利、休息和休假的权利、获得劳动安全卫生保护的权利、接受职业技能培训的权利、享受社会保险和福利的权利、提请劳动争议处理的权利等。劳动者的基本义务有:遵守劳动纪律和职业道德的义务,执行劳动安全卫生规程的义务,提高劳动技能、完成劳动任务的义务等。

 案例分析 9-2

2021年2月,罗某到某医院打扫卫生,双方签订了卫生保洁合同,协议期限约定为1年,协议中要求罗某每日早晚各打扫卫生1次,每月由医院支付罗某报酬300元,以后

（续上）

卫生保洁合同1年一签。罗某与医院均按保洁合同履行了相应义务。在协议履行期间，罗某从未参加过医院组织的任何活动。2023年2月，医院通知罗某不再为医院打扫卫生。罗某即向当地劳动争议仲裁委员会申请仲裁，要求医院支付解除劳动合同的经济补偿金。劳动争议仲裁委员会以不属于受理范围为由驳回了罗某的申请。罗某不服，又于2023年12月初以某医院为被告诉至法院，要求被告支付经济补偿金2 100元及额外经济补偿金1 050元。

请问

法院会支持罗某的诉讼请求吗？

二、工作时间与休息休假

（一）工时制度

工时制度是劳动者根据法律规定，在一昼夜（工作日）或一周（工作周）之内用于完成本职工作的时间。我国的工作日种类主要有以下几项：

（1）标准工作日。根据《国务院关于职工工作时间的规定》的规定，职工每日工作8小时，每周工作40小时；国家机关、事业单位实行统一的工作时间，星期六和星期日为周休息日。企业和不能实行上述规定的事业单位可根据实际情况灵活安排周休日。

（2）缩短工作日。我国实际缩短工作日的有：①夜班工作时间缩短1小时；②从事矿山、井下、高山、低温、高温、严重有毒有害，特别繁重或过度紧张的劳动的，缩短为每天工作6小时或7小时；③哺乳未满12个月婴儿的女职工，每日可哺乳1小时；④未满18岁的未成年工实行低于8小时工作日。

（3）延长工作日。用人单位由于生产经营需要，经与工会和劳动者协商后可以延长工作时间，一般每日不得超过1小时；因特殊原因需要延长工作时间的，在保障劳动者身体健康的条件下延长工作时间每日不得超过3小时，但是每月不得超过36小时。

有下列情形之一的，延长工作时间不受上述规定限制：①发生自然灾害、事故或者因其他原因，威胁劳动者生命健康和财产安全，需要紧急处理的；②生产设备、交通运输线路、公共设施发生故障，影响生产和公众利益，必须及时抢修的；③法律、行政法规规定的其他情形。

案例分析9-3

王某为某集装箱公司的汽车驾驶员，与某公司签订了2年期的劳动合同。合同履行期间，王某从事的具体工作是长途运输，公司以出具"行车单"方式安排王某的工作，并根据其运输量及运输里程计发其工资待遇。合同期满后，王某出示了自己保存的2年来行车时间记录，上面有每天工作时间的记载，并有超过8小时后的超时工作的时间记录，要求公司按劳动法的规定支付其2年工作期间超过规定时间的加班工资。公司认为王某的

（续上）

工作时间不能以每天8小时计算,而且其工资也已按运输量及运输里程计发,不存在加班的情况,对王某的要求不予同意。于是双方发生争议。

请问

集装箱公司是否应支付王某2年工作期间超过规定时间的加班工资?

（4）无定时工作日。即每天没有固定工作时数的工作日,如:汽车司机、铁路道口看守人员、记者、森林巡查人员等工作的工作日即是这种。

（5）非全时工作日。即每日或每周工作时间少于标准工作日,由劳动者自由决定的工作时间,多适用于旅馆、饭店、商店或个体经营等服务性工作,劳动者多为学生、残疾人、老年人等,如:肯德基快餐店实行的小时工作制即是这种方式。

(二) 休息休假

1. 工作日内的休息时间

工作日内的休息时间即工作日内的间歇时间,一般在工作4小时后,应给予半小时的休息时间。

2. 两个工作日间的休息时间

一般8小时工作时间以外的时间均为休息时间,不得低于16小时。无特殊情况时应保证劳动者能连续使用。

3. 每周公休日

每周公休日即劳动者工作满一个工作周一般可休息1～2天。从事特殊工种(如冶金、化工有毒有害工种等)的劳动者,可享有比普通职工更多的每周公休日。

4. 每年法定节假日

根据2024年11月8日《国务院关于修改〈全国年节及纪念日放假办法〉的决定》第三次修订,2025年1月1日实施,全体公民放假的节日有以下几个:

（1）新年,放假1天（1月1日）。

（2）春节,放假3天（农历正月初一至初三）。

（3）清明节,放假1天（农历清明当日）。

（4）劳动节,放假2天（5月1日、2日）。

（5）端午节,放假1天（农历端午当日）。

（6）中秋节,放假1天（农历中秋当日）。

（7）国庆节,放假3天（10月1日至3日）。

部分公民放假的节日及纪念日有以下几个。

（1）妇女节（3月8日）,妇女放假半天。

（2）青年节（5月4日）,14周岁以上的青年放假半天。

（3）儿童节（6月1日）,不满14周岁的少年儿童放假1天。

（4）中国人民解放军建军纪念日（8月1日）,现役军人放假半天。

5. 探亲假

其具体规定有:①劳动者探望配偶,每年给假一次,假期为30天;②未婚职工探望父母的,原则上每年给假一次,假期 20 天,如因工作需要,当年不便休假或职工自愿的,可两年给假一次,假期为 45 天;③已婚职工探望父母,每 4 年给假一次,假期 20 天;④实行休假制度的职工(如学校教师),原则上不另行安排探亲假,但如果假期较短,则可由本单位适当安排,补足其探亲假的天数。

6.带薪年休假

机关、团体、企业、事业单位、民办非企业单位、有雇工的个体工商户等单位的职工连续工作 1 年以上的,享受带薪年休假(以下简称年休假)。单位应当保证职工享受年休假。职工在年休假期间享受与正常工作期间相同的工资收入。国家法定休假日、休息日不计入年休假的假期。

1)带薪休假的条件

(1)职工累计工作已满 1 年不满 10 年的,年休假 5 天。

(2)已满 10 年不满 20 年的,年休假 10 天。

(3)已满 20 年的,年休假 15 天。

2)职工有下列情形之一的,不享受当年的年休假

(1)职工依法享受寒暑假,其休假天数多于年休假天数的。

(2)职工请事假累计 20 天以上且单位按照规定不扣工资的。

(3)累计工作满 1 年不满 10 年的职工,请病假累计 2 个月以上的。

(4)累计工作满 10 年不满 20 年的职工,请病假累计 3 个月以上的。

(5)累计工作满 20 年以上的职工,请病假累计 4 个月以上的。

各单位根据生产、工作的具体情况,并考虑职工本人意愿,统筹安排职工年休假。年休假在一个年度内可以集中安排,也可以分段安排,一般不跨年度安排。单位因生产、工作特点确有必要跨年度安排职工年休假的,可以跨一个年度安排。单位确因工作需要不能安排职工休年假的,经职工本人同意,可以不安排职工休年假。对职工应休未休假天数,单位应当按照该职工日工资收入的 300% 支付年休假工资报酬。

法律驿站 9-1

我国对女职工产假是如何规定的

《女职工劳动保护特别规定》女职工生育享受 98 天产假,其中产前可以休假 15 天;难产的,增加产假 15 天;生育多胞胎的,每多生育 1 个婴儿,增加产假 15 天。女职工怀孕未满 4 个月流产的,享受 15 天产假;怀孕满 4 个月流产的,享受 42 天产假。

三、工资

(一)工资的概念和形式

工资是用人单位根据国家有关规定或劳动合同的约定,以货币形式直接支付给本单位劳动者的劳动报酬。

我国的工资形式主要有：①计时工资。即按单位时间工资率(计时工资标准)和工作时间支付给劳动者个人工资的一种形式,主要有月工资制、日工资制和小时工资制三种。②计件工资。即按劳动者完成的合格产品数量和预先规定的计件单位计算工资的形式。③奖金。即支付给劳动者的超额劳动报酬和增收节支的劳动报酬,有月奖、季度奖和年度奖,经济性奖金和一次性奖金,综合奖和单项奖等。④津贴。即对劳动者在特殊条件下的额外劳动消耗或额外费用支出给予物质补偿的一种工资形式。其主要有岗位津贴、保健性津贴、技术性津贴等。

(二) 企业工资制度

(1)等级工资制。即根据劳动者的技术等级或职务等级划分工资级别,按等级发放工资的制度。

(2)效益工资制。即企业的工资总额同企业经济效益挂钩的制度。

(3)岗位技能工资制。岗位技能工资制包括岗位工资制和技能工资制。岗位工资制实行一岗一薪,易岗易薪。岗位工资由某一岗位的劳动繁重程度、劳动环境、工作责任大小等因素决定。技能工资根据劳动者的劳动技能和工作业绩来考核决定。

(三) 特殊情况下的工资

(1)依法参加社会活动期间的工资。劳动者在法定工作时间内参加社会活动,如：参加人民代表大会代表选举、担任陪审员等,应视为提供了政党劳动,用人单位应向劳动者支付工资。

(2)加班加点的工资。劳动者加班加点的,用人单位应按下列标准支付工资：①安排劳动者延长工作时间的,支付不低于工资的150%的工资报酬;②休息日(周六、周日)安排劳动者工作的,支付不低于工资的200%的工资报酬;③法定休假日安排劳动者工作的,支付不低于工资的300%的工资报酬。

(3)婚丧假期间的工资。劳动者本人结婚或其直系亲属死亡的婚丧假期间(包括路程假)用人单位应向劳动者支付工资。

(4)年休假、探亲假的工资。劳动者依法享受年休假、探亲假的,用人单位应按劳动合同规定的标准支付工资。

案例分析 9-4

某工厂工人李某平时日工资是 120 元,日工作时间是 8 小时。他在 2019 年 5 月 1 日(法定休假日)加班 1 天,5 月 16 日(工作日)延长工作时间 1 小时,5 月 25 日(周六休息日)加班 1 天没有安排补休。

请问

5 月,李某应至少获得加班费多少元?

(5)停工期间的工资。非因劳动者原因造成停工、停产在一个工资支付周期内的,用人单位应当按劳动合同规定的标准支付工资;超过一个工资支付周期的,若劳动者提供了正常劳动,则支付劳动者的报酬不得低于当地的最低工资标准;若劳动者没有提供正常劳动,则应按国家有关规定办理。

案例分析 9-5

　　某市劳动保障监察机构接到举报,反映某服装公司存在超时加班的行为。劳动保障监察机构迅速介入了解,经实地调查,该服装公司由于近期接到一笔大订单,临时增加了工作任务,要求全体员工每天工作时间由原来的 8 小时延长至 10 小时,并取消了周六、周日的正常休息,这种情况已经持续了两个半月,虽然支付了部分加班工资,但是很多员工的身体已无法承受这样的劳动强度。之后,劳动保障监察机构下达了整改指令书,并按国家《劳动法》要求服装公司支付了劳动者全额加班工资,并对该服装公司行为进行了行政处罚。

请问

劳动保障监察机构处理的依据是什么?

四、劳动保护

(一) 劳动保护一般制度

劳动保护是改善劳动条件,保护劳动者在劳动过程中的安全与健康的劳动法律制度。我国《劳动法》规定了以下几项制度:

(1) 用人单位必须建立、健全劳动安全卫生制度,严格执行国家劳动安全卫生规程和标准,对劳动者进行劳动安全卫生教育、防止劳动过程中的事故,减少职业危害。

(2) 劳动安全卫生设施必须符合国家规定的标准。新建、改建、扩建工程的劳动安全卫生设施必须与主体工程同时设计、同时施工、同时投入生产和使用。

(3) 用人单位必须为劳动者提供符合国家规定的劳动安全卫生条件和必要的劳动防护用品,对从事有职业危害作业的劳动者应当定期进行健康检查。

法律驿站 9-2

工作职场预防事故应有哪些措施

(1) 提高设备的安全可靠性。
(2) 提高劳动者的整体素质。
(3) 切实做好个人防护。
(4) 工作场所的合理布局。

(二) 女职工与未成年工的特殊保护

1. 对女职工的特殊保护

其主要内容有:在从事工种方面,《劳动法》规定了女工禁忌劳动范围:①矿山井下工作;②国家规定的第四级劳动强度的作业;③其他禁忌从事的劳动。

对女工生理机能变化特殊过程中的保护,主要包括经期、孕期、产期、哺乳期的保护,如:不得安排女职工在经期从事高处、低温、冷水作业和国家规定的第三级体力劳动强度的劳动;不得安排女职工在怀孕期间从事国家规定的第三级体力劳动强度的劳动和孕期禁忌从事的活动。对怀孕七个月以上的女职工,不得安排其延长工作时间和夜班劳动;女职工生育享受不少于九十天的产假。

2. 对未成年工的特殊保护

未成年工在我国是指年满 16 周岁,未满 18 周岁的劳动者。对其的特殊保护主要包括以下几项:

(1)在从事的工种方面,不得安排其从事以下劳动:矿山井下劳动;有毒有害作业;国家规定的第四级体力劳动强度的劳动;其他禁忌从事的劳动。

(2)用人单位应对未成年工定期进行健康检查。

法律驿站 9-3
用人单位应按下列要求对未成年工定期进行健康检查

(1)安排工作岗位之前。
(2)工作满 1 年。
(3)年满 18 周岁,距前一次的体检时间已超过半年。

第二节 劳动合同法

2007 年 6 月 29 日,第十届全国人民代表大会常务委员会第二十八次会议通过《劳动合同法》,该法于 2008 年 1 月 1 日起施行。并根据 2012 年 12 月 28 日第十一届全国人民代表大会常务委员会第三十次会议《关于修改〈中华人民共和国劳动合同法〉的决定》修正。《劳动合同法》共八章九十八条,包括总则、劳动合同的订立、劳动合同的履行和变更、劳动合同的解除和终止、特别规定、监督检查、法律责任、附则。《劳动合同法》的内容侧重于维护处于弱势的劳动者的合法权益,也根据实际需要规定了维护用人单位合法权益的内容。

一、劳动合同的概念和种类

(一)劳动合同的概念

劳动合同是指劳动者与用人单位(包括国家机关、企业事业单位、社会团体和私人雇主等)之间为确立劳动关系,明确双方权利和义务而达成的书面协议。劳动合同是劳动关系产生的根据。

法律驿站 9-4

用人单位在订立劳动合同时能收取或变相收取押金吗

在实践中,用人单位收取或变相收取押金的现象比较普遍。比如以工装费、押金、电脑费、培训费、集资款(股金)、保证金、预付违约金等名义收取或变相收取押金,这些均是不符合法律规定的。为此,《劳动合同法》第九条规定,用人单位招用劳动者,不得扣押劳动者的居民身份证和其他证件,不得要求劳动者提供担保或者以其他名义向劳动者收取财物。用人单位应当严格遵守法律规定,避免承担相应的法律责任。

我国目前调整劳动合同的法律除《劳动法》外,主要是《劳动合同法》《中华人民共和国劳动合同法实施条例》,其调整的对象包括企业、个体经济组织、民办非企业单位与劳动者订立、履行、变更、解除或终止劳动合同过程中所产生的各种劳动合同关系,也包括国家机关、事业单位、社会团体和与其建立劳动关系的劳动者之间因订立、履行、变更、解除或终止劳动合同过程中所产生的劳动关系。

案例分析 9-6

张某系张家口地区农民,来京打工。2024 年 3 月,张某被一家个体餐馆招用为搬运工。双方未签订劳动合同,只约定张某的每月工资 600 元,发生伤亡事故餐馆一概不负责任。一日,张某在搬运货物时,被货物压伤,导致腰部、手部受伤。张某要求餐馆承担医药费、营养费等工伤赔偿责任时,该餐馆老板拒绝了张某的请求,称双方没有劳动合同,张某是农民,不能适用《劳动法》,并将张某解雇。后张某申请仲裁。

请问

劳动争议仲裁机构应如何裁决?

(二) 劳动合同的种类

1. 固定期限劳动合同

固定期限劳动合同是指用人单位与劳动者约定合同终止时间的劳动合同。

2. 无固定期限劳动合同

无固定期限劳动合同是指用人单位与劳动者约定无确定终止时间的劳动合同。

3. 以完成一定工作任务为期限的劳动合同

以完成一定工作任务为期限的劳动合同是指用人单位与劳动者约定以某项工作的完成为合同期限的劳动合同。

小思考 9-1

请同学们查一查劳动合同与劳务合同的区别是什么?

二、劳动合同的订立形式与时效

根据《劳动合同法》的规定,劳动合同应当以书面形式订立。其具体规定如下所述:

(1) 自建立劳动关系时起就应当订立书面劳动合同。

(2) 已建立劳动关系,未同时订立书面劳动合同的,应当自用工之日起1个月内订立书面劳动合同。

(3) 如果用人单位自用工之日起超过1个月不满1年未与劳动者订立书面劳动合同的,应当向劳动者每月支付2倍的工资;用人单位自用工之日起满1年不与劳动者订立书面劳动合同的,视为用人单位与劳动者自用工之日起满一年的当日已订立无固定期限劳动合同,应当立即与劳动者补订书面合同。

案例分析 9-7

胡松在某网络公司做技术工作,劳动合同到期后,公司既没有续签劳动合同,也没有终止劳动合同,而是让他继续上班。合同到期两个月后,公司新 CEO 上任,即决定大幅裁员。胡松跟其他一些员工一样,收到了公司发出的终止劳动合同通知书。胡松办完离职手续后,找到人力资源部,要求公司向自己支付经济补偿金,没想到却遭到了人事经理的拒绝,理由是双方劳动合同到期后形成的是事实劳动关系,依法不应补偿。

请问

对于事实劳动关系,用人单位可以不支付经济补偿金吗?

三、劳动合同的内容

劳动合同应当具备以下条款。

(一) 劳动合同主体

用人单位的名称、住所和法定代表人或者主要负责人;劳动者的姓名、住址和居民身份证或者其他有效身份证件号码。

(二) 劳动合同期限

有下列情形之一,劳动者提出或者同意续订、订立劳动合同的,除劳动者提出订立固定期限劳动合同外,应当订立无固定期限劳动合同:

(1) 劳动者在该用人单位连续工作满10年的。

(2) 用人单位初次实行劳动合同制度或者国有企业改制重新订立劳动合同时,劳动者在该用人单位连续工作满10年且距法定退休年龄不足10年的。

(3) 连续订立两次固定期限劳动合同,且劳动者没有《劳动合同法》所规定的用人单位可以解除劳动合同的情形和用人单位在提前30日通知劳动者或额外支付1个月工资后可以解除劳动合同的情形,续订劳动合同的。

另外,在试用期还规定下列事项:

(1) 劳动合同期限3个月以上不满1年的,试用期不得超过1个月;劳动合同期限1年以上不满 3 年的,试用期不得超过 2 个月;3 年以上固定期限和无固定期限的劳动合同,试用期不得超过 6 个月。

（2）同一用人单位与同一劳动者只能约定一次试用期。

（3）以完成一定工作任务为期限的劳动合同或者劳动合同期限不满 3 个月的,不得约定试用期。

（4）试用期包含在劳动合同期限内。劳动合同仅约定试用期的,试用期不成立,该期限为劳动合同期限。

（5）劳动者在试用期的工资不得低于本单位相同岗位最低档工资或者劳动合同约定工资的 80%,并不得低于用人单位所在地的最低工资标准。

（6）在试用期中,除劳动者有《劳动合同法》所规定的用人单位可以解除劳动合同和用人单位在提前 30 日通知劳动者或额外支付 1 个月工资后可以解除劳动合同的情形外,用人单位不得解除劳动合同。用人单位在试用期解除劳动合同的,应当向劳动者说明理由。

案例分析 9-8

王某于 2023 年 6 月 22 日入职于深圳市某电子公司（以下简称"电子公司"）,担任电子工程师,双方签订有书面劳动合同,劳动合同期限为 1 年,从 2023 年 6 月 22 日至 2024 年 6 月 21 日,劳动合同约定试用期为 3 个月。王某月平均工资为 6 500 元。2024 年 8 月 30 日,电子公司以王某没有通过试用期考核为由,将王某辞退。王某要求支付年限经济补偿金等赔偿费用时,被其无理拒绝。为此,王某以双方关于试用期的约定为无效约定,其已过法定的试用期,为正式员工,电子公司辞退其属于无故辞退为由,依法向劳动争议仲裁委员会提出申诉申请,要求电子公司支付被辞退的年限经济补偿金人民币 3 250 元及其额外经济补偿金人民币 1 625 元。

请问
王某请求支付经济补偿金等费用有法律依据吗?

（三）工作内容和工作地点

用人单位对劳动者提供劳动的具体要求,如工作岗位,劳动的数量、质量,工作任务以及工作完成的具体地点等。

（四）工作时间和休息休假

用人单位按照工作内容和需要,规定符合法律要求的工作时间,并保证劳动者的法定休息权利。

（五）劳动报酬

劳动报酬包括劳动者应享有的工资、奖金、津贴等待遇,不得低于国家规定标准。

劳动合同对劳动报酬和劳动条件等标准约定不明确,引发争议的,用人单位与劳动者可以重新协商;协商不成的,适用集体合同规定;没有集体合同或者集体合同未规定劳动报酬的,实行同工同酬;没有集体合同或者集体合同未规定劳动条件等标准的,适用国家有关规定。

(六) 社会保险

用人单位按照法律规定,为劳动者提供医疗保险、失业保险和养老保险等社会保险。

(七) 劳动保护、劳动条件和职业危害防护

用人单位应当为劳动者提供劳动保护措施和符合国家规定标准的工作环境。

(八) 法律、法规规定应当纳入劳动合同的其他事项

劳动合同除前款规定的必备条款外,用人单位与劳动者可以约定培训、保守秘密、补充保险和福利待遇等其他事项。

法律驿站 9-5

订立劳动合同时未履行告知义务有何法律后果

《劳动合同法》第八条规定:"用人单位招用劳动者时,应当如实告知劳动者工作内容、工作条件、工作地点、职业危害、安全生产状况、劳动报酬,以及劳动者要求了解的其他情况;用人单位有权了解劳动者与劳动合同直接相关的基本情况,劳动者应当如实说明。"这是涉及用人单位和劳动者互相负有如实告知义务的法律规定。

根据《劳动合同法》第二十六条的规定,以欺诈、胁迫的手段或者乘人之危,使对方在违背真实意思的情况下订立或者变更劳动合同的,劳动合同无效或者部分无效。用人单位和劳动者未履行告知义务或故意告知对方当事人虚假情况订立的劳动合同,可能为无效劳动合同。《劳动合同法》第八十六条规定,劳动合同依照本法第二十六条规定被确认无效,给对方造成损害的,有过错的一方应当承担赔偿责任。

四、竞业限制规定

竞业限制也称竞业禁止,是指在劳动关系中或曾经存在的劳动关系中,高级管理人员、高级技术人员和其他负有保密义务的人员负有保护用人单位的商业秘密的义务,不得兼职从事与用人单位相同或者类似业务的竞争性行为的义务。凡有这种约定的,单位应向受竞业限制的离职人员支付一定数额的补偿费。《劳动合同法》规定:在解除或者终止劳动合同后,前款规定的人员到与本单位生产或经营同类产品、从事同类业务的有竞争关系的其他用人单位,或者自己开业生产或者经营同类产品、从事同类业务的竞业限制期限,不得超过2年。

竞业限制的具体规定如下所述:

(1) 用人单位与劳动者可以在劳动合同中约定保守用人单位的商业秘密和与知识产权相关的保密事项。对负有保密义务的劳动者,用人单位可以在劳动合同或者保密协议中与劳动者约定竞业限制条款,并约定在解除或者终止劳动合同后,在竞业限制期限内按月给予劳动者经济补偿。劳动者违反竞业限制约定的,应当按照约定向用人单位支付违约金。

(2) 竞业限制的人员限于用人单位的高级管理人员、高级技术人员和其他负有保密义务的人员。竞业限制的范围、地域、期限由用人单位与劳动者约定,竞业限制的约定不得违反法律、法规的规定。

(3) 在解除或者终止劳动合同后,竞业限制人员到与本单位生产或者经营同类产品、从

事同类业务的有竞争关系的其他用人单位，或者自己开业生产或者经营同类产品、从事同类业务的竞业限制期限，不得超过 2 年。

案例分析 9-9

李小姐在 A 展览公司担任客户服务已经 2 年了，她主要是从事展览展示会务服务。A 公司与李小姐签订的劳动合同中规定："乙方（指劳动者）若合约期满不再续签或离职，乙方自离开甲方公司（A 公司）之日起 2 年内不得从事与甲方经营范围所做项目相关联的相同工作。如发现乙方在本约定期内从事与甲方经营范围所做项目相关联的相同工作，乙方将按乙方在甲方工作期内总收入的 5 倍作为违约金进行赔偿。"当时李小姐提出这样的违约金显然是过高的，但是人事经理强调这是 A 公司的格式文本，不允许作任何修改。李小姐想想再坚持也没有用，所以也就签了。第一次劳动合同期满后，A 公司未给予李小姐经济补偿，李小姐离开了 A 公司，马上进入 B 公司工作。A 公司了解到这个事实后，非常生气，认为李小姐在离开了 A 公司后不到 2 年内从事与甲方经营范围所做项目相关联的相同工作，所以提起了仲裁，要求李小姐停止违法竞业限制的行为，并支付总收入 5 倍的违约金。

请问

A 公司的要求有法律依据吗？

五、服务期的规定

（1）用人单位为劳动者提供专项培训费用，对其进行专业技术培训的，可以与该劳动者订立协议，约定服务期。

（2）劳动者违反服务期约定的，应当按照约定向用人单位支付违约金。违约金的数额不得超过用人单位提供的培训费用。用人单位要求劳动者支付的违约金不得超过服务期尚未履行部分所应分摊的培训费用。

（3）用人单位与劳动者约定服务期的，不影响按照正常的工资调整机制提高劳动者在服务期期间的劳动报酬。

六、违约金的规定

用人单位与劳动者在订立劳动合同中除因服务期与竞业限制问题可以约定由劳动者对用人单位承担违约金责任外，其他情形一律不得约定劳动者的违约金责任。

七、劳动合同的效力

（一）劳动合同的生效

1. 劳动合同的生效时间

劳动合同由用人单位与劳动者协商一致，并经用人单位与劳动者在劳动合同文本上签字或者盖章生效。

劳动合同的生效与劳动关系的建立是不同的。劳动关系的建立是以实际用工为标志,如果劳动合同生效后未发生实际用工,则劳动关系没有建立。

2. 劳动合同的生效要件

劳动合同的生效要件与普通民事合同的生效要件相同,但其缔约主体要求稍有不同,即作为用人单位一方的必须是企业、个体经济组织、民办非企业单位、国家机关、事业单位、社会团体组织;作为劳动者一方的必须是年满 16 周岁、具有劳动能力的公民。

(二) 无效劳动合同

存在下列情形时,劳动合同无效或部分无效:

(1) 以欺诈、胁迫的手段或者乘人之危,使对方在违背真实意思的情况下订立或者变更劳动合同的。

(2) 用人单位免除自己的法定责任、排除劳动者权利的。

(3) 违反法律、行政法规强制性规定的。

对劳动合同的无效或者部分无效有争议的,由劳动争议仲裁机构或者人民法院确认。劳动合同部分无效,不影响其他部分效力的,其他部分仍然有效。

劳动合同被确认无效,劳动者已付出劳动的,用人单位应当向劳动者支付劳动报酬。劳动报酬的数额,参照本单位相同或者相近岗位劳动者的劳动报酬确定。

案例分析 9-10

某有限责任公司成立以后,向社会招聘职员。胡某应聘,在胡某与该公司商谈条件的过程中,双方就胡某的工资待遇问题发生争执,胡某称自己是高级工程师,懂技术,有管理经验,要求公司每月付给他的工资不能少于 5 000 元。公司由于刚成立,资金不雄厚,只答应每月付给他 2 000 元的工资。最后双方妥协,以公司每月付给胡某 3 000 元的工资达成协议,并签订了劳动合同。胡某在公司工作期间不能很好地胜任公司委派的工作,并给公司造成了一定的财产损失,公司后来对胡某进行调查,发现胡某原是某一国有企业的工人,因犯罪被企业开除,刑满释放后一直在社会上闲荡。公司决定解除与胡某的劳动合同。胡某不同意,遂告到劳动争议仲裁委员会。

请问

劳动仲裁委员会该如何处理这起劳动争议?

八、劳动合同的解除和终止

(一) 劳动合同的解除

劳动合同的解除是劳动合同在订立以后,尚未履行或未全部履行之前,由于合同双方或单方的法律行为导致提前消灭劳动关系的法律行为。

劳动合同的解除分为协商解除和法定解除。协商解除是双方当事人协商一致、合意解除劳动合同,提前终止劳动合同的效力。法定解除则是出现国家法律规定可以解除劳动合同的情形,不需双方当事人一致同意,合同效力即可以自然或单方提前终止。

1. 劳动者单方面解除劳动合同情形

（1）劳动者解除劳动合同的程序。劳动者提前30日以书面形式通知用人单位，可以解除劳动合同。劳动者在试用期内提前3日通知用人单位，可以解除劳动合同。

（2）劳动者可以解除劳动合同的情形。用人单位有下列情形之一的，劳动者可以解除劳动合同：一是未按照劳动合同约定提供劳动保护或者劳动条件的；二是未及时足额支付劳动报酬的；三是未依法为劳动者缴纳社会保险费的；四是用人单位的规章制度违反法律、法规的规定，损害劳动者权益的；五是因《劳动合同法》第二十六条第一款规定的情形致使劳动合同无效的；六是法律、行政法规规定劳动者可以解除劳动合同的其他情形。

（3）劳动者可以立即解除劳动合同且不需事先告知用人单位的情形。其主要有：一是用人单位以暴力、威胁或者非法限制人身自由的手段强迫劳动者劳动的；二是用人单位违章指挥、强令冒险作业危及劳动者人身安全的。

案例分析 9-11

　　余先生大学毕业后到一家单位工作，入职时单位表示，为了让他"多挣点钱"，就不缴社会保险了，当时余先生认为是好事情，同意了单位的做法，并且和单位签订了劳动合同。单位让余先生亲自写了一份声明，内容大致是：本人主动要求不上各项社会保险。后来，余先生听同学说，社会保险上了对自己有好处，不然自己将来出现问题都没有办法得到保障。余先生找到单位领导，要求补缴社会保险，单位领导不同意，并拿出当时他自己写的声明书。余先生于是以单位不缴纳社会保险为由提出辞职，领导不批准他的辞职申请，为此，双方发生了争议。

　　请问

　　单位未给劳动者缴纳社会保险费将其作为工资发放给员工可以吗？

2. 用人单位单方面解除劳动合同

用人单位单方面解除劳动合同的具体规定如下所述：

（1）用人单位可以单方面解除劳动合同的情形。劳动者有下列情形之一的，用人单位可以解除劳动合同：一是在试用期间被证明不符合录用条件的；二是严重违反用人单位的规章制度的；三是严重失职，营私舞弊，给用人单位造成重大损害的；四是劳动者同时与其他用人单位建立劳动关系，对完成本单位的工作任务造成严重影响，或者经用人单位提出，拒不改正的；五是符合劳动合同无效的情形，用人单位解除合同；六是被依法追究刑事责任的。

案例分析 9-12

　　2024年6月，某职业技术学院旅游管理专业毕业生王某（女，22岁）与一家宾馆签订了为期3年的劳动合同。合同中规定：试用期为1年；在试用期内王某不得单方面提出解除劳动合同；试用期满后，王某要求解除劳动合同时，需要提前60天通知宾馆；如果宾

（续上）

馆效益不好,宾馆有权与王某解除劳动合同;王某在宾馆工作期间不得结婚生育,否则宾馆有权辞退王某;王某向宾馆交纳1 000元保证金,如果王某违反合同规定,由宾馆没收保证金。

请问

这份劳动合同的内容是否符合《劳动法》的规定? 为什么?

(2) 用人单位须履行法定手续后可以单方面解除合同的情形。有下列情形之一的,用人单位提前30日以书面形式通知劳动者本人或者额外支付劳动者1个月工资后,可以解除劳动合同:一是劳动者患病或者非因工负伤,在规定的医疗期满后不能从事原工作,也不能从事由用人单位另行安排的工作的;二是劳动者不能胜任工作,经过培训或者调整工作岗位,仍不能胜任工作的;三是劳动合同订立时所依据的客观情况发生重大变化,致使劳动合同无法履行,经用人单位与劳动者协商,未能就变更劳动合同内容达成协议的。

案例分析 9-13

王某是一家电容器厂的职工,至今已有近20年的工龄。几年前,该电容器厂为加强内部职工管理,制定了一系列的规章制度。其中一条规定,厂里的在职职工,在厂内不许打架斗殴,否则,将被开除出厂,终止一切待遇。2024年2月,在工厂一直表现不错的王某,在单位食堂用餐时,因为一件小事,与同事发生矛盾。在争吵中,他先打了同事一拳。在周围其他同事的劝阻下,事态很快平息。几天后,王某突然接到厂人事部门通知,"为严肃厂纪,经厂领导研究决定,对王某作开除处理"。王某对厂里的决定不能接受。3月21日,王某便以厂里规定的"厂规"没有经过职工代表大会通过,不合法,不能作为解决劳动纠纷的依据为由,将该电容器厂告上法院。经法院审理查明,该电容器厂制定的厂规,仅是厂里几位领导私下拟定后公布实施的,未经过厂里的职工代表大会审议通过。另外,庭审中,王某的代理人还当庭出示了该厂30多名职工的联名信。联名信中写道,厂里草率开除一个工作能力和平时表现都还不错的老职工,不合情理。

请问

法院会支持王某的诉讼请求吗?

(3) 用人单位的经济性裁员。经济性裁员作为用人单位单方面解除劳动合同的一种形式,必须满足以下法定条件。①实体性条件。其主要有:一是依照《中华人民共和国企业破产法》规定进行重整的;二是生产经营发生严重困难的;三是企业转产、重大技术革新或者经营方式调整,经变更劳动合同后,仍需裁减人员的;四是其他因劳动合同订立时所依据的客观经济情况发生重大变化,致使劳动合同无法履行的。②程序性条件。其主要有:一是裁减人员为20人以下且占企业职工总数10%以下的,除事先应当将理由通知工会外,企业可以自主进行,不需要履行特定程序;二是需要裁减人员20人以上或者裁减不足20人但占企业职工总数 10% 以上的,用人单位应提前 30 日向工会或者全体职工说明情况,听取工会或者职工的意见,再将裁减人员方案经向劳动行政部门报告后,方可裁员。

用人单位进行经济性裁员应当优先留用下列人员:一是与本单位订立较长期限的固定期限劳动合同的;二是与本单位订立无固定期限劳动合同的;三是家庭无其他就业人员,有需要扶养的老人或者未成年人的。用人单位在经济性裁员后 6 个月内重新录用人员,应当通知被裁减的人员,并在同等条件下优先招用被裁减的人员。

某百货商场因扩大营业面积,需增加营业员,与符合聘用条件的 20 名应聘者签订了为期 2 年的劳动合同,约定试用期为 3 个月。劳动合同中还约定:"在试用期内,营业员与商场均有权随时与对方解除劳动合同"。2 个月后,商场认为无需使用这么多营业员,只使用其中的 15 名就足够了,于是,商场单方面决定解除 5 名营业员的劳动合同。

请问

在试用期内双方均有权随时与对方解除劳动合同吗?

3. 用人单位不得单方解除劳动合同的情形

劳动者有下列情形之一的,用人单位不得单方解除劳动合同:

(1)从事接触职业病危害作业的劳动者未进行离岗前职业健康检查,或者疑似职业病病人在诊断或者医学观察期间的。

(2)在本单位患职业病或者因工负伤并被确认丧失或者部分丧失劳动能力的。

(3)患病或者非因工负伤,在规定的医疗期内的。

(4)女职工在孕期、产期、哺乳期的。

(5)在本单位连续工作满 15 年,且距法定退休年龄不足 5 年的。

(6)法律、行政法规规定的其他情形。

(二)劳动合同的终止

有下列情形之一的,劳动合同终止:

(1)劳动合同期满的。

(2)劳动者开始依法享受基本养老保险待遇的。

(3)劳动者死亡,或者被人民法院宣告死亡或者宣告失踪的。

(4)用人单位被依法宣告破产的。

(5)用人单位被吊销营业执照、责令关闭、撤销或者用人单位决定提前解散的。

(6)法律、行政法规规定的其他情形。

(三)劳动合同解除或终止后的限制性规定

经济补偿金是指在劳动合同解除或终止后,用人单位依法一次性支付给劳动者的经济上的补偿。其一般由法律规定按照劳动者的工作年限加以发放。

1. 用人单位应当向劳动者支付经济补偿金的情形

有下列情形之一的,用人单位应当向劳动者支付经济补偿:

（1）出现《劳动合同法》规定的劳动者可以单方解除劳动合同的情形的。

（2）用人单位依法向劳动者提出解除劳动合同并与劳动者协商一致解除劳动合同的。

（3）出现《劳动合同法》规定的用人单位可以提前 30 日以书面形式通知劳动者本人或者额外支付劳动者 1 个月工资后解除劳动合同的情形的。

（4）用人单位因经济性裁员而解除与劳动者的劳动合同的。

（5）除用人单位维持或者提高劳动合同约定条件续订劳动合同，劳动者不同意续订的情形外，用人单位在劳动合同期满后终止固定期限劳动合同的。

（6）用人单位被依法宣告破产、被吊销营业执照、责令关闭、撤销或其决定提前解散而终止劳动合同的。

（7）法律、行政法规规定的其他情形。

2．经济补偿金的计算

（1）计算经济补偿金的工作年限。劳动者在本单位的工作年限，应从劳动者向该用人单位提供劳动之日起计算，因用人单位合并、分立、改变性质、改变名称的，劳动者在改变前的工作时间，应计算为在本单位的工作时间。

（2）计算标准。经济补偿按劳动者在本单位工作的年限，每满 1 年支付 1 个月工资的标准向劳动者支付。6 个月以上不满 1 年的，按 1 年计算；不满 6 个月的，向劳动者支付半个月工资的经济补偿。

（3）计算基数。用人单位支付给劳动者的经济补偿金，以劳动者的月工资为基础，该月工资指的是劳动者在劳动合同解除或者终止前 12 个月的平均工资。

（4）计算封顶。劳动者月工资高于用人单位所在直辖市、设区的市级人民政府公布的本地区上年度职工月平均工资 3 倍的，向其支付经济补偿的标准按职工月平均工资 3 倍的数额支付，向其支付经济补偿的年限最高不超过 12 年。

 案例分析 9-15

李某是某公司职工，2023 年 3 月与公司签订了为期 5 年的劳动合同，2024 年 3 月，公司更换了主要负责人，新负责人以李某不适合工作为由，要求与李某解除劳动合同，李某不同意。公司便采取了增加李某劳动强度、减少李某奖金收入等办法予以刁难。李某在不堪忍受的情况下，提出如果公司提出解除劳动合同，他本人可以签字同意。但公司坚持让李某自己先写"辞职报告"，然后由公司批准。李某坚决不同意这样做，但公司许诺：如李某照办，公司可以给予李某一笔比较丰厚的生活补助，还可以按照《劳动法》有关规定支付解除劳动合同的经济补偿金。在这样的情况下，李某于 2024 年 7 月向公司递交了"辞职报告"，立即被公司批准，但此后的生活补助和经济补偿金却毫无踪影。李某找公司索要，公司拿出李某的"辞职报告"说，生活补助是单位对被辞退人员的抚恤，根据《劳动法》规定，经济补偿金在用人单位提出解除劳动合同时才支付，李某是自动辞职，没有上述两项待遇。李某非常气愤，向劳动争议仲裁委员会提出仲裁，并提供了公司要求他递交"辞职报告"的证据。

请问

李某可以要求公司支付经济补偿金吗？

（四）劳动合同解除或终止后双方的义务

1．用人单位的义务

用人单位的义务主要有：一是用人单位应当在解除或者终止劳动合同时出具解除或者终止劳动合同的证明的义务；二是用人单位应在 15 日内为劳动者办理档案和社会保险关系转移手续的义务；三是用人单位应当在办结工作交接时向劳动者支付经济补偿的义务；四是用人单位对已经解除或者终止的劳动合同的文本，至少保存 2 年备查的义务。

2．劳动者的义务

劳动者应当按照双方约定，办理工作交接，主要包括公司财产物品的返还、资料的交接等。

九、劳动合同的特殊规定

（一）集体合同

集体合同是用人单位与本单位职工根据法律规定，就劳动报酬、工作时间、休息休假、劳动安全卫生、职业培训、保险福利等事项，通过集体协商签订的书面协议。

案例分析 9-16

白云商场的集体合同中有这样一条规定：在周末与节假日的商场经营活动中，员工需要延长 1 个小时工作时间，商场向员工支付加班费。职工程荣以自己没有签署集体合同，星期天要上进修班为理由，拒绝公司的安排。

请问

职工没有签订合同，可以不受集体合同的约束吗？

集体合同具体可分为：一是专项集体合同，一般由企业职工一方与用人单位就劳动安全卫生、女职工权益保护、工资调整机制等方面订立；二是行业性或区域性集体合同，在县级以下区域内，建筑业、采矿业、餐饮服务业等行业可以由工会与企业方面代表订立这类合同。

我国《劳动合同法》对集体合同的具体规定主要有以下几项：

（1）集体合同由工会代表企业职工一方与用人单位订立；尚未建立工会的用人单位，由上级工会指导劳动者推举的代表与用人单位订立。

（2）集体合同草案应当提交职工代表大会或者全体职工讨论通过。

（3）集体合同订立后，应当报送劳动行政部门；劳动行政部门自收到集体合同文本之日起 15 日内未提出异议的，集体合同即行生效。

（4）依法订立的集体合同对用人单位和劳动者具有约束力。行业性、区域性集体合同对当地本行业、本区域的用人单位和劳动者具有约束力。

（5）集体合同中劳动报酬和劳动条件等标准不得低于当地人民政府规定的最低标准；用人单位与劳动者订立的劳动合同中劳动报酬和劳动条件等标准不得低于集体合同规定的标准。

法律驿站 9-6

订立集体合同时应遵循哪些程序

（1）制定集体合同草案。

（2）组织全体职工认真讨论集体合同草案。

（3）修改并正式通过集体合同。

（4）签字、备案。集体合同正式通过后，应由厂长或经理和工会主席签字，并报送劳动行政部门备案。

（二）劳务派遣

劳务派遣（又称为劳动派遣）在人力资源界称为人力派遣或人才租赁，是指劳务派遣机构与用工单位签订派遣协议，将劳动者派遣至用工单位，在用工单位指挥监督下提供劳动。劳务派遣的典型特征是劳动力雇佣与劳动力使用相分离，被派遣劳动者不与用工单位签订劳动合同，不建立劳动关系，而是与派遣单位存在劳动关系，但却被派遣至用工单位劳动，形成"有关系没劳动，有劳动没关系"的特殊形态。

劳务派遣一般在临时性、辅助性或者替代性的工作岗位上实施。

劳务派遣单位的义务。劳务派遣单位应当依照《公司法》的有关规定设立，注册资本不得少于 200 万元。其义务主要有以下几项。

（1）与派遣员工签订劳动合同、派遣和支付报酬的义务。其具体规定如下：一是劳务派遣单位应当与被派遣劳动者订立 2 年以上的固定期限劳动合同，合同除了具备一般劳动合同应具备的内容以外，还应当载明被派遣劳动者的用工单位以及派遣期限、工作岗位等情况，并按月支付劳动报酬。二是被派遣劳动者在无工作期间，劳务派遣单位应当按照所在地人民政府规定的最低工资标准，向其按月支付报酬。三是劳务派遣单位不得克扣用工单位按照劳务派遣协议支付给被派遣劳动者的劳动报酬。四是劳务派遣单位不得向被派遣劳动者收取费用。五是劳务派遣单位跨地区派遣劳动者的，被派遣劳动者享有的劳动报酬和劳动条件，按照用工单位所在地的标准执行。

（2）告知的义务。劳务派遣单位应当将劳务派遣协议的内容告知被派遣劳动者。其中包括用工单位的基本情况、岗位安排、劳动规章制度、劳动安全卫生、工作时间、休息休假、工资福利及劳动权益维护和相关事务办理等内容。

（3）提供建立和管理人事档案服务的义务。

（4）代缴社会保险费的义务。

案例分析 9-17

2024 年 4 月 4 日，18 岁的女工范某与某鼎诚人力资源有限公司签订了一份劳动合同，双方约定：由鼎诚公司安排范某到巴拉斯塑胶有限公司工作，工资为每月 2 690 元。合同签订后，范某即按约被派遣至巴拉斯公司工作。2024 年 8 月 24 日，范某在工作中发生机械伤害事故,造成其左手受伤,苏州市劳动和社会保障局向鼎诚公司作出《工伤认定决定书》,认定范某所受伤害为七级工伤。由于三方未能就工伤赔偿达成一致,范某向劳动争议仲裁委员会提出仲裁申请,劳动争议仲裁委员会裁决鼎诚公司和巴拉斯公司应支付范某的工伤医疗金,巴拉斯公司对此仲裁不服,遂将范某与鼎诚公司一同告上法庭。

请问

谁应承担对范某的工伤赔偿?

(三) 非全日制用工

非全日制用工是指以小时计酬为主,劳动者在同一用人单位一般平均每日工作时间不超过 4 小时,每周工作时间累计不超过 24 小时的用工形式。

非全日制用工的特点主要有以下几项:

(1)劳动者在同一用人单位一般平均每日工作时间不超过 4 小时,每周工作时间累计不超过 24 小时。

(2)非全日制用工双方当事人可以订立口头协议。从事非全日制用工的劳动者可以与一个或者一个以上用人单位订立劳动合同;但是,后订立的劳动合同不得影响先订立的劳动合同的履行。

(3)非全日制用工双方当事人不得约定试用期。

(4)非全日制用工双方当事人任何一方都可以随时通知对方终止用工。终止用工,用人单位不向劳动者支付经济补偿。

(5)非全日制用工小时计酬标准不得低于用人单位所在地人民政府规定的最低小时工资标准;且其劳动报酬结算支付周期最长不得超过 15 日。

法律驿站 9-7

非全日制用工与全日制用工有何区别

规定从事非全日制用工的劳动者可以与一个或者一个以上用人单位订立劳动合同;而全日制用工劳动者只能与一个用人单位订立劳动合同。

规定非全日制用工双方当事人可以订立口头协议。而全日制用工的,应当订立书面劳动合同。

规定非全日制用工双方当事人不得约定试用期。而全日制用工的,除以完成一定工作任务为期限的劳动合同和 3 个月以下固定期限劳动合同外,其他劳动合同可以依法约定试用期。

规定双方当事人任何一方都可以随时通知对方终止用工;终止用工,用人单位不向劳动者支付经济补偿。而全日制用工的,双方当事人应当依法解除或者终止劳动合同;用人单位解除或者终止劳动合同,应当依法支付经济补偿。

规定非全日制用工不得低于用人单位所在地人民政府规定的最低小时工资标准。而全日制用工劳动者执行的是月最低工资标准。非全日制用工劳动报酬结算周期最长不得超过 15 日。而全日制用工的,工资应当至少每月支付一次。

第三节 劳动争议调解仲裁法

一、劳动争议的概念和方式

(一) 劳动争议的概念和范围

劳动争议是指劳动关系双方当事人或其团体之间关于劳动权利和劳动义务的争议。目前我国规范劳动争议处理的法律主要是 2007 年 12 月 29 日第十届全国人民代表大会常务委员会第三十一次会议通过,2008 年 5 月 1 日施行的《中华人民共和国劳动争议调解仲裁法》。

根据这部法律,在我国境内的用人单位与劳动者发生的下列劳动争议适用该法:

(1) 因确认劳动关系发生的争议。

(2) 因订立、履行、变更、解除和终止劳动合同发生的争议。

(3) 因除名、辞退和辞职、离职发生的争议。

(4) 因工作时间、休息休假、社会保险、福利、培训以及劳动保护发生的争议。

(5) 因劳动报酬、工伤医疗费、经济补偿或者赔偿金等发生的争议。

(6) 法律、法规规定的其他劳动争议。

(二) 劳动争议的解决方式

劳动争议可以通过协商、协调、仲裁、诉讼四种方式解决。

1. 协商

发生劳动争议,劳动者可以与用人单位协商,也可以请工会或者第三方共同与用人单位协商,达成和解协议。

2. 调解

发生劳动争议,当事人不愿协商、协商不成或者达成和解协议后不履行的,可以向调解组织申请调解。

3. 仲裁

发生劳动争议,当事人不愿协商、协商不成或者达成和解协议后不履行的,且又不愿调解、调解不成或者达成调解协议后不履行的,可向劳动争议仲裁委员会申请仲裁。

4. 诉讼

当事人对仲裁裁决不服的,可自收到仲裁裁决书之日起 15 日内向人民法院提起诉讼。

二、劳动争议调解

(一) 劳动争议调解组织

发生劳动争议,当事人可以到下列调解组织申请调解:①企业劳动争议调解委员会;②依法设立的基层人民调解组织;③在乡镇、街道设立的具有劳动争议调解职能的组织。

企业劳动争议调解委员会由职工代表和企业代表组成。职工代表由工会成员担任或者由全体职工推举产生,企业代表由企业负责人指定。企业劳动争议调解委员会主任由工会成员或者双方推举的人员担任。

(二) 劳动争议调解程序

1. 申请

当事人申请劳动争议调解可以书面申请,也可以口头申请。口头申请的,调解组织应当当场记录申请人基本情况、申请调解的争议事项、理由和时间。

2. 调解

调解劳动争议,应当充分听取双方当事人对事实和理由的陈述,耐心疏导,帮助其达成协议。

3. 达成协议与履行

经调解达成协议的,应当制作调解协议书。调解协议书由双方当事人签名或者盖章,经调解员签名并加盖调解组织印章后生效,对双方当事人具有约束力,当事人应当履行。

因支付拖欠劳动报酬、工伤医疗费、经济补偿或者赔偿金事项达成调解协议,用人单位在协议约定期限内不履行的,劳动者可以持调解协议书依法向人民法院申请支付令。人民法院应当依法发出支付令。

4. 未达成协议或未履行的救济措施

自劳动争议调解组织收到调解申请之日起 15 日内未达成调解协议的,当事人可以依法申请仲裁。

达成调解协议后,一方当事人在协议约定期限内不履行调解协议的,另一方当事人可以依法申请仲裁。

三、劳动争议的仲裁

(一) 劳动争议仲裁机构

对于劳动争议仲裁委员会,省、自治区人民政府可以决定在市、县设立;直辖市人民政府可以决定在区、县设立。直辖市、设区的市也可以设立一个或者若干个劳动争议仲裁委员会。劳动争议仲裁委员会不按行政区划层层设立。

1. 劳动争议仲裁委员会的组成

劳动争议仲裁委员会由劳动行政部门代表、工会代表和企业方面代表组成。劳动争议仲裁委员会组成人员应当是单数。

2. 劳动争议仲裁委员会的职责

劳动争议仲裁委员会的职责主要有:聘任、解聘专职或者兼职仲裁员;受理劳动争议案件;讨论重大或者疑难的劳动争议案件;对仲裁活动进行监督。

(二) 劳动争议仲裁案件的管辖

(1) 劳动争议仲裁委员会负责管辖本区域内发生的劳动争议。

(2) 劳动争议由劳动合同履行地或者用人单位所在地的劳动争议仲裁委员会管辖。双方当事人分别向劳动合同履行地和用人单位所在地的劳动争议仲裁委员会申请仲裁的,由劳动合同履行地的劳动争议仲裁委员会管辖。

(三) 仲裁庭

1. 合议制仲裁庭

合议制仲裁庭即由 3 名仲裁员组成,设首席仲裁员的仲裁庭,适用于处理一些较为复杂的劳动争议案件。

2. 独任制仲裁庭

独任制仲裁庭由1名仲裁员独任仲裁的仲裁庭,适用于处理一些简单劳动争议案件。

(四) 劳动争议仲裁当事人

1. 当事人

发生劳动争议的劳动者和用人单位为劳动争议仲裁案件的双方当事人。劳务派遣单位或者用工单位与劳动者发生劳动争议的,劳务派遣单位和用工单位为共同当事人。

2. 第三人

与劳动争议案件的处理结果有利害关系的第三人,可以申请参加仲裁活动或者由劳动争议仲裁委员会通知其参加仲裁活动。

3. 代表人

发生劳动争议的劳动者一方在10人以上,并有共同请求的,可以推举代表参加仲裁活动。

4. 代理人

当事人可以委托代理人参加仲裁活动。丧失或者部分丧失民事行为能力的劳动者,由其法定代理人代为参加仲裁活动;无法定代理人的,由劳动争议仲裁委员会为其指定代理人。劳动者死亡的,由其近亲属或者代理人参加仲裁活动。

(五) 仲裁时效

劳动争议申请仲裁的时效期间为1年。仲裁时效期间从当事人知道或者应当知道其权利被侵害之日起计算。如用人单位解除劳动合同而未支付经济补偿金的,劳动者请求支付经济补偿金的仲裁时效应从劳动合同解除之日起算。

劳动关系存续期间因拖欠劳动报酬发生争议的,劳动者申请仲裁不受上述1年仲裁时效期间的限制;但是,劳动关系终止的,应当自劳动关系终止之日起1年内提出。

(六) 劳动争议仲裁程序

1. 申请与受理

劳动争议发生后,当事人可以向有管辖权的仲裁机构申请仲裁。申请人申请仲裁应当提交书面仲裁申请,并按照被申请人人数提交副本。

法律驿站 9-8

仲裁时效的有关规定

仲裁时效因当事人一方向对方当事人主张权利,或者向有关部门请求权利救济,或者对方当事人同意履行义务而中断。从中断时起,仲裁时效期间重新计算。因不可抗力或者有其他正当理由,当事人不能在规定的仲裁时效期间申请仲裁的,仲裁时效中止。从中止时效的原因消除之日起,仲裁时效期间继续计算。

劳动争议仲裁委员会收到仲裁申请之日起5日内,认为符合受理条件的,应当受理,并通知申请人;认为不符合受理条件的,应当书面通知申请人不予受理,并说明理由。对劳动争议仲裁委员会不予受理或者逾期未作出决定的,申请人可以就该劳动争议事项向人民法院提起诉讼。

2. 仲裁与裁决

劳动争议仲裁委员会裁决劳动争议案件实行仲裁庭制。仲裁庭由 3 名仲裁员组成,设首席仲裁员。简单劳动争议案件可以由 1 名仲裁员独任仲裁。

仲裁庭在作出裁决前,应当先行调解。调解达成协议的,仲裁庭应当制作调解书。调解书应当写明仲裁请求和当事人协议的结果。调解书由仲裁员签名,加盖劳动争议仲裁委员会印章,送达双方当事人。调解书经双方当事人签收后,发生法律效力。调解不成或者调解书送达前,一方当事人反悔的,仲裁庭应当及时作出裁决。

裁决应当按照多数仲裁员的意见作出,少数仲裁员的不同意见应当记入笔录。仲裁庭不能形成多数意见时,裁决应当按照首席仲裁员的意见作出。

(七) 仲裁时限和先予执行

1. 仲裁时限

仲裁庭裁决劳动争议案件,应当自劳动争议仲裁委员会受理仲裁申请之日起 45 日内结束。案情复杂需要延期的,经劳动争议仲裁委员会主任批准,可以延期并书面通知当事人,但是延长期限不得超过 15 日。逾期未作出仲裁裁决的,当事人可以就该劳动争议事项向人民法院提起诉讼。

2. 先予执行

仲裁庭对追索劳动报酬、工伤医疗费、经济补偿或者赔偿金的案件,根据当事人的申请,可以裁决先予执行,移送人民法院执行。仲裁庭裁决先予执行的,应当符合下列条件:

(1) 当事人之间权利和义务关系明确;

(2) 不先予执行将严重影响申请人的生活。劳动者申请先予执行的,可以不提供担保。

(八) 仲裁裁决的生效、撤销与执行

1. 仲裁裁决的生效、撤销

仲裁以裁决方式结案的,原则上坚持"一裁二审"模式,即当事人对仲裁裁决不服的,可以自收到仲裁裁决书之日起 15 日内向人民法院提起诉讼;期满不起诉的,裁决书发生法律效力。但在部分劳动争议中实行有限的"一裁终局"模式,即下列劳动争议,仲裁裁决为终局裁决,裁决书自作出之日起发生法律效力:①追索劳动报酬、工伤医疗费、经济补偿或者赔偿金,不超过当地月最低工资标准 12 个月金额的争议;②因执行国家的劳动标准在工作时间、休息休假、社会保险等方面发生的争议。其有限性体现在这类案件自仲裁裁决作出后,对用人单位即发生效力,但劳动者对该仲裁裁决不服的,可以自收到仲裁裁决书之日起 15 日内向人民法院提起诉讼。

考虑到用人单位和劳动者利益之间的平衡,如果用人单位能够证明该部分裁决具有以下情形的,可以自收到仲裁裁决书之日起 30 日内向劳动争议仲裁委员会所在地的中级人民法院申请撤销裁决:①适用法律、法规确有错误的;②劳动争议仲裁委员会无管辖权的;③违反法定程序的;④裁决所根据的证据是伪造的;⑤对方当事人隐瞒了足以影响公正裁决的证据的;⑥仲裁员在仲裁该案时有索贿受贿、徇私舞弊、枉法裁决行为的。人民法院经组成合议庭审查核实裁决有前述规定情形之一的,应当裁定撤销。仲裁裁决被人民法院裁定撤销的,当事人可以自收到裁定书之日起 15 日内就该劳动争议事项向人民法院提起诉讼。

2. 仲裁裁决的执行

当事人对发生法律效力的调解书、裁决书,应当依照规定的期限履行。一方当事人逾期不履行的,另一方当事人可以依照《民事诉讼法》的有关规定向人民法院申请执行。受理申请的人民法院应当依法执行。

四、劳动争议的诉讼

劳动争议双方当事人对劳动争议仲裁裁决不服的,双方当事人可以向人民法院提起诉讼。我国法律对劳动争议采取了仲裁前置的原则,非经劳动争议仲裁,不得向人民法院提起诉讼。

案例分析 9-18

甲、乙、丙、丁为某电器公司的技术人员,4 人受该公司指派完成一项技术革新项目。该公司领导当时允诺如按期完成项目则每人奖励 1 万元。后技术任务已按期完成,但领导说 1 万元太多,公司其他员工有意见,只能每人奖励 1 千元。甲、乙准备申请劳动争议仲裁,而丙、丁则认为应该直接向人民法院起诉。

请问

本案争议能否直接向人民法院起诉?

导读案例分析

根据《劳动合同法》第四十条的规定,劳动者不能胜任工作,经过培训或者调整工作岗位,仍不能胜任工作的,用人单位在提前 30 日以书面形式通知劳动者本人或者额外支付劳动者 1 个月工资后,可以解除劳动合同。该公司没有对排在末位的员工进行培训或调整工作岗位,就解除劳动合同,是违法的。

课后测试

一、判断题

1. 根据《劳动合同法》的规定,劳动合同可以用书面形式订立也可以用口头形式订立。
（　　）

2. 用人单位自用工之日起满 1 年不与劳动者订立书面劳动合同的,则用人单位应当向劳动者每月支付 2 倍的工资。（　　）

3. 劳动合同期限 3 个月以上不满 1 年的,试用期不得超过 1 个月。（　　）

4. 劳动者在试用期内可以随时解除劳动合同。（　　）

5. 劳动者患病或者非因工负伤医疗期满后,用人单位可以随时解除劳动合同。（　　）

二、单项选择题

1. 在甲与圣达公司签订的劳动合同有效期内,新城公司许诺给出更高的报酬,与甲签订了劳动合同,这样给圣达公司造成了经济损失,新城公司对此应承担的责任是（　　）。
   A. 行政责任
   B. 说服甲回圣达公司工作的责任
   C. 解除与甲签订的合同的责任
   D. 连带赔偿责任

2. 经劳动合同双方当事人协商一致,由用人单位解除劳动合同的,用人单位应依法给予劳动者（　　）。
   A. 失业补助费
   B. 困难补助费
   C. 经济补偿金
   D. 经济赔偿金

3. 下列情况中,用人单位可以招用未满16周岁的未成年人,并须报县级以上劳动行政部门批准的是（　　）。
   A. 某私人餐馆招用勤杂工
   B. 某国有企业招用电工
   C. 某职介所招用职员
   D. 某俱乐部招用体操运动员

4. 根据《劳动法》的规定,用人单位有（　　）情形的不得解除合同。
   A. 劳动者患病或者负伤,在规定的医疗期内
   B. 劳动者患病或者负伤,医疗期满的
   C. 劳动者在试用期内的
   D. 用人单位濒临破产进行法定整顿期间的

5. 从事矿山井下以及其他有害身体健康的工种、岗位工作的农民工,实行定期轮换制度,合同期限最长不得超过（　　）年。
   A. 3
   B. 5
   C. 7
   D. 8

三、多项选择题

1. 下列劳动合同或者劳务合同中,属于劳动法的调整范围的有（　　）。
   A. 某私营企业与职工之间的劳动合同
   B. 某国家机关与工勤人员之间的劳动合同
   C. 某公司董事长与公司之间的聘用合同
   D. 甲公司与乙公司之间的劳务合同

2. 振兴公司注册登记成立后,经有关部门批准,向社会公开招聘人员。在振兴公司与被录用人员黄某订立的劳动合同中,不符合《劳动法》规定的有（　　）。
   A. 劳动合同约定试用期为1年
   B. 在试用期内,黄某不得通知振兴公司解除劳动合同
   C. 在试用期间,黄某被证明不符合录用条件时,振兴公司可解除劳动合同
   D. 黄某如被依法追究刑事责任,振兴公司可以解除劳动合同

3. 甲是某饭店招用的服务员,现年17岁,双方订立了书面劳动合同。在试用期内,甲为发泄对饭店的不满,在饭菜中放入污物。下列表述中,不正确的有（　　）。
   A. 甲与饭店之间成立的劳动合同无效
   B. 饭店可以解除与甲的劳动合同
   C. 甲与饭店之间成立的合同是可撤销的合同

D. 在试用期内,饭店不能解除与甲的劳动合同

4. 某私营企业从社会招收 10 名工人,同时招收了 3 名 15 岁的工人,4 名妇女因性别差异原因而未被招用,另有 1 名正在休产假的妇女也被辞退。新招收的工人要求组织工会,经理以私营企业不应有工会为由不允许。根据我国的相关法律,上述做法中,错误的有( )。

A. 招收了 3 名 15 岁的工人

B. 因性别原因而未招用 4 名妇女

C. 辞退正在休产假的妇女

D. 以私营企业为由,不同意组建工会

5. 劳动争议调解委员会应由( )组成。

A. 职工代表   B. 企业代表

C. 企业工会代表   D. 上级工会代表

四、实训题

2024 年 6 月,安徽保姆周贷兰通过普陀区保姆中介所介绍,为上海市普陀区一户人家提供家政服务。2024 年 12 月 24 日,周贷兰去雇主家擦玻璃时,不慎失足从 4 楼摔了下去,医院诊断为:脾脏破裂,腰椎粉碎性骨折。医院立即实施手术,周贷兰的脾脏被切除,雇主为此支付了 2 万多元的医药费。但需再支付 4 万多元手术的费用,周贷兰方可摆脱终身瘫痪的危险。周贷兰本人无力支付,已经为其支付 2 万元医药费的雇主也表示难以为继。周贷兰通过法律援助向劳动争议仲裁委员会申请仲裁,要求普陀区保姆中介所承担赔偿责任。

请问:劳动争议仲裁委员会会受理此案吗?

五、思考题

1. 劳动法调整的劳动关系有什么特征?

2. 劳动合同与劳务合同有什么区别?

3. 劳动合同的必备条款有哪些?可备条款有哪些?

4. 简述用人单位对劳动合同单方解除的情形。

5. 简述劳动者对劳动合同单方解除的情形。

第十章
仲裁法与民事诉讼法律制度

知识目标

1. 了解仲裁法的概念、特征;掌握仲裁法的适用范围;掌握仲裁协议的成立生效与效力;熟悉仲裁程序。

2. 了解民事诉讼的不同规定与有关的民事执行程序;掌握我国民事审判组织与诉讼管辖的规定、诉讼参加人的具体内容;能够运用所学的法律知识和方法分析解决实际案例问题。

能力目标

1. 能够运用所学的法律知识和方法分析解决实际纠纷及相关问题。
2. 能够运用所学的法律订立仲裁协议。

导读案例

甲厂与乙公司签订了一份加工承揽合同,合同约定6个月后,甲厂将成品交给乙公司,乙公司在收货后1个月内付清款项。6个月后,甲厂按期将成品交付乙公司,但乙公司迟迟不付货款,拖欠货款近4个月。甲厂多次找乙公司请求其支付货款,并赔偿损失。乙公司认为甲厂加工的成品质量不合格,坚决不予支付货款。后双方经协商达成书面仲裁协议。7天后,甲厂向协议书约定的仲裁委员会申请仲裁,乙公司却向合同履行地人民法院提起诉讼,人民法院未予受理。

请思考

1. 本案中谁应受理此案?
2. 双方在纠纷发生后达成的书面仲裁协议是否成立?为什么?
3. 如果乙公司提出仲裁协议无效,应由谁来裁(决)定?

第一节 仲 裁 法

一、仲裁的概念及特征

(一)仲裁的概念

仲裁是解决争议的一种方式,即由双方当事人将发生的争议交付第三者居中评断是非,并作出裁决,该裁决对双方当事人均具有约束力。

(二)仲裁的特征

1. 专业性

仲裁案件大多是国内民商事纠纷,往往涉及复杂的法律和技术问题,各仲裁机构的仲裁员也多来自法律或经济领域有实际工作经验的专家,因此仲裁活动具有很强的专业性。

2. 灵活性

仲裁活动不如诉讼活动,程序要求非常严格,其许多环节都可以简化,灵活选择适用。

3. 保密性

仲裁案件以不公开审理为原则,除非当事人同意,案件内容一般不对外公开,不同于诉讼中的公开审理原则。

4. 快捷性

仲裁实行一裁终局制度,较之诉讼节省了许多时间,有利于迅速解决纠纷。

5. 经济性

经济性主要体现在:一是仲裁费用较为低廉;二是由于解决纠纷迅速,有助于降低当事人的仲裁成本;三是以仲裁方式解决争议,当事人之间往往较为平和,商业秘密不会公开,对当事人往后的商业机会影响较小。

二、我国仲裁法概述

法律驿站 10-1

我国法律、法规关于仲裁的规定

目前我国国内由各不同法律、法规规定的仲裁主要有民商事仲裁、劳动争议仲裁、人事争议仲裁(由各地出台地方规章来加以规范,主要适用于解决行政机关、事业单位、社会团体的公务员和在编人员与其任职单位之间的争议)、农村承包合同纠纷仲裁。

(一)我国仲裁法的适用范围

1. 对人的适用范围

其要求主要有:①申请仲裁的当事人必须在法律关系中享有平等的法律地位;②可以

是公民、法人和依法取得法定资格的其他组织；③可以是中国公民、法人和其他组织，也可以是外国公民、法人、其他组织和无国籍人。

2．对事的适用范围

根据《中华人民共和国仲裁法》（以下简称《仲裁法》）的规定，可以适用仲裁方式解决的民商事纠纷主要有：①各种民商事合同纠纷；②其他财产权益纠纷，主要指由侵权行为引发的损害赔偿等财产权益纠纷。

3．不适用的范围

不适用的范围主要有：①婚姻、收养、监护、扶养、继承纠纷；②依法应当由行政机关处理的行政争议。

4．可适用仲裁，但另有其他法律规定的纠纷

可适用仲裁，但另有其他法律规定的纠纷主要有：劳动争议和农村承包合同纠纷。前者由《劳动争议调解仲裁法》规范，后者由《中华人民共和国农村土地承包法》规范。

案例分析 10-1

下列争议可以适用仲裁方式解决的有哪些？并说明理由。

(1) 甲与乙之间因在婚前订有婚前财产协议书，后在离婚时对此发生了争议。

(2) 交警小王对违章司机小李出具了罚款 500 元的处罚决定书，小李不服气，觉得自己即便违章也不应罚 500 元而产生的纠纷。

(3) 小吴不小心把停在路边小陈的一辆电动车碰倒了，双方对小陈应赔偿的数额发生了争议。

(4) 李某去世后留有价值 50 万元的房屋财产，李某的子女因财产分割问题产生争议。

(二) 仲裁法的基本原则

1．公正及时原则

公正要求仲裁机关以事实为依据，严格依法公平合理地解决纠纷；及时要求仲裁机关迅速地解决争议，同时也要求当事人及时行使权利，促进市场经济有序运行。

2．自愿原则

自愿原则主要体现在：①是否适用仲裁方式解决争议由当事人自愿选择；②仲裁事项与仲裁程序解决由当事人自愿选择；③仲裁机构与仲裁员由当事人自愿选择；④仲裁程序进行过程中，是否和解或与对方达成调解协议由当事人自愿选择。

3．依法独立仲裁原则

仲裁机构依法仲裁，不受行政机关、社会团体和个人的干涉。

4．法院监督原则

法院主要对仲裁活动进行事后监督，主要表现为：一是法院有权依当事人申请，对仲裁裁决进行审查后依法作出撤销仲裁裁决的决定；二是法院有权依当事人的申请，对仲裁裁决进行审查后依法作出不予执行仲裁裁决的决定。

（三）仲裁的基本制度

1. 或裁或审制度

或裁或审制度即当事人在选择解决争议的方式时，只能在诉讼或仲裁中选择一种，选择了诉讼就不能仲裁；反之亦然。

2. 不公开审理制度

不公开审理制度即仲裁庭审理案件以不公开审理为原则。当事人对仲裁案件是否公开审理可通过协议进行选择，但涉及国家秘密的案件一律不公开审理。

3. 一裁终局制度

一裁终局制度即仲裁案件经仲裁机构审理完结后的一次裁决即告缔结，其裁决即发生法律效力，当事人不得再申请仲裁或提起诉讼。但当事人在仲裁庭作出裁决后可以申请人民法院撤销或不予执行仲裁裁决，如果裁决被撤销或不予执行，则允许当事人重新申请仲裁或起诉。

请大家上网查阅并思考：经济仲裁与诉讼的主要区别是什么？

三、仲裁机构

（一）仲裁委员会

根据我国《仲裁法》的规定，我国国内民商事争议的仲裁采用机构仲裁形式，即设立专门的仲裁委员会来审理当事人之间的民商事争议。

仲裁委员会是指依法设立，有权根据仲裁协议受理一定范围的合同或其他财产权益纠纷，进行裁决的机构。

1. 仲裁委员会的设立

仲裁委员会的设立和组建由人民政府组织有关部门和商会统一进行。其设置方法如下所述。

（1）在直辖市和省、自治区人民政府所在地的市设立，也可以根据需要在其他设区的市设立。

（2）不按行政区划层层设立，即各仲裁委员会相互独立，没有行政隶属关系，并独立于行政机关，其受理案件也没有地域管辖和级别管辖的规定。

（3）仲裁委员会设立后，应当经省、自治区、直辖市的司法行政部门登记。

2. 仲裁委员会的设立条件

仲裁委员会的设立条件具体有以下几项：

（1）有自己的名称、住所和章程。

（2）有必要的财产。

（3）有该委员会的组成人员。

（4）有聘任的仲裁员。

3. 仲裁委员会的组成人员

仲裁委员会的组成人员具体有以下三项：

（1）主任 1 人、副主任 2～4 人和委员 7～11 人。

（2）仲裁委员会的主任、副主任和委员由法律、经济贸易专家和有实际工作经验的人员担任。

（3）仲裁委员会的组成人员中，法律、经济贸易专家不得少于 2/3。

（二）仲裁员的资格条件

仲裁委员会应从公道正派的人员中聘任仲裁员，其应当符合下列条件之一。

（1）通过国家统一法律资格考试取得法律职业资格，从事仲裁工作满 8 年的。

（2）从事律师工作满 8 年的。

（3）曾任法官满 8 年的。

（4）从事法律研究、教学工作并且有高级职称的。

（5）具有法律知识、从事经济贸易等专业工作并具有高级职称或具有同等专业水平的。

仲裁员有专职和兼职之分，专职人员是被聘为仲裁员的仲裁委员会的工作人员，仲裁员大部分是兼职的。仲裁委员会应按不同专业确定仲裁员名册，供当事人选择。

案例分析 10-2

> 上海市某辖区成立自己的仲裁委员会，并选择了下列人员作为其仲裁员：①现任某律师事务所主任虞某，已做律师 9 年；②某仲裁委员会的主任王某，其大学毕业时在某大学任数学教师，后从事仲裁工作 6 年；③曾做过 4 年法官，后在某律师事务所担任律师工作 5 年的赵律师；④某大学英语教授钱某；⑤某大学法学院教授吴某。
>
> **请问**
>
> 这些人员担任仲裁员有没有问题？为什么？

（三）仲裁规则

根据《仲裁法》，目前我国仲裁委员会仲裁规则的制定分两种情况：①国内仲裁机构的仲裁规则由仲裁协会统一制定，在我国仲裁协会制定仲裁规则前，各仲裁委员会可以依照《仲裁法》和《民事诉讼法》的有关规定制定仲裁暂行规则；②涉外仲裁规则由中国国际商会依照《仲裁法》和《民事诉讼法》的有关规定制定。

仲裁规则的主要内容一般应包括：仲裁管辖、仲裁组织，仲裁申请和答辩，反请求程序，仲裁庭组成程序，审理程序，裁决程序，以及在相应程序中仲裁委员会、仲裁员和当事人的权利和义务，等等。

小思考 10-2

> 有人说，仲裁规则在某些仲裁活动中可以由当事人自行拟定，你认为这种说法对吗？为什么？

四、仲裁协议与仲裁程序

(一) 仲裁协议

仲裁协议是双方当事人自愿将其间可能发生或已经发生的争议提交仲裁机构裁决解决的协议。

1. 仲裁协议的形式

根据《仲裁法》,当事人订立仲裁协议必须采用书面形式,不承认口头和默示仲裁协议。当事人可在纠纷发生前或纠纷发生后达成这一协议。其具体形式有以下几种:

(1) 仲裁条款。即当事人在订立合同时,在合同中写明将来发生的哪些争议可由哪个仲裁机构解决,它是合同的组成部分,属于解决争议的条款。其效力独立于合同其他条款,当合同无效时,不影响这一条款的效力。

(2) 仲裁协议书。当事人在合同外另行订立的愿意将争议提交仲裁的书面协议。

(3) 其他补充文件中载明的仲裁协议。例如,在民商事往来中的信函、电传、电报及其他书面材料中载明的有关仲裁的内容。

2. 仲裁协议的内容

根据《仲裁法》,仲裁协议应当具备的内容有以下几项:

(1) 请求仲裁的意思表示。即当事人愿意将纠纷提交仲裁解决的明确表示。

(2) 仲裁事项。即当事人约定仲裁解决的纠纷范围,可以是全部争议,也可以是部分争议。

(3) 选定的仲裁委员会。即当事人应在仲裁协议中明确解决争议的仲裁机构,其这一选择权不受地域、级别的限制。

3. 仲裁协议的成立生效与效力

(1) 仲裁协议的成立生效。其成立生效与其他合同大致相同,要求当事人具有缔约能力、意思表示真实及协议必须具有合法形式以下,其还要求协议仲裁的内容必须具有可仲裁性,即必须是《仲裁法》规定的可以用仲裁方式解决的纠纷,才可约定仲裁。

无效的仲裁协议是欠缺仲裁协议生效要件的协议,其主要有:①约定的仲裁事项超出法律规定的仲裁范围的;②无民事行为能力人或者限制民事行为能力人订立的仲裁协议;③一方采取胁迫手段,迫使对方订立仲裁协议的。

(2) 仲裁协议的效力。其主要体现在:①对当事人的约束力。即当事人约定了仲裁协议后,其就丧失了这些仲裁解决的争议向法院提起诉讼的权利。另外,其选择了仲裁解决争议,因此其必须接受仲裁裁决的约定力和自觉履行仲裁裁决的义务。②对仲裁机构的效力。仲裁机构因仲裁协议而取得了对当事人之间争议进行裁决的权利,有效的仲裁协议是当事人授予仲裁机构仲裁权的法定文件。③对人民法院的效力。仲裁协议具有排除人民法院对约定仲裁事项管辖权的效力,同时有效的仲裁协议还赋予一方当事人在对方当事人履行仲裁裁决时,其可请求人民法院进行强制执行的效力。

(3) 仲裁协议效力的确认机构。当事人对仲裁协议的效力有异议的,可以请求仲裁委员会作出决定或者请求人民法院作出裁定。一方请求仲裁委员会作出决定;另一方请求人民法院作出裁定的,由人民法院裁定。

当事人对仲裁协议的效力有异议,应当在仲裁庭首次开庭前提出。

案例分析 10-3

> 甲公司与乙公司签订了一份合资建设高尔夫球场的合同,该合同没有订立仲裁条款。后双方因履行合同发生争议。甲公司向乙公司致函称:"我们将诉诸法律,向仲裁机构或法院提出仲裁或诉讼。"乙公司未作任何表示。甲公司随即向仲裁机构递交了仲裁申请,而乙公司则直接向法院提起诉讼。
>
> **请问**
> 本案将如何处理?

(二) 仲裁程序

1. 仲裁的申请

当事人请求仲裁应当符合下列条件:

(1) 有仲裁协议。

(2) 有具体的仲裁请求和事实、理由。

(3) 属于仲裁委员会的受理范围。

当事人申请仲裁,应当向仲裁委员会递交仲裁协议、仲裁申请书及副本。仲裁申请书应当载明下列事项:①当事人的姓名、性别、年龄、职业、工作单位和住所,法人或者其他组织的名称、住所和法定代表人或者主要负责人的姓名、职务;②仲裁请求和所根据的事实、理由;③证据和证据来源、证人姓名和住所。

2. 仲裁受理

仲裁委员会收到当事人提交的仲裁申请书之日起 5 日内,认为符合受理条件的,应当受理,并通知当事人;认为不符合受理条件的,应当书面通知当事人不予受理,并说明理由。

仲裁委员会受理仲裁申请后,应当在仲裁规则规定的期限内将仲裁规则和仲裁员名册送达申请人,并将仲裁申请书副本和仲裁规则、仲裁员名册送达被申请人。

被申请人收到仲裁申请书副本后,应当在仲裁规则规定的期限内向仲裁委员会提交答辩书。仲裁委员会收到答辩书后,应当在仲裁规则规定的期限内将答辩书副本送达申请人。被申请人未提交答辩书的,不影响仲裁程序的进行。

3. 组成仲裁庭

当事人应当在仲裁规则规定的期限内约定仲裁庭形式,没有约定的,则由仲裁委员会指定。仲裁庭的形式主要有以下两项:

(1) 独任庭。即由 1 名仲裁员组成仲裁庭。当事人约定由 1 名仲裁员成立仲裁庭的,应当由当事人在仲裁规则规定的期限内共同选定或者共同委托仲裁委员会主任指定仲裁员。

(2) 合议庭。即由 3 名仲裁员组成仲裁庭。当事人约定由 3 名仲裁员组成仲裁庭的,应当在仲裁规则规定的时间内各自选定或者各自委托仲裁委员会主任指定 1 名仲裁员,第三名仲裁员由当事人共同选定或者共同委托仲裁委员会主任指定。第三名仲裁员是首席仲裁员。

仲裁庭组成后,仲裁委员会应当将仲裁庭的组成情况书面通知当事人。

4.仲裁员的回避

仲裁员的回避主要有两种:一是仲裁员自行回避;二是当事人申请仲裁员回避。

(1)仲裁员须回避的情形。根据《仲裁法》,仲裁员有下列情形之一的,必须自行回避,当事人也有权提出回避申请:一是本案当事人或者当事人、代理人的近亲属;二是与本案有利害关系的;三是与本案当事人、代理人有其他关系,可能影响公正仲裁的;四是私自会见当事人、代理人,或者接受当事人、代理人的请客送礼的。

(2)当事人申请仲裁员回避的期限。当事人提出回避申请,应当说明理由,在首次开庭前提出。回避事由在首次开庭后知道的,可以在最后一次开庭终结前提出。

(3)仲裁员回避的决定。仲裁员是否回避,由仲裁委员会主任决定;仲裁委员会主任担任仲裁员时,由仲裁委员会集体决定。

(4)仲裁员回避的法律后果。其主要有:一是仲裁员因回避或者其他原因不能履行职责的,应当依照《仲裁法》规定重新选定或者指定仲裁员。二是因回避而重新选定或者指定仲裁员后,当事人可以请求已进行的仲裁程序重新进行,是否准许,由仲裁庭决定;仲裁庭也可以自行决定已进行的仲裁程序是否重新进行。

案例分析 10-4

> 江苏省华夏电器公司与北京某灯具商场签订了购销节能器材的合同,合同约定由灯具商场到华夏电器公司提货,但提货前应当预付货款。双方同时约定:如果发生纠纷,应当提交某市仲裁委员会仲裁。灯具商场在提货时发现全部节能器材均有严重的质量问题,提出赔偿损失的要求,双方协商未果。灯具商场向仲裁委员会申请仲裁,灯具商场提出申请的时间是8月18日,仲裁委员会于8月28日受理此案,并决定由3名仲裁员组成合议庭。灯具商场作为申请方选定了1名仲裁员,并委托仲裁委员会主任指定了首席仲裁员,华夏电器公司选定了1名仲裁员。灯具商场的上级公司也在某市,其所选任的仲裁员与公司签订有常年法律顾问合同。此3名仲裁员公开对此案进行了开庭仲裁。
>
> **请问**
>
> 仲裁委员会在程序上有无不当之处?请指出并说明理由。

5.开庭和裁决

(1)财产保全。仲裁过程中的财产保全是一方当事人因另一方当事人的行为或者其他原因,可能使裁决不能执行或者难以执行的,可以申请财产保全。①申请财产保全的时间。当事人可在申请仲裁时同时提出申请财产保全,也可在仲裁裁决作出前任何时间提出申请。②财产保全的决定与执行。当事人申请财产保全,应当向仲裁委员会递交申请,再由其将申请提交被申请人住所地或财产所在地的基层人民法院,由该人民法院作出是否采取财产保全措施的决定,并予以执行。

小思考 10-3

如果争议采用仲裁方式解决的,当事人能否直接向法院申请财产保全?为什么?如果其向仲裁委员会提出,仲裁委员会能否自行采取保全措施?为什么?

(2)开庭前的准备工作。①仲裁庭审理方式。开庭是在当事人及其他参与人的参加下,由仲裁庭主持对案件进行仲裁的活动。仲裁庭对案件的审理有两种方式:一是开庭审理。以开庭不公开审理为原则,即仲裁庭对争议案件应择日开庭审理,但通常情况下采取不公开审理方式,案外人不得旁听;以开庭公开审理为例外,即当事人协议公开开庭的,仲裁庭认为有必要时,可以公开开庭。但案件涉及国家秘密的,仲裁不能公开进行。对于不公开审理的仲裁案件,仲裁员、仲裁委员会的工作人员和其他仲裁参与人均不得向外界透露案件实体和程序进行的情况。二是不开庭审理。即当事人协议不开庭的,仲裁庭可以根据仲裁申请书、答辩书以及其他材料作出裁决。②开庭通知。仲裁委员会应当在仲裁规则规定的期限内将开庭日期通知双方当事人。当事人有正当理由的,可以在仲裁规则规定的期限内请求延期开庭。是否延期,由仲裁庭决定。申请人经书面通知,无正当理由不到庭或者未经仲裁庭许可中途退庭的,可以视为撤回仲裁申请。被申请人经书面通知,无正当理由不到庭或者未经仲裁庭许可中途退庭的,可以缺席裁决。③开庭程序。仲裁庭开庭程序比较灵活,一般经过调查、辩论、当事人最后陈述、调解、评议和裁决几个阶段。仲裁员可以根据需要及当事人意愿选择适用。

 小思考 10-4

仲裁过程中的和解与调解有什么不同?

(3)仲裁裁决。仲裁裁决应当按照多数仲裁员的意见作出,少数仲裁员的不同意见可以记入笔录。仲裁庭不能形成多数意见时,裁决应当按照首席仲裁员的意见作出。仲裁裁决书由仲裁员签名,加盖仲裁委员会印章。对裁决持不同意见的仲裁员,可以签名,也可以不签名。仲裁庭仲裁纠纷时,其中一部分事实已经清楚,可以就该部分先行裁决。裁决书自作出之日起发生法律效力。

五、仲裁裁决的撤销和不予执行

(一)仲裁裁决的撤销

1. 申请撤销仲裁裁决的条件

根据《仲裁法》,申请撤销仲裁裁决必须符合下列条件:

(1)提出申请的主体必须是当事人,包括仲裁申请人与被申请人。

(2)请求撤销仲裁裁决的申请必须向仲裁委员会所在地的中级人民法院提出。

(3)当事人申请撤销仲裁裁决,应当自收到仲裁裁决书之日起 6 个月内提出。

(4)当事人申请撤销仲裁裁决必须有证据证明裁决有法律规定的应予撤销的情形。

2. 申请撤销仲裁裁决的法定事由

申请撤销仲裁裁决的法定事由有以下几项：

（1）没有仲裁协议的。

（2）裁决的事项不属于仲裁协议的范围或者仲裁委员会无权仲裁的。

（3）仲裁庭的组成或者仲裁的程序违反法定程序的。

（4）裁决所根据的证据是伪造的。

（5）对方当事人隐瞒了足以影响公正裁决的证据的。

（6）仲裁员在仲裁该案时有索贿受贿，徇私舞弊，枉法裁决行为的。

（7）仲裁裁决违背社会公共利益的。

案例分析 10-5

> 居民甲与居民乙因房屋买卖纠纷将案件提交给南京仲裁委员会仲裁，双方的争议主要是因房屋交付时的价格问题产生不同意见。其中甲认为以房屋买卖时合同生效的价格为准；乙认为以房屋交付时的价格为准。双方约定的仲裁协议将此争议列为仲裁事项。同时在仲裁过程中居民乙为了获胜，请3名仲裁员中的2名吃饭并送了礼。最后仲裁裁决的结果是甲输了，甲对此不服向法院提出撤销仲裁裁决。
>
> **请问**
>
> 法院应如处理该案？

3. 法院对撤销仲裁裁决申请的处理

人民法院应当在受理申请后的2个月内作出裁定，其裁决主要分以下两种情况：

（1）裁定驳回申请。人民法院经过审查发现仲裁裁决不具备法定撤销事由的，应作出驳回申请的裁定。

（2）裁定撤销仲裁裁决。人民法院经过审查发现仲裁裁决存在法律、法规规定的撤销事由的，应裁定撤销仲裁裁决。但人民法院如果在受理申请发现存在法定撤销事由后，认为可以由仲裁庭重新仲裁的，通知仲裁庭在一定期限内重新仲裁，并裁定中止撤销程序。但如果仲裁庭拒绝重新仲裁的，人民法院应当裁定恢复撤销程序，并及时作出撤销仲裁裁决的裁定。

小思考 10-5

人民法院要求仲裁庭进行重新仲裁，仲裁庭是否一定要进行重新仲裁？为什么？

（二）仲裁裁决的不予执行

人民法院对当事人提出的请求执行仲裁裁决的申请进行审查时，被申请人提供证据证明仲裁裁决有下列情形的，人民法院应组成合议庭进行审查核实，裁定不予执行：

（1）当事人在合同中没有订有仲裁条款或者事后没有达成书面仲裁协议的。

（2）裁决的事项不属于仲裁协议的范围或者仲裁机构无权仲裁的。

（3）仲裁庭的组成或者仲裁的程序违反法定程序的。

（4）裁决所根据的证据是伪造的。

（5）对方当事人向仲裁机构隐瞒了足以影响公正裁决的证据的。

（6）仲裁员在仲裁该案时有贪污受贿,徇私舞弊,枉法裁决行为的。

（7）执行该裁决违背社会公共利益的。

法律驿站 10-2

　　一方当事人申请执行仲裁裁决,另一方当事人申请撤销仲裁裁决,受理执行申请的人民法院应当中止执行程序,而由受理撤销申请的人民法院对撤销申请进行审查。如果审查结果是裁决撤销,则终止执行程序;反之,则恢复执行程序。

不予执行裁定书应当送达双方当事人和仲裁机构。仲裁裁决被人民法院裁定不予执行的,当事人可以根据双方达成的书面仲裁协议重新申请仲裁,也可以向人民法院起诉。

第二节　民事诉讼法

一、民事诉讼的概念和特征

（一）民事诉讼的概念

民事诉讼是指受理案件的人民法院在双方当事人和其他诉讼参与人的参加下,审理和解决民事、经济纠纷案件和法律规定应由人民法院审理的特殊案件的活动,以及由于这些活动所产生的彼此之间的诉讼法律关系的总和。

《民事诉讼法》是人民法院处理民事纠纷所依据的程序法。根据 2023 年 9 月 1 日第十四届全国人民代表大会常务委员会第五次会议《关于修改〈中华人民共和国民事诉讼法〉的决定》第五次修正,自 2024 年 1 月 1 日起施行。

凡人民法院受理的、在中华人民共和国领域内进行的公民之间、法人之间、其他组织之间以及他们相互之间因财产关系和人身关系提起的民事诉讼,全部适用《民事诉讼法》。外国人、无国籍人、外国企业和组织在人民法院起诉、应诉,同中国公民、法人和其他组织有同等的诉讼权利和义务。

（二）民事诉讼的主要特征

1. 民事诉讼具有公权性

民事诉讼是以司法方式解决平等主体之间的纠纷,是由法院代表国家行使审判权解决民事争议。

2. 民事诉讼具有强制性

民事诉讼的强制性既表现在案件的受理上,又反映在裁判的执行上。一方面,只要原告起诉符合《民事诉讼法》规定的条件,无论被告是否愿意,诉讼均会发生。另一方面,当事人不自动履行生效裁判所确定的义务,法院可以依法强制执行。

3. 民事诉讼具有程序性

民事诉讼是依照法定程序进行的诉讼活动,无论是法院还是当事人和其他诉讼参与人,都需要按照《民事诉讼法》设定的程序实施诉讼行为,违反诉讼程序常常会引起一定的法律后果。

 小思考 10-6

如果最高人民法院的司法解释与《民事诉讼法》不同,法院在适用时应遵循哪一个法律规定? 为什么?

二、民事诉讼法的基本原则

(1) 民事案件的审判权由人民法院行使。人民法院依照法律规定对民事案件独立进行审判,不受行政机关、社会团体和个人的干涉。

(2) 以事实为根据,以法律为准绳。即实事求是,按照客观事物的本来面目去认识和反映事实真相;处理民事案件,要严格依法办事,以法律为评判是非的标准。

(3) 当事人诉讼权利平等。即民事诉讼当事人有平等的诉讼权利。人民法院审理民事案件,应当保障和便利当事人行使诉讼权利,对当事人在适用法律上一律平等。

(4) 调解原则。即人民法院审理民事案件,应当根据自愿和合法的原则进行调解;调解不成的,应当及时判决。

(5) 辩论原则。人民法院审理民事案件时,当事人有权进行辩论,辩论包括口头辩论与书面辩论。

(6) 处分原则。即当事人有权在法律规定的范围内处分自己的民事权利和诉讼权利。

我国《民事诉讼法》除了规定上述原则外,还有用本民族的文字语言进行诉讼的原则,检察院对审判活动进行法律监督的原则,支持起诉原则等。

三、民事审判组织与诉讼管辖

(一) 民事审判组织

我国法院体系由普通法院和专门法院组成,普通法院通常分为最高人民法院、高级人民法院、中级人民法院和基层人民法院四级;专门法院主要有铁路运输法院、森林法院、海事法院、军事法院。专门法院相当普通法院中的中级人民法院。

我国法院实行四级二审制,即一件民商事案件经过二级法院的审理,即为终局。在普通和专门法院中为了审理民事和经济案件,都设有民事审判庭和经济审判庭。各级法院中进行民事、经济案件审理的审判组织形式主要有以下两种:

(1) 独任制。适用独任制的人民法院只限于基层人民法院和它的派出法庭,适用于采用简易程序审理的事实清楚、权利和义务关系明确、争议不大的简单民事、经济案件,并且只适用于第一审程序。

(2) 合议制。合议制是由 3 名以上的审判人员组成合议庭来审判民事案件的集体审判组织。合议庭有以下特点:①必须由 3 人以上组成;②组成人数必须是单数;③担任合议庭审判长的人员必须具有审判员职务。

在民事案件第一审时合议庭可以全部由审判员组成,也可以由审判员与陪审员组成;在第二审时,只能由审判员组成;再审时则要依该案件是按第一审程序进行再审,还是按第二审程序进行再审,来定合议庭的组成办法。

法律驿站 10-3

当人民法院院长或庭长参加案件审理,成为合议庭组成人员时,应由院长或庭长担任合议庭的审判长。

(二) 诉讼管辖

诉讼管辖是指各级人民法院之间以及各级人民法院之间受理第一审民事案件的权限和分工。

1. 法定管辖

这是由法律明确划分各级人民法院之间或同级法院之间受理第一审民事案件的权限和分工。

1) 级别管辖

根据《民事诉讼法》,其具体规定如下:最高人民法院管辖在全国有重大影响的案件、最高人民法院认为应当由本院审理的案件。高级人民法院管辖在本辖区有重大影响的第一审民事案件。中级人民法院管辖下列第一审民事案件:一是重大涉外案件(包括争议标的额大或案情复杂或居住在国外的当事人人数众多的涉外案件);二是在本辖区有重大影响的案件;三是最高人民法院确定由中级人民法院管辖的案件,如专利纠纷案件。基层人民法院管辖除《民事诉讼法》另有规定以外的所有第一审民事案件。

2) 地域管辖

我国《民事诉讼法》将地域管辖分为以下四种:

(1) 一般地域管辖,即一般情况下,案件应由被告住所地法院管辖,但被告住所地与经常居住地不一致的,由经常居住地法院管辖。同一诉讼的几个被告住所地、经常居住地在两个以上人民法院辖区的,各辖区人民法院都有管辖权。

法律驿站 10-4

下列民事诉讼由原告住所地人民法院管辖

原告住所地与经常居住地不一致的,由原告经常居住地人民法院管辖。
(1) 对不在中华人民共和国领域内居住的人提起的有关身份关系的诉讼。
(2) 对下落不明或者宣告失踪的人提起的有关身份关系的诉讼。
(3) 对被采取强制性教育措施的人提起的诉讼。
(4) 对被监禁的人提起的诉讼。

（2）特殊地域管辖。根据《民事诉讼法》，其主要规定如下：①因合同纠纷提起的诉讼，由被告住所地或者合同履行地人民法院管辖；②因保险合同纠纷提起的诉讼，由被告住所地或者保险标的物所在地人民法院管辖；③因票据纠纷提起的诉讼，由票据支付地或者被告住所地人民法院管辖；④因铁路、公路、水上、航空运输和联合运输合同纠纷提起的诉讼，由运输始发地、目的地或者被告住所地人民法院管辖；⑤因侵权行为提起的诉讼，由侵权行为地或者被告住所地人民法院管辖；⑥因铁路、公路、水上和航空事故请求损害赔偿提起的诉讼，由事故发生地或者车辆、船舶最先到达地、航空器最先降落地或者被告住所地人民法院管辖；⑦因公司设立、确认股东资格、分配利润、解散等纠纷提起的诉讼，由公司住所地人民法院管辖。

（3）专属管辖，即法律规定某些案件专门由规定的法院管辖，其他法院均无管辖权。其具体有：因不动产纠纷提起的诉讼，由不动产所在地人民法院管辖；因港口作业中发生纠纷提起的诉讼，由港口所在地人民法院管辖；因继承遗产纠纷提起的诉讼，由被继承人死亡时住所地或者主要遗产所在地人民法院管辖。

（4）协议管辖。合同或者其他财产权益纠纷的当事人可以书面协议选择被告住所地、合同履行地、合同签订地、原告住所地、标的物所在地等与争议有实际联系的地点的人民法院管辖，但不得违反该法对级别管辖和专属管辖的规定。

另外，因涉外民事纠纷，对在中华人民共和国领域内没有住所的被告提起除身份关系以外的诉讼，如果合同签订地、合同履行地、诉讼标的物所在地、可供扣押财产所在地、侵权行为地、代表机构住所地位于中华人民共和国领域内的，可以由合同签订地、合同履行地、诉讼标的物所在地、可供扣押财产所在地、侵权行为地、代表机构住所地人民法院管辖。涉外民事纠纷的当事人书面协议选择人民法院管辖的，可以由人民法院管辖。当事人未提出管辖异议，并应诉答辩或者提出反诉的，视为人民法院有管辖权。

下列民事案件，由人民法院专属管辖：①因在中华人民共和国领域内设立的法人或者其他组织的设立、解散、清算，以及该法人或者其他组织作出的决议的效力等纠纷提起的诉讼；②因与在中华人民共和国领域内审查授予的知识产权的有效性有关的纠纷提起的诉讼；③因在中华人民共和国领域内履行中外合资经营企业合同、中外合作经营企业合同、中外合作勘探开发自然资源合同发生纠纷提起的诉讼。

2. 裁定管辖

这是由人民法院依据其审判职权来确定管辖法院。其主要分为以下三种情况：

（1）移送管辖。即法院对已受理的民事案件，发现自己无管辖权时，依法定程序将其移交给有管辖权的法院审理。但如果受移送的人民法院认为受移送的案件依照规定不属于本院管辖的，应当报请上级人民法院指定管辖，不得再自行移送。

（2）指定管辖。即上级法院通过裁定方式确定下级法院对案件的管辖。采用指定管辖的情况主要有两种：一是由于特殊原因，有管辖权的法院不能行使管辖权；二是法院之间对管辖权发生了争议，又无法协商解决，则由其共同的上级法院指定管辖。

（3）管辖权的转移。即经上级人民法院的决定或同意，将下级人民法院某一案件的管辖权转移给上级人民法院，由上级法院审理本应由下级法院审理的民事案件；或者将上级人民法院某一案件的管辖权转移给下级人民法院，由下级法院审理本应由上级法院审理的民事案件。

案例分析 10-6

锦江县、龙口县、华阳县均为南武市的市辖县,属 G 省。锦江县东方化工厂与龙口县生资公司在华阳县签订了一份化肥购销合同,合同约定由东方化工厂将货物送至龙口县生资公司,现当事人同意协议约定该合同发生纠纷的管辖法院。

请问

依照我国法律规定,可以约定哪些法院管辖?

四、诉讼参加人与诉讼证据

(一) 诉讼参加人

1. 当事人

1) 当事人的概念及其范围

当事人是指因他人发生民商事纠纷而以自己的名义进行诉讼,并受人民法院裁判拘束的利害关系人。广义的当事人包括:原告、被告、共同诉讼人、诉讼代表人、第三人;狭义的当事人专指原告和被告。

2) 当事人的诉讼权利能力和诉讼行为能力

当事人的诉讼权利能力是指当事人能够以自己名义进行诉讼的法律资格;当事人的诉讼行为能力则是指当事人能够以自己的行为实现诉讼权利和履行诉讼义务的能力。

在民事诉讼中,只有具备完全民事行为能力人或视作完全民事行为能力人才具有诉讼权利能力和诉讼行为能力。因此只有 18 周岁以上智力正常的成年人或 16 周岁以上不满 18 周岁以自己的劳动收入为主要生活来源的自然人、依法设立的法人和其他组织,才具有诉讼权利能力和行为能力。

3) 当事人诉讼权利和义务的承担

这是在诉讼过程中,由于发生了某种情况,原一方当事人的诉讼权利和义务转移给另一个案外人,使其成为新的当事人接替原当事人继续进行诉讼。例如,合同纠纷诉讼中,作为当事人的某公司并入另一公司而由该公司代替某公司继续进行诉讼的行为。

2. 原告与被告

原告是以自己的名义,为了保护自己的民事权益,向人民法院提起诉讼,而引起民事诉讼程序发生的人;被告是因原告向人民法院控告他侵害了其合法权益或对某项民事权益发生了争议,而被人民法院传唤应诉的人。

3. 共同诉讼人

共同诉讼是指当事人一方或双方为 2 人以上的诉讼。共同诉讼中原告为 2 人以上的为共同原告;被告为 2 人以上的为共同被告。

共同诉讼为诉讼主体的合并,即不同诉讼主体,就同一事件或同类事件共同进行的诉讼。

根据共同诉讼成立的条件不同,可以分为以下两种:

(1) 必要的共同诉讼。即当事人一方或双方为 2 人以上,且诉讼标的是共同的,人民法院必须合并审理的诉讼,也称为不可分之诉。

（2）普通的共同诉讼。即当事人一方或双方为 2 人以上,其诉讼标的是同一类的,人民法院认为可以合并审理并经当事人同意的共同诉讼,也称为可分之诉。

案例分析 10-7

甲、乙共同共有一处位于丙、丁隔壁的房产。因重新修建房屋需要,东边的丙和西边的丁拆毁自家的房屋时,砖瓦都砸到甲、乙共有的房屋,并造成房屋损坏。现在甲、乙向丙、丁提起侵权之诉。

请问

该诉讼是否构成共同诉讼? 若构成,则构成何种共同诉讼?

4. 诉讼代表人

诉讼代表人是指在当事人一方人数众多的共同诉讼中,由当事人推选的代表全体当事人为诉讼行为进行诉讼活动的人。这种当事人一方人数众多（一般指 10 人以上）的共同诉讼,称为代表人诉讼或群体诉讼,其与共同诉讼一样有两种情况:一是诉讼标的是共同的,为必要的共同诉讼中的群体诉讼;二是诉讼标的是同一类的,为普通的共同诉讼中的群体诉讼。

诉讼代表人的产生因诉讼当事人之间的关系及情形不同而有所区别,主要可分为以下两种:

（1）当事人一方人数众多且在起诉时人数确定的,可由当事人（全体或部分）推选代表人进行诉讼。推选不出代表人的当事人,在必要的共同诉讼场合可以自己参加诉讼,在普通的共同诉讼的场合可以另行起诉。

（2）当事人一方人数众多且在起诉时人数不确定的,可由向法院登记的当事人推选代表人进行诉讼。推选不出的,由法院与参加登记的当事人商定代表人,协商不成的,也可以由人民法院在起诉的当事人中指定代表人。

代表人的诉讼行为对其所代表的当事人发生效力,但代表人变更、放弃诉讼请求或者承认对方当事人的诉讼请求,进行和解,必须经被代表的当事人同意。

人民法院对代表人诉讼案件所作的判决、裁定,对该案代表的全体当事人均发生法律效力。不仅对参加该案登记的权利人生效,同时也适用于未参加登记但在诉讼时效期间内陆续向人民法院起诉的权利人。

5. 第三人

第三人是指对他人之间的诉讼标的有独立的请求权,或虽无独立请求权,但案件的处理结果与其有法律上的利害关系,因而参加到他人之间已经开始的诉讼中去,以维护自己合法权益的人。

根据第三人参加诉讼的根据、目的、方式及其在诉讼中的地位不同,可以将第三人分为以下两种:

（1）有独立请求权的第三人。即对原告、被告间所争议的诉讼标的主张自己有全部或部分的实体权利,而参加到原告与被告正在进行的诉讼程序之中,提出独立的诉讼请求的人。有独立请求权的第三人,在终审结案前的任何阶段都可以以起诉的方式,参加到原、被告正在进行的诉讼中,其诉讼地位同原告,享有原告的诉讼权利,承担原告的诉讼义务。

有独立请求权的第三人提起的诉讼是一种参加诉讼,对法院的管辖权不能提出异议。

(2)无独立请求权的第三人。即对当事人之间所争议的诉讼标的,不主张独立的实体权利,只是因为案件的处理结果与其有法律上的利害关系,为保护自己的合法利益,而参加到当事人之间正在进行的诉讼中去的第三方面人。如果该第三方面人与原、被告之间的诉讼结果仅有事实上、道德上、情感上或名誉上的利害关系,而无直接影响其在法律关系中的权利和义务,则其不能作为参加诉讼的证据。

小思考 10-7

无独立请求权的第三人与证人有什么区别?

无独立请求权的第三人在诉讼中无独立的地位,只能依附于一方当事人,通过支持一方当事人的主张或请求,来达到维护自己合法利益的目的。但如果法院判决无独立请求权的第三人承担民事责任,则其可以享有当事人的诉讼权利,承担相应的诉讼义务,有权提起上诉。

案例分析 10-8

王某与周某签订房屋买卖合同,王某将其所居住的房屋卖给周某,后来因房屋质量发生纠纷,王某起诉到法院。在法庭开庭完毕,休庭准备判决时,赵某得知这项诉讼,遂到法院要求参加诉讼,主张王某所卖房屋是其所有。

请问

此时法院应如何处理?

6. 诉讼代理人

诉讼代理人是以被代理人的名义,在法律规定或当事人授予的权限范围内,为保护被代理人的利益,代为实施诉讼行为的人。其主要分为法定代理人和委托代理人两种。

无诉讼行为能力人由他的监护人作为法定代理人代为诉讼。法定代理人之间互相推诿代理责任的,由人民法院指定其中一人代为诉讼。

当事人、法定代理人可以委托1~2人作为诉讼代理人。

下列人员可以被委托为诉讼代理人。

(1)律师、基层法律服务工作者。

(2)当事人的近亲属或者工作人员。

(3)当事人所在社区、单位以及有关社会团体推荐的公民。

委托他人代为诉讼,必须向人民法院提交由委托人签名或者盖章的授权委托书。授权委托书必须记明委托事项和权限。诉讼代理人代为承认、放弃、变更诉讼请求,进行和解,提起反诉或者上诉,必须有委托人的特别授权。

代理诉讼的律师和其他诉讼代理人有权调查收集证据,可以查阅本案有关材料。

(二)诉讼证据

1. 诉讼证据的概念、特点和种类

诉讼证据是人民法院审理民事案件时,依法提取的能够证明案件真实情况的客观事实。其应具备以下特征:一是客观性,即证据所证明的事实应是客观存在的事实;二是关联性,即证据证明的事实必须是与案件事实有关联的事实;三是合法性,即证据必须是法律允许的,通过法定程序提取的事实。

根据《民事诉讼法》的规定,民事诉讼证据主要可分为:①当事人的陈述;②书证;③物证;④视听资料;⑤电子数据;⑥证人证言;⑦鉴定意见;⑧勘验笔录。

证据必须查证属实,才能作为认定事实的根据。

2. 诉讼证据的取得

诉讼证据的取得主要有以下两种方式:

(1)当事人通过承担举证责任向法院提供。举证责任是当事人在诉讼中对自己提出的主张,负有提供证据,以证明其真实的责任。一般情况下,法院采取谁主张、谁举证的原则,即当事人只要提出了某一特定事实,就要承担证明该主张成立的责任。

但在特定场合,也可能出现当事人对自己提出事实应负的举证责任,由对方承担的情形,这称为举证责任的倒置。

(2)人民法院调查、收集证据。当事人及其诉讼代理人因客观原因不能自行收集的证据,或者人民法院认为审理案件需要的证据,人民法院应当调查收集。

法律驿站 10-5

你知道举证责任的含义吗

在我国,举证责任通常有以下几个含义:一是当事人对自己所主张的事实应当提供证据;二是当事人所提供的证据,应当能够证明其主张具有真实性;三是当事人对其主张不能提供证据,或所提供证据不能证明其主张具有真实性时,可能承受对其不利的裁判。因此不能认为当事人提供了证据材料,就完成了法定的举证责任,就完全摆脱了风险。

3. 诉讼证据的审查与判断

(1)诉讼证据的审查是人民法院在诉讼参与人的参加下,对所取得的证据进行查证、鉴别,以确定其真伪的诉讼活动。

人民法院审查证据必须在诉讼参与人的参加下开庭进行。证据必须查证属实,才能作为认定事实的根据。

(2)诉讼证据的判断是人民法院在判明证据的真实性、合法性的基础上,确认证据证明力的诉讼活动。其直接关系到法院对事实的认定,并影响到裁判的正确性,决定当事人的胜诉与败诉。

五、民事审判程序与执行程序

（一）民事审判程序

1. 第一审程序

1）普通程序

（1）起诉与受理。当事人向人民法院起诉必须符合下列条件：一是原告是与本案有直接利害关系的公民、法人和其他组织；二是有明确的被告；三是有具体的诉讼请求和事实、理由；四是属于人民法院受理民事诉讼的范围和受诉人民法院管辖。

当事人起诉应当向人民法院递交起诉状，并按照被告人数提出副本。书写起诉状确有困难的，可以口头起诉，由人民法院记入笔录，并告知对方当事人。人民法院收到起诉状或者口头起诉，经审查，认为符合起诉条件的，应当在 7 日内立案，并通知当事人；认为不符合起诉条件的，应当在 7 日内裁定不予受理；原告对裁定不服的，可以提起上诉。

（2）审理前的准备。其主要工作有：一是人民法院应当在立案之日起 5 日内将起诉状副本发送被告，被告在收到之日起 15 日内提出答辩状。被告提出答辩状的，人民法院应当在收到之日起 5 日内将答辩状副本发送原告。被告不提出答辩状的，不影响人民法院审理。二是人民法院对决定受理的案件，应当在受理案件通知书和应诉通知书中向当事人告知有关的诉讼权利和义务，或者口头告知。三是合议庭组成人员确定后，应当在 3 日内告知当事人。四是审判人员必须认真审核诉讼材料，调查收集必要的证据。五是必须共同进行诉讼的当事人没有参加诉讼的，人民法院应当通知其参加诉讼。

（3）开庭审理。人民法院审理民事案件，除涉及国家秘密、个人隐私或者法律另有规定的以外，应当公开进行。离婚案件，涉及商业秘密的案件，当事人申请不公开审理的，可以不公开审理。

小思考 10-8

诉讼与仲裁在开庭审理制度方面有什么区别？

开庭审理的具体工作如下：一是法庭调查。一般按照下列顺序进行：当事人陈述；告知证人的权利和义务，证人作证，宣读未到庭的证人证言；出示书证、物证和视听资料；宣读鉴定结论；宣读勘验笔录。在这一阶段，当事人可以在法庭上提出新的证据，经法庭许可，可以向证人、鉴定人、勘验人发问，也可以要求法庭重新调查、鉴定或勘验。二是法庭辩论。其任务是通过当事人之间的辩论，对有争议的问题，进一步审查核实，以查明案件真实情况。其顺序如下：原告及其代理人发言；被告及其代理人发言；第三人及其代理人发言；互相辩论。法庭辩论结束，可以进行调解，调解不成应及时判决。三是评议和宣判。法庭辩论终结后，不进行调解或调解不成的，由合议庭进行评议，以确定案件事实的认定以及法律的适用。合议庭评议后，可当庭宣判，也可择日宣判。人民法院对公开审理或者不公开审理的案件，一律公开宣告判决。当庭宣判的，应当在 10 日内发送判决书；定期宣判的，宣判后立即发给判决书。宣告判决时，必须告知当事人上诉权利、上诉期限和上诉的法院。人民法院适用普通程序审理的案件，应当在立案之日起 6 个月内审结。有特殊情况需要延长的，由本院院长批准,可以延长 6 个月;还需要延长的,报请上级人民法院批准。

2)简易程序

基层人民法院和它派出的法庭审理事实清楚、权利和义务关系明确、争议不大的简单的民事案件,可以适用简易程序。

简易程序的特点主要有以下几项:

(1)对简单的民事案件,原告可以口头起诉。

(2)基层人民法院和它派出的法庭审理简单的民事案件,可以用简便方式随时传唤当事人、证人。

(3)简单的民事案件由审判员一人独任审理,其开庭通知、开庭审理程序不必遵循普通程序对此的规定。

(4)人民法院适用简易程序审理案件,应当在立案之日起 3 个月内审结。

2. 第二审程序

第二审程序是当事人不服一审法院的判决、裁定,而向上一级法院提起上诉,上一级法院对案件进行审理时所适用的程序。当事人提起上诉应具备以下 4 个条件:

(1)提起上诉的主体应当是第一审程序的当事人,即原告、被告、共同诉讼人、诉讼代表人、第三人。

(2)提起上诉的客体必须是第一审作出的尚未生效的判决与裁定。

(3)必须在上诉期间内提起上诉。当事人不服地方人民法院第一审判决、裁定的,有权在判决书送达之日起 15 日内、裁定书送达之日起 10 日内向上一级人民法院提起上诉。

(4)应当提交上诉状。第二审人民法院对上诉案件,应当组成合议庭,开庭审理,应当对上诉请求的有关事实和适用法律进行审查。经过阅卷和调查,询问当事人,在事实核对清楚后,合议庭认为不需要开庭审理的,也可以径行判决、裁定。

第二审人民法院对上诉案件,经过审理,按照下列情形,分别处理:

(1)原判决、裁定认定事实清楚,适用法律正确的,以判决、裁定方式驳回上诉,维持原判决、裁定。

(2)原判决、裁定认定事实错误或者适用法律错误的,以判决、裁定方式依法改判、撤销或者变更。

(3)原判决认定基本事实不清的,裁定撤销原判决,发回原审人民法院重审,或者查清事实后改判。

(4)原判决遗漏当事人或者违法缺席判决等严重违反法定程序的,裁定撤销原判决,发回原审人民法院重审。

原审人民法院对发回重审的案件作出判决后,当事人提起上诉的,第二审人民法院不得再次发回重审。

第二审人民法院审理上诉案件,可以进行调解。人民法院审理对判决的上诉案件,应当在第二审立案之日起 3 个月内审结;裁定案件则应在第二审立案之日起 30 日内作出终审裁定。对于判决的上诉案件有特殊情况需要延长的,由本院院长批准。

3. 审判监督程序

审判监督程序是对已经发生法律效力的判决、裁定,发现确有错误而依法再次审理的程序。该程序的提起主要可基于以下原因:

（1）因当事人行使申诉权而提起。当事人申请再审，应当在判决、裁定发生法律效力后6个月内提出；据以作出原判决、裁定的法律文书被撤销或者变更，以及发现审判人员在审理该案件时有贪污受贿，徇私舞弊，枉法裁判行为的，自知道或者应当知道之日起6个月内提出。

（2）因法院行使审判监督权而提起。即各级法院院长认为本院作出生效判决、裁定有错误，需要再审，应当提交审判委员会讨论决定。最高人民法院对各下级法院以及上级法院对下级法院作出的已生效判决、裁定，认为确有错误，有权提审或指令下级法院再审。

（3）因检察院行使抗诉权提起的。最高检察院对各级法院作出的已生效判决、裁定，上级检察院对与下级检察院同级的法院作出的已生效判决、裁定，发现有法定抗诉情形（与当事人申请再审的理由相同）的，可向人民法院提出抗诉。人民检察院提出抗诉的案件，接受抗诉的人民法院应当自收到抗诉书之日起30日内作出再审的裁定。

案例分析 10-9

> 周甲之父周乙死后，留有遗产房屋三间。周甲准备将父亲遗留的房屋卖掉时，其堂弟周丙不同意，认为周甲不能以个人名义处理此项遗产，理由是周甲在外地工作时，自己曾对伯父尽过赡养义务，也应享有此房的继承权。周甲不予理睬，周丙只好向法院起诉。一审法院经过审理认为：周丙确实对死者周乙尽过赡养义务，但周甲是周乙儿子，是法定继承人，所以房产归周甲所有。周丙不服一审判决提出上诉。二审法院认为：一审法院在认定案件的事实方面是清楚的，但对周丙是否享有继承权在适用法律上是错误的。于是裁定撤销原判决，发回原审人民法院重审。
>
> **请问**
> 二审法院的做法是否符合法律规定？

4. 其他程序

1）督促程序

债权人请求债务人给付金钱、有价证券，并且债权人与债务人没有其他债务纠纷的、支付令能够送达债务人的；可以向有管辖权的基层人民法院申请支付令。

人民法院受理申请后，经审查债权人提供的事实、证据，对债权债务关系明确、合法的，应当在受理之日起15日内向债务人发出支付令；债务人应当自收到支付令之日起15日内清偿债务，或者向人民法院提出书面异议。

债务人在规定的期间不提出异议又不履行支付令的，债权人可以向人民法院申请执行。人民法院收到债务人提出的书面异议后，应当裁定终结督促程序，支付令自行失效，债权人可以起诉。

2）公示催告程序

按照规定可以背书转让的票据持有人，因票据被盗、遗失或者灭失，可以向票据支付地的基层人民法院申请公示催告。

人民法院决定受理申请，应当同时通知支付人停止支付，并在3日内发出公告，催促利害关系人申报权利。公示催告期间，由人民法院根据情况决定，但不得少于60日。

利害关系人应当在公示催告期间向人民法院申报。人民法院收到利害关系人的申报后,应当裁定终结公示催告程序,并通知申请人和支付人。申请人或者申报人可以向人民法院起诉。没有人申报的,人民法院应当根据申请人的申请,作出判决,宣告票据无效。自判决公告之日起,申请人有权向支付人请求支付。

利害关系人因正当理由不能在判决前向人民法院申报的,自知道或者应当知道判决公告之日起 1 年内,可以向作出判决的人民法院起诉。

(二) 执行程序

1. 执行的一般规定

根据《民事诉讼法》的规定,发生法律效力的民事判决、裁定,以及刑事判决、裁定中的财产部分,由第一审人民法院或者与第一审人民法院同级的被执行的财产所在地人民法院执行。法律规定由人民法院执行的其他法律文书,由被执行人住所地或者被执行的财产所在地人民法院执行。

2. 执行申请与移送

当生效法律文书所确定的义务一方当事人拒绝履行时,另一方当事人可以申请法院予以强制执行。其主要有:已发生法律效力的判决、裁定及调解书;仲裁机构作出的仲裁裁决书;公证机关赋予强制执行力的债权文书。

对已生效的法院判决、裁定,当事人拒绝履行义务时,也可由审判员移送执行员执行。

申请执行的期间为 2 年。从法律文书规定履行期间的最后 1 日起计算;法律文书规定分期履行的,从规定的每次履行期间的最后 1 日起计算;法律文书未规定履行期间的,从法律文书生效之日起计算。申请执行时效的中止、中断,适用法律有关诉讼时效中止、中断的规定。

3. 执行措施与执行保障措施

1) 执行措施

执行措施主要有以下几项:

(1) 对被执行人的动产可以采取的执行措施有:查封、扣押、冻结、扣留、提取、划拨等措施。

(2) 对被执行人的不动产可以采取的执行措施有:强制迁出房屋、强制退出土地及必要的产权转移手续。

2) 执行保障措施

执行保障措施主要有以下几项:

(1) 搜查。被执行人不履行法律文书确定的义务,并隐匿财产的,人民法院有权发出搜查令,对被执行人及其住所或者财产隐匿地进行搜查。

(2) 责令承担费用。对判决、裁定和其他法律文书指定的行为,被执行人未按执行通知履行的,人民法院可以强制执行或者委托有关单位或者其他人完成,费用由被执行人承担。

(3) 责令支付延期利息、迟延履行金。被执行人未按判决、裁定和其他法律文书指定的期间履行给付金钱义务的,应当加倍支付迟延履行期间的债务利息。被执行人未按判决、裁定和其他法律文书指定的期间履行其他义务的,应当支付迟延履行金。

人民法院采取执行措施与保障措施之后,被执行人仍不能偿还债务的,应当继续履行义务。债权人发现被执行人有其他财产的,可以随时请求人民法院执行。

导读案例分析

（1）本案中，仲裁委员会可以受理此案。因为《仲裁法》第五条规定："当事人达成仲裁协议，一方向人民法院起诉的，人民法院不予受理，但仲裁协议无效的除外。"本案中双方当事人已达成书面仲裁协议，因此人民法院对于乙公司的起诉不予受理是正确的，仲裁委员会有权受理此案。

（2）双方当事人在纠纷发生后达成的书面仲裁协议能成立。《仲裁法》第十六条第一款规定："仲裁协议包括合同中订立的仲裁条款和以其他书面方式在纠纷发生前或纠纷发生后达成的请求仲裁的协议。"因此，本案中双方当事人在纠纷发生后达成的书面仲裁协议是成立的。

（3）《仲裁法》第二十条第一款规定："当事人对仲裁协议的效力持有异议的，可以请求仲裁委员会作出决定或者请求人民法院作出裁定。一方请求仲裁委员会作出决定，另一方请求人民法院作出裁定的，由人民法院裁定。"因此，本案中若乙公司提出仲裁协议无效，可以选择仲裁委员会或人民法院作出决定或裁定。

 课后测试

一、判断题

1. 对于因财产继承而产生的纠纷可以适用《仲裁法》。 （ ）
2. 仲裁庭审理案件以不公开审理为原则。 （ ）
3. 根据《仲裁法》，当事人订立仲裁协议必须采用书面形式，不承认口头和默示仲裁协议。 （ ）
4. 当事人对仲裁协议的效力有异议的，可以请求仲裁委员会作出决定或者请求人民法院作出裁定。一方请求仲裁委员会作出决定，另一方请求人民法院作出裁定的，应由仲裁委员会作出决定。 （ ）
5. 审判监督程序是对已经发生法律效力的判决、裁定，发现确有错误而依法再次审理的程序。 （ ）

二、单项选择题

1. 根据仲裁法，仲裁实行（ ）。
   A. 一裁终局制 B. 两裁终局制 C. 三裁终局制 D. 四裁终局制
2. 下列案件中，属于专属管辖的案件是（ ）。
   A. 因不动产提起的诉讼 B. 因船舶相撞请求损害赔偿的案件
   C. 因合同纠纷提起的诉讼 D. 因侵权纠纷提起的诉讼
3. 因继承遗产纠纷提起的诉讼，由（ ）人民法院管辖。
   A. 继承人住所地
   B. 原告住所地
   C. 被继承人死亡时住所地或者主要遗产所在地
   D. 被告住所地
4. 下列人员中，不属于回避人员的是（ ）。

A. 审判员　　　　　　B. 证人　　　　　　C. 鉴定人　　　　　D. 勘验人

5. 根据我国《民事诉讼法》的规定,合议庭的人数(　　)。

A. 必须是单数

B. 可以是双数

C. 视情况而定

D. 既可以是单数,也可以是双数

三、多项选择题

1. 仲裁委员会的设立,应当具备的条件有(　　)。

A. 自己的名称、住所和章程　　　　　　B. 必要的财产

C. 该委员会的组成人员　　　　　　　　D. 聘任的仲裁员

2. 我国《仲裁法》规定,当事人申请仲裁的条件有(　　)。

A. 有仲裁协议

B. 有具体的仲裁请求、事实和理由

C. 属于仲裁委员会的受理范围

D. 有法定代理人

3. 下列当事人中,有权提出回避申请的有(　　)。

A. 仲裁员与本案当事人或其代理人有近亲关系

B. 仲裁员与本案当事人或其代理人有利害关系

C. 仲裁员私自会见当事人、代理人

D. 仲裁员接受当事人请客送礼

4. 当事人向人民法院申请撤销裁决,应具有(　　)证据。

A. 没有仲裁协议的

B. 仲裁委员会无权仲裁的

C. 仲裁违反法定程序的

D. 仲裁员有受贿索贿、徇私舞弊、枉法裁决行为的

5. 根据《民事诉讼法》规定,人民法院审理民事案件的审判组织形式有(　　)。

A. 审判委员会　　　　B. 独任制　　　　C. 陪审制　　　　D. 合议制

四、实训题

实训一

北京市天南公司与海东公司于2024年6月签订了一份融资租赁合同,约定由天南公司进口一套化工生产设备,租给海东公司使用,海东公司按年交付租金。北京市A银行出具担保函,为海东公司提供担保。后来天南公司与海东公司因履行合同发生争议。

请根据以下设问所给的假设条件回答并说明理由。

1. 如果天南公司与海东公司签订的合同中约定了以下仲裁条款:"因本合同的履行所发生的一切争议,均提交北京市仲裁委员会仲裁",天南公司因海东公司无力支付租金,向北京市仲裁委员会申请仲裁,将海东公司和A银行作为被申请人,请求裁决被申请人给付拖欠的租金。天南公司的行为是否正确? 为什么?

2. 如果存在上问中所说的仲裁条款,天南公司能否向人民法院起诉海东公司和A银行,请求其支付拖欠的租金? 为什么?

3. 如果本案通过仲裁程序处理,天南公司申请仲裁委员会对海东公司的财产采取保全措施,仲裁委员会应当如何处理?

4. 如果本案通过仲裁程序处理后,在对仲裁裁决执行的过程中,法院裁定对裁决不予执行,在此情况下,天南公司可以通过什么法律程序解决争议?

实训二

某省甲县与乙、丙、丁、戊四县相邻。2024年5月3日,甲县纸品加工厂与乙县饮料厂在乙县签订一饮料软包装的加工承揽合同。合同中约定:"运输方式采用纸品加工厂代办托运;履行地点为纸品加工厂在丙县的仓库。发生纠纷的解决方式为:双方可以申请在丁县的仲裁委员会仲裁,也可以向乙县或丁县的人民法院起诉。"合同签订后,纸品加工厂即在其设于戊县的分厂进行加工,并且在戊县车站就近发货。饮料厂收到货物后立即投入使用。但因饮料软包装的质量不合格,造成饮料厂的饮料变酸甚至有些发臭,损失近10万元。纸品加工厂虽与饮料厂几经协商,但未能达成协议。饮料厂法定代表人朱厂长找到某律师事务所咨询,并且提出必须在乙县法院打官司。

根据以上资料,分析下列问题:

1. 甲县法院是否有管辖权?为什么?
2. 乙县法院是否有管辖权?为什么?
3. 丙县法院是否有管辖权?为什么?
4. 丁县法院是否有管辖权?为什么?
5. 根据我国法律规定,此案应通过仲裁解决还是诉讼解决?为什么?

实训三

王甲将房屋四间卖给刘某,但刘某迟迟不付款。为此,王甲诉至法院要求刘某付款并付违约金。在诉讼中,王甲之弟王乙得知,向法院说明这四间房屋中有两间是他的,要求确认并请求返还房屋。

请问:如何确定本案诉讼参与人的地位?

五、思考题

1. 仲裁有哪些特征?
2. 仲裁的基本制度有哪些?
3. 如何组成仲裁庭?
4. 简述仲裁员的资格。
5. 审判监督程序与二审程序有何区别?

参 考 文 献

［1］　李仁玉.经济法概论［M］.北京：中国财政经济出版社,2010.

［2］　王靖,马淑芳.经济法基础［M］.上海：华东师范大学出版社,2019.

［3］　刘文华.经济法［M］.4 版.北京：中国人民大学出版社,2012.

［4］　经济法辅导教材编写组.经济法辅导教材［M］.北京：人民邮电出版社,2011.

［5］　杨紫恒.经济法［M］.北京：北京大学出版社,2014.

［6］　郭若愚.经济法［M］.北京：清华大学出版社,2014.

［7］　刘少平,庞淑平.税法案例教程［M］.北京：知识产权出版社,2005.

［8］　林嘉.劳动法和劳动社会保障法［M］.北京：中国人民大学出版社,2009.

［9］　陈小军.合同法学［M］.北京：中国政法大学出版社,2007.

［10］　财政部会计资格评价中心.经济法基础［M］.北京：经济科学出版社,2014.

4. 如果本案通过仲裁程序处理后,在对仲裁裁决执行的过程中,法院裁定对裁决不予执行,在此情况下,天南公司可以通过什么法律程序解决争议?

实训二

某省甲县与乙、丙、丁、戊四县相邻。2024 年 5 月 3 日,甲县纸品加工厂与乙县饮料厂在乙县签订一饮料软包装的加工承揽合同。合同中约定:"运输方式采用纸品加工厂代办托运;履行地点为纸品加工厂在丙县的仓库。发生纠纷的解决方式为:双方可以申请在丁县的仲裁委员会仲裁,也可以向乙县或丁县的人民法院起诉。"合同签订后,纸品加工厂即在其设于戊县的分厂进行加工,并且在戊县车站就近发货。饮料厂收到货物后立即投入使用。但因饮料软包装的质量不合格,造成饮料厂的饮料变酸甚至有些发臭,损失近 10 万元。纸品加工厂虽与饮料厂几经协商,但未能达成协议。饮料厂法定代表人朱厂长找到某律师事务所咨询,并且提出必须在乙县法院打官司。

根据以上资料,分析下列问题:

1. 甲县法院是否有管辖权?为什么?
2. 乙县法院是否有管辖权?为什么?
3. 丙县法院是否有管辖权?为什么?
4. 丁县法院是否有管辖权?为什么?
5. 根据我国法律规定,此案应通过仲裁解决还是诉讼解决?为什么?

实训三

王甲将房屋四间卖给刘某,但刘某迟迟不付款。为此,王甲诉至法院要求刘某付款并付违约金。在诉讼中,王甲之弟王乙得知,向法院说明这四间房屋中有两间是他的,要求确认并请求返还房屋。

请问:如何确定本案诉讼参与人的地位?

五、思考题

1. 仲裁有哪些特征?
2. 仲裁的基本制度有哪些?
3. 如何组成仲裁庭?
4. 简述仲裁员的资格。
5. 审判监督程序与二审程序有何区别?

参 考 文 献

［1］ 李仁玉.经济法概论［M］.北京：中国财政经济出版社,2010.

［2］ 王靖,马淑芳.经济法基础［M］.上海：华东师范大学出版社,2019.

［3］ 刘文华.经济法［M］.4 版.北京：中国人民大学出版社,2012.

［4］ 经济法辅导教材编写组.经济法辅导教材［M］.北京：人民邮电出版社,2011.

［5］ 杨紫恒.经济法［M］.北京：北京大学出版社,2014.

［6］ 郭若愚.经济法［M］.北京：清华大学出版社,2014.

［7］ 刘少平,庞淑平.税法案例教程［M］.北京：知识产权出版社,2005.

［8］ 林嘉.劳动法和劳动社会保障法［M］.北京：中国人民大学出版社,2009.

［9］ 陈小军.合同法学［M］.北京：中国政法大学出版社,2007.

［10］ 财政部会计资格评价中心.经济法基础［M］.北京：经济科学出版社,2014.